U0540750

新质生产力

中国经济发展新动能

刘 典 著

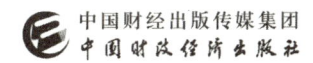

中国财经出版传媒集团
中国财政经济出版社

图书在版编目（CIP）数据

新质生产力：中国经济发展新动能 / 刘典著 . -- 北京：中国财政经济出版社，2024.4

ISBN 978-7-5223-2992-5

Ⅰ.①新… Ⅱ.①刘… Ⅲ.①中国经济—经济发展—研究 Ⅳ.① F124

中国国家版本馆 CIP 数据核字（2024）第 061411 号

责任编辑：王 飏	责任校对：张 凡
封面设计：晓 风	责任印制：张 健

新质生产力：中国经济发展新动能

XIN ZHI SHENGCHAN LI ZHONGGUO JINGJI FAZHAN XIN DONG NENG

中国财政经济出版社 出版

URL：http://www.cfeph.cn

E-mail：cfeph@cfemg.cn

（版权所有　翻印必究）

社址：北京市海淀区阜成路甲 28 号　邮政编码：100142

营销中心电话：010-88191522

天猫网店：中国财政经济出版社旗舰店

网址：https://zgczjjcbs.tmall.com

北京中科印刷有限公司印刷　各地新华书店经销

成品尺寸：170mm×240mm　16 开　16.5 印张　210 千字

2024 年 4 月第 1 版　2024 年 4 月北京第 1 次印刷

定价：59.80 元

ISBN 978-7-5223-2992-5

（图书出现印装问题，本社负责调换，电话：010-88190548）

本社图书质量投诉电话：010-88190744

打击盗版举报热线：010-88191661　QQ：2242791300

前 言

时代呼唤新质生产力

2023年，习近平总书记在黑龙江考察时强调，整合科技创新资源，引领发展战略性新兴产业和未来产业，加快形成新质生产力。

何谓新质生产力？2024年，习近平总书记指出："概括地说，新质生产力是创新起主导作用，摆脱传统经济增长方式、生产力发展路径，具有高科技、高效能、高质量特征，符合新发展理念的先进生产力质态。它由技术革命性突破、生产要素创新性配置、产业深度转型升级而催生，以劳动者、劳动资料、劳动对象及其优化组合的跃升为基本内涵，以全要素生产率大幅提升为核心标志，特点是创新，关键在质优，本质是先进生产力。"[①]

习近平总书记这一重要论断，明察秋毫、高瞻远瞩，是对我国高质量发展实践的理论提炼，是推进中国式现代化的迫切要求，是对马克思主义生产力理论的继承与发展，为全面推进中国式现代化发出了动员令，提供了新动能。

加快培育发展新质生产力，是全面建成社会主义现代化强国的当务之急。创新是引领发展的第一动力，而加快科技创新是推动高质量发展的

---

① 《习近平在中共中央政治局第十一次集体学习时强调 加快发展新质生产力 扎实推进高质量发展》，《人民日报》2024年2月2日。

必然要求。

党的十八大以来，我国高质量发展取得明显成效，人民群众的物质文化生活水平大大提高，国际声誉大幅度提升。但是，不容讳言，制约高质量发展的因素还大量存在。近年来，我国劳动、土地、资本等要素驱动型发展方式已经暴露出脆弱性，生态环境承载力也接近或达到上限；同时，面临世界经济形势低迷、地缘政治冲突，以及我国劳动力成本上升和人口老龄化的双重压力。我国的经济发展在前进中面临着诸多难题，尤其是关键核心技术"卡脖子"问题突出，部分新兴产业存在重复布局和内卷式竞争等。因此，高质量发展已成为全面建成社会主义现代化强国的重要任务，而发展新质生产力则是推动高质量发展的内在要求和重要着力点。

2024年3月5日，习近平总书记在参加他所在的十四届全国人大二次会议江苏代表团审议时强调，"要牢牢把握高质量发展这个首要任务，因地制宜发展新质生产力"。这就十分明确地告诉我们，当前，摆脱我国高质量发展的诸多困境，推动高质量发展已成为经济社会发展的主旋律，要以科技创新推动产业创新，特别是以颠覆性技术和前沿技术催生新产业、新模式、新动能。发展新质生产力，就是为高质量发展提供强劲推动力、支撑力，我们必须用新质生产力理论指导新的发展实践，推动高质量发展行稳致远。

加快培育发展新质生产力，是新一轮科技革命和产业变革的需要。历次工业革命中，科学技术领域的重大突破总会带来产业变革，进而深刻改变人类的生产生活方式。例如，以人工智能、新材料技术、虚拟现实、量子信息技术、清洁能源以及生物技术等为突破口的新科技革命和全球产业变革正在孕育兴起，信息化、网络化、智能化已经成为当下时代发展的显著特征，传统的生产方式正在被新型的、更高效的生产方式所取代。新一轮科技革命提供了新质生产力产生的基础。新科技革命通过发展新质生产力，将为经济发展提供新的增长点，推动经济结构向更加高效、环保、智能的方向转变。科技革命提供了关键的技术支撑和创新源泉，新质生产力则是科技成果转化为经济力量的必要载体，新质生产力正迎来快速发展的新机遇。

加快培育发展新质生产力，是提升国际竞争力的重要支撑。新质生产力的提出，基于中国拥抱世界、参与国际竞争和合作的宏伟蓝图。生产力是推动人类文明不断向前发展的决定力量和动力源泉，同时也是我们在经济社会发展上与西方发达国家尽快缩小差距、赶上并跨进世界前列的关键所在。科技是第一生产力，人才是第一资源，创新是第一动力。从历史上的三次科技革命来看，经济增长、生产力跃升的背后，都是因为实现了蒸汽机、电力使用等某项重大创新。我们要推动高质量发展，赢得大国竞争的主动权，就必须大力培育发展新质生产力，加快发展战略性新兴产业和未来产业，补齐短板，锻造长板，抢占未来产业竞争的制高点，永远立于不败之地。

加快培育发展新质生产力，能够更好满足人民群众对美好生活的需要。进入新时代，人民群众对物质文化的需求层次更高、内容更广泛，需要更多层次和更为丰富的产品和服务。加快培育发展新质生产力，不仅是全面推进中国式现代化的迫切要求，而且可以通过促进新业态、新模式的可持续发展，创造更高质量的物质与精神财富，能够推动当前我国社会主要矛盾的解决，满足人民群众对美好生活的需要，进一步提高人民群众的幸福感、获得感和满意度。

当前，加快培育发展新质生产力，要紧紧抓住科技创新这一关键环节，把科技创新引领现代化产业体系建设摆在重中之重的位置。

科技创新是促进生产力发展的关键力量，能促进生产力结构、功能与效率变革，进而不断催生新兴技术、新兴产业，成为世界各国在综合国力竞争中的硬核底气。百舸争流，大国竞争，关键要看科学技术的整体进步、生产力的创新发展。党的二十大提出，"坚持创新在我国现代化建设全局中的核心地位""高质量发展是全面建设社会主义现代化国家的首要任务"，进一步彰显了创新引领和高质量发展的有机统一、科技创新和产业创新的有机统一、技术革命性突破和生产力发展路径跃升的统一。

21世纪的今天，科技已成为推动社会进步和经济发展的重要力量，科技创新是科技变革发展的巨大驱动力，是培育发展新质生产力的核心要素。通过科技创新，企业可以研发出更加先进的产品和技术，增强市场竞争力。科技创新还能促进新兴产业兴起和发展，创造新型生产关系，为经济转型升级提供支撑，从而推动经济结构优化和产业换代升级，提升国家的综合实力，增强在国际博弈中的话语权和影响力。因此，我们要高度重视科技创新，加速构建高素质的复合型人才工程，加大对科技研发的支持和投入，直面全球各种挑战，大力推动中国式现代化建设，实现可持续的高质量发展，迎接人类社会的美好未来。

刘典

2024年3月

目 录

第一章
时代呼唤：新质生产力的诞生与发展

一、**概念演进**：从生产力到新质生产力 / 003
二、**本质内涵**：新质生产力的结构体系 / 015
三、**定位导向**：新质生产力的主要目标 / 026

第二章
新增长极：理解新质生产力的系统结构

一、**关键动能**：加快形成新质生产力的"三元引擎" / 037
二、**聚变因子**：推动新质生产力跃升的"三元构造" / 044
三、**衡量标准**：全要素生产率大幅提升 / 049
四、**三维映射**："新"+"质"+"生产力" / 052

第三章
解题方法：马克思主义生产力理论的"破旧立新"

一、**历史渊源**：马克思主义生产力理论的发展和创新 / 057
二、**时代背景**：生产力变革的关键路口 / 071
三、**破旧立新**：生产力理论研究的问题导向 / 076

第四章
核心要素：把握新质生产力的科技创新"总航标"

一、**创新驱动**：加快形成新质生产力的核心变量 / 085

二、**强国战略**：科技强国与新型举国体制 / 090

三、**技术赋能**：技术创新、数据要素与人工智能 / 105

四、**关键战役**：打赢科技创新"三大战役" / 110

第五章
布局未来：撬动新质生产力的产业杠杆

一、**产业三角**：以创新引领现代化产业体系 / 120

二、**战略三角**：深度布局现代化产业体系 / 129

三、**关键抓手**：建设现代化产业体系 / 138

第六章
金融动脉：畅通新质生产力的"金融—科技—产业"循环

一、**理论背景**：金融在新质生产力中的战略角色 / 147

二、**核心动力**："科技—金融"的双向驱动 / 153

三、**内在逻辑**："产业—金融"的融合发展 / 157

四、**实践路径**：畅通新质生产力的金融动脉 / 160

第七章
数实融合：重塑新质生产力演变的底层逻辑

一、**本体重构**：重新理解新质生产力演变过程中的"虚"与"实" / 167

二、**数据驱动**：新型生产要素的全局性乘数效应 / 173

三、**融合共生**：促进数字经济和实体经济深度融合的路径 / 180

第八章
绿色生产力：未来发展范式的关键变革

一、格局之变：绿色发展中的中国角色 /189

二、范式之变：人与自然和谐共生的绿色生产力生态 /192

三、体系之变：绿色低碳循环经济的四面体结构 /201

四、"Green ×"：绿色发展的关键引擎 /205

第九章
范式重塑：形成适应新质生产力的新型生产关系

一、突破束缚：发展新质生产力和全面深化改革 /213

二、重要方向：适应新质生产力的生产资料的所有制形式 /219

三、必然要求：生产过程中人的地位和相互关系的变革 /223

四、关键举措：面向未来的新型生产关系 /227

第十章
重塑未来：新质生产力引领的社会发展新范式

一、中国坐标：作为关键变量的角色在理解新质生产力 X^n 中的体现 /232

二、整体跃迁：从制造强国到新质生产力系统结构的整合升级 /238

三、无界探索：新质生产力引领的人类发展新范式探索 /242

结语 /247

后记 /249

第一章

时代呼唤：新质生产力的诞生与发展

▶ 原文精读

概括地说，新质生产力是创新起主导作用，摆脱传统经济增长方式、生产力发展路径，具有高科技、高效能、高质量特征，符合新发展理念的先进生产力质态。

——《习近平在中共中央政治局第十一次集体学习时强调 加快发展新质生产力 扎实推进高质量发展》，《人民日报》2024年2月2日。

生产力，是人类征服与利用自然的能力，犹如自然界中的经纬线，象征着人类驾驭和重塑自然环境的力量，它是推动社会进步最具活力和革新性的引擎之一。"生产力"的概念承载着深厚的历史积淀，如一条蜿蜒曲折的河流，其今日的磅礴力量源于无数前人智慧与劳动成果的累积。同时，生产力在现代社会的各个方面都有生动的体现，如强大的社会财富创造能力、自然资源开发利用能力以及环境改造能力，这些能力反过来又促进了生产力的发展。

生产力是推动人类社会前进的关键力量。生产力的发展与人类社会进步之间的关系，如同生物进化中的连续代际创新与新陈代谢。在人类社会发展的关键转折点，新旧生产力的交替转化展现出旺盛的生命力和革命性。每一次对现有生产力边界的拓展与超越，都预示着一个新的发展阶段的孕育和诞生，进而引发社会形态的迭代升级。

随着新一轮科技革命和产业变革的加速推进，新型颠覆性技术不断涌现，生产力发展路径正在发生革命性变化，勾勒出一幅前所未有的未来图景。因此，准确把握当代生产力的新特征和发展趋势，已成为理解经济社会发展核心逻辑的关键。正是在这一时代背景下，习近平总书记提出"新质生产力"这一全新概念，为未来中国实现高质量发展、推动全面建成社会主义现代化强国，提供了强大的理论武器。

一、概念演进：从生产力到新质生产力

生产力的发展与变革在人类社会发展进程中扮演着重要角色。在人类历史的漫长岁月里，我们可以观察到一个明显的现象：生产力水平的不断提高，推动了人类社会的进步。而人类社会的进步又反作用于生产力，不断促使新的生产力出现。

（一）生产力的演变进程

在农业时代，生产力水平较低，生产过程主要依靠人力、畜力和自然力。农业是国家经济的基础，土地是主要的生产资料。人们通过对土地的开发，实现了粮食的生产，满足了基本的生活需求。然而，农业时代的生产力发展受到自然条件的限制，产量不稳定，人们的生活质量难以得到持续提升。

随着人类对物质生活需求的提高，手工业逐渐崛起。手工业时代，生产力有所提高，生产工具和技艺不断发展。然而，手工业生产仍然以个体为主，规模较小，生产效率较低，难以满足日益增长的社会需求。

18世纪中后期，工业革命爆发，标志着现代生产力的崛起。工业革命使机器生产取代了手工劳动，大规模工厂生产取代了个体手工生产。生产力水平大幅提升，生产效率大幅提高，为社会带来了丰富的物质生活。同时，工业革命也推动了城市化进程，改变了人类的生活方式。

20世纪中后期，信息技术革命兴起。计算机、互联网和通信技术的普及，使人类社会进入信息时代。信息技术革命极大地提高了生产力水平，改变了信息传递方式，推动了全球化进程。此外，新兴产业不断涌现，如互联网、人工智能、大数据等，为经济发展注入新动力。

尤其在新时代背景下，我国社会主要矛盾已经发生变化，人民对美好生活的向往对生产关系提出了新的要求。数字化、绿色化、智能化等新兴生产要素和生产资料的不断涌现，也对我国社会生产力的发展产生了深远影响。为了适应这些变化，我们不断调整生产关系，以激发社会生产力的发展活力。因此，"新质生产力"的提出不仅是一个发展命题，更是一个改革命题。

（二）新质生产力的诞生

长期以来，培育发展新动能一直是中国共产党的一项关键工作，在"新质生产力"提出之前，已经有创新驱动发展、供给侧结构性改革等多个培育发展新动能的重要举措。新质生产力的形成，正是基于此前在发

第一章
时代呼唤：新质生产力的诞生与发展

展新动能上的探索。从这个角度来看，新质生产力理论的诞生，可以分为以下几个阶段。

- 酝酿期（2015—2020年）：依托创新驱动发展战略，从需求侧管理到供给侧结构性改革的转变；
- 发展期（2020—2023年7月）：培育战略性新兴产业与未来产业，构建现代化产业体系；
- 形成期（2023年—2023年12月）："新质生产力"概念提出；
- 成熟期（2023年至今）："新质生产力"概念体系完善。

2015年—2016年	2016年—2018年	2018年—2021年	2021年—2023年	2023年至今
创新驱动发展	创新、供给侧结构性改革	科技创新、改革	创新驱动发展	新质生产力
要坚定不移全面深化改革，深入实施创新驱动发展战略，让大众创业、万众创新汇众智、聚众力，增强发展新动能。	要保持宏观政策连续性和稳定性，继续实施积极的财政政策和稳健的货币政策，深化供给侧结构性改革，坚定不移推进"三去一降一补"，改造提升传统产业，大力培育新兴产业，振兴实体经济，实现转型升级。	我们将大力推动科技创新，打造经济发展新动能，推进创新驱动发展战略，不断提升产业链水平。要依靠改革激发市场主体活力，增强发展新动能。	我们把教育、科技、人才作为全面建设社会主义现代化国家的基础性、战略性支撑，坚持科技是第一生产力、人才是第一资源、创新是第一动力，深入实施科教兴国战略、人才强国战略、创新驱动发展战略，不断塑造发展新动能新优势。	积极培育新能源、新材料、先进制造、电子信息等战略性新兴产业，积极培育未来产业，加快形成新质生产力，增强发展新动能。

图 1-1 发展新动能相关概念的发展历程

1. 酝酿期：依托创新驱动发展战略，从需求侧管理到供给侧结构性改革的转变

2015年以来，我国经济进入了一个新阶段，主要经济指标之间的联动性出现背离，如经济增长持续下行与CPI持续低位运行，居民收入有所增加而企业利润率下降，消费上升而投资下降，等等。对照经典经济学理论，我国出现的这种情况既不是传统意义上的滞胀，也非标准形态的通缩。为适应这种变化，在正视传统的需求管理还有一定优化提升空间的同时，迫切需要改善供给侧环境、优化供给侧机制，通过改革供给制度，大力激发微观经济主体活力，增强我国经济长期稳定发展的新动力。[1]

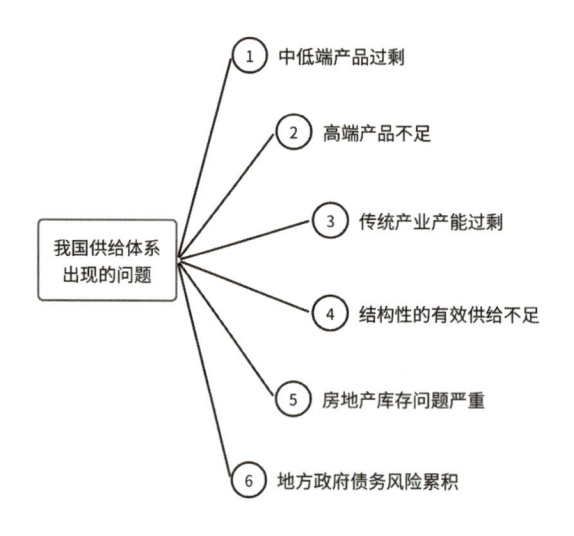

```
我国供给体系         1  中低端产品过剩
出现的问题           2  高端产品不足
                    3  传统产业产能过剩
                    4  结构性的有效供给不足
                    5  房地产库存问题严重
                    6  地方政府债务风险累积
```

图 1-2 我国供给体系出现的问题

于是，供给侧结构性改革应运而生，并成为适应我国经济新常态的重要政策解决方案之一。供给与需求作为市场经济中的矛盾统一体，互为表里，共存共生。在理论层面，在任何时期，均需关注供给侧与需求侧。然而，在特定阶段，鉴于资源禀赋、外部环境及政策目标差异，宏观经济管理需选择侧重于对供给侧或需求侧的发力。

在此之前，我国宏观调控以需求侧管理为主。当经济下滑时，需求侧理论认为其主要原因是有效需求不足，因此应采取措施提高有效需求。然而，供给侧结构性改革旨在从供给侧出发，通过改革和创新提高供给质量，进而实现经济可持续发展。供给侧结构性改革的核心在于转变经济发展方式，提高生产要素配置效率，促进产业结构优化，以及增强经济持续增长动力。这些内容与新质生产力关注重点完全契合。可以说，供给侧结构性改革为新型生产力的孕育提供了理论和实践基础。

---

[1] 国家行政学院经济学教研部编著：《中国供给侧结构性改革》，人民出版社 2016 年版，第 22—23 页。

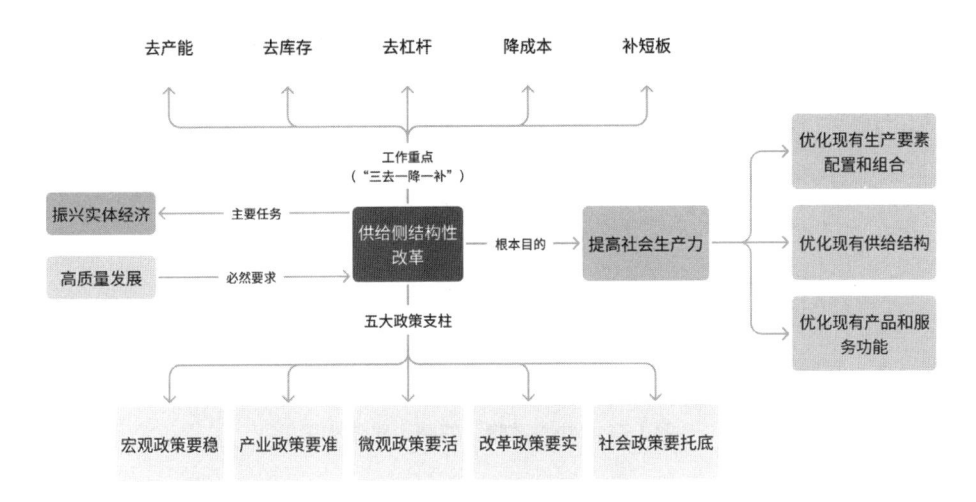

第一章
时代呼唤：新质生产力的诞生与发展

图 1-3 供给侧结构性改革概念结构图

把握好供给侧结构性改革，首先要用好"加减乘除"四则运算。习近平总书记在 2014 年中央经济工作会议上指出："经济结构调整，要做好加减乘除法。加法就是发现和培育新增长点，减法就是压缩落后产能、化解产能过剩，乘法就是全面推进科技、管理、市场、商业模式创新，除法就是扩大分子、缩小分母，提高劳动生产率和资本回报率，这是调结构这个四则运算的最终目标。"[①]

加法运算体现在补齐发展短板、扩大要素供给方面。要提高人口素质，加强科技创新，增加公共产品供给，优化政策环境。这些措施旨在为经济发展奠定坚实基础，提供持续动力。例如，通过提高教育投入、提高人口素质，我们可以培养更多优秀人才，为经济发展输送

---

① 中共中央文献研究室编：《习近平关于社会主义经济建设论述摘编》，中央文献出版社 2017 年版，第 82 页。

007

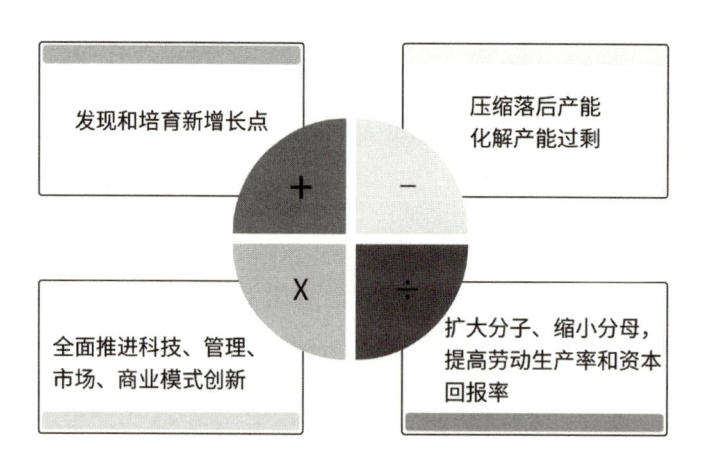

图 1-4 "加减乘除"四则运算结构图

新鲜血液。加强科技创新可以推动产业转型升级，提高产值。增加公共产品供给有助于改善民生，提高人民群众的生活水平。优化政策环境则能激发市场活力，吸引国内外投资，进一步推动经济增长。

减法运算主要通过去产能、去杠杆、降成本等手段来减轻企业负担，提高市场竞争力。 在这一过程中，政府需要简政放权、加强监管，同时采取减税降费等措施，降低企业运营成本。这样一来，企业可以更好地调整产业结构，优化资源配置，提高经济效益。减法运算的另一层含义是减轻社会负担。例如，降低医疗、养老等社会保障成本，提高人民群众的幸福感。

乘法运算则侧重于创新发展，以挖掘经济增长新动力。 这包括培育新兴产业、创新发展模式以及开拓新市场。通过创新，我们可以推动产业升级和转型，实现经济高质量发展。例如，发展新能源、人工智能等新兴产业，可以为国家经济注入新活力。创新发展模式有助于提高产业附加值，提升国际竞争力。开拓新市场则能扩大出口，促进国内外贸易平衡发展。

除法运算意味着清除经济发展过程中的拦路虎，解决制约经济发展的瓶颈问题。 这些问题包括环境污染、体制机制障碍等。政府需要加强监管、加大执法力度，确保市场秩序良性运行。同时，加强国际合作，共同应对全球性挑战，推动全球经济发展。

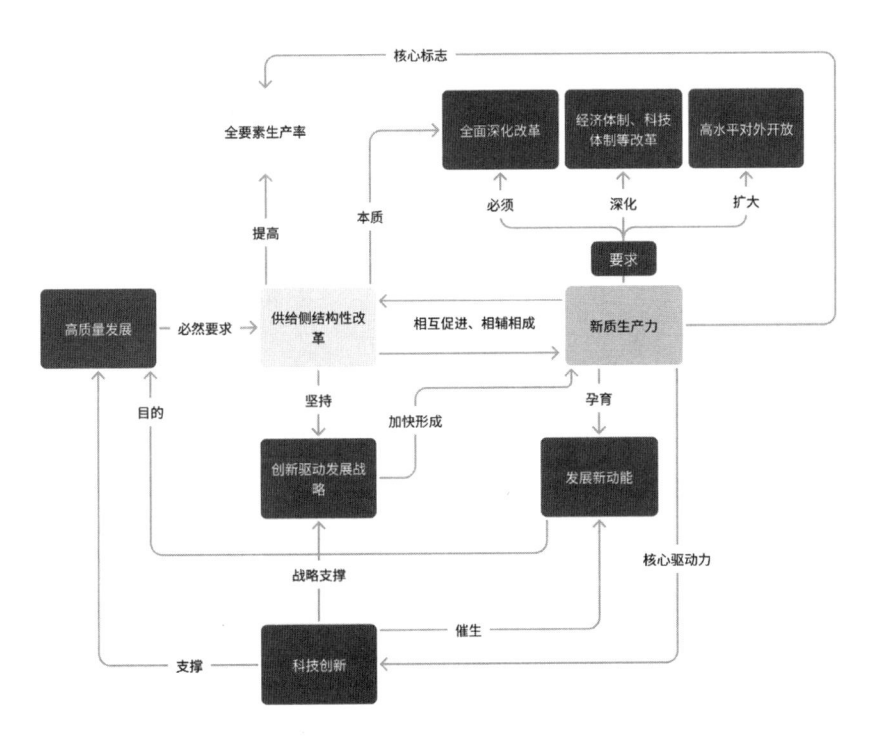

图 1-5 "高质量发展""新质生产力"与"供给侧结构性改革"等概念的关系结构图

2. 发展期：培育战略性新兴产业与未来产业，构建现代化产业体系

整体上看，我国新质生产力理论的形成和发展过程，正是我国科技和产业发展新方向的生动体现。这一过程不仅进一步强化了战略性新兴产业和未来产业在全球创新版图中的重要作用，而且为我国经济发展注入了新的动力，引领其迈向新的发展阶段。

2020年3月底至4月初，习近平总书记在浙江考察时将加快布局战略性新兴产业和未来产业作为形成发展新动能的关键动作。习近平总书记指出："要抓住产业数字化、数字产业化赋予的机遇，加快5G网络、数据中心等新型基础设施建设，抓紧布局数字经济、生命健康、新材料等战略性新兴产业、未来产业，大力推进科技创新，着力壮大新增长点、形成发展新动能。"[1]

2020年5月14日，中共中央政治局常务委员会召开会议，习近平总书记强调："要实施产业基础再造和产业链提升工程，巩固传统产业优势，强化优势产业领先地位，抓紧布局战略性新兴产业、未来产业，提升产业基础高级化、产业链现代化水平。"[2] 2020年10月14日，习近平总书记在深圳经济特区建立40周年庆祝大会上的讲话中指出："要围绕产业链部署创新链、围绕创新链布局产业链，前瞻布局战略性新兴产业，培育发展未来产业，发展数字经济。"[3] 2023年7月，习近平总书记赴四川考察时指出："要把发展特色优势产业和战略性新兴产业作为主攻方向，加快改造提升传统产业，前瞻部署未来产业，促进数字经济与实体经济深度融合，构建富有四川特色和优势的现代化产业体系。"[4]

这是时隔3年习近平总书记再次将战略性新兴产业和未来产业同时提及，也是第一次在提及两者的同时提到现代化产业体系。

在新质生产力理论的酝酿阶段，供给侧结构性改革和创新驱动发展为其形成奠定了基础并提供了动力。供给侧结构性改革为战略性新兴产业提供了坚实的体制和机制保障，创新驱动发展战略则为新技术、新产品、新业态和新模式提供了茁壮成长的土壤。在这一时期，我国充分认识到战略性新兴产业对国家未来发展的重要性，例如，智能制造、量子信息等领域发展，不仅推动了现代化经济体系的构建，而且持续为新质生产力注入活力。

进入新发展阶段，我国对以产业发展促进发展新动能方面高度重视，战略性新兴产业作为新质生产力的主力，通过大量原创性、颠覆性科技

---

[1] 《习近平在浙江考察时强调 统筹推进疫情防控和经济社会发展工作 奋力实现今年经济社会发展目标任务》，《人民日报》2020年4月2日。
[2] 《中共中央政治局常务委员会召开会议 分析国内外新冠肺炎疫情防控形势 研究部署抓好常态化疫情防控措施落地见效 研究提升产业链供应链稳定性和竞争力》，《人民日报》2020年5月15日。
[3] 习近平：《在深圳经济特区建立40周年庆祝大会上的讲话》，人民出版社2020年版，第8页。
[4] 《习近平在四川考察时强调 推动新时代治蜀兴川再上新台阶 奋力谱写中国式现代化四川新篇章》，《人民日报》2023年7月30日。

创新的应用，为高质量发展注入源源不断的发展新动能。未来产业在不断发展成熟的过程中，会不断转化为战略性新兴产业，这为战略性新兴产业储备了大量的预备队。而在两者之外，传统产业一方面依托其长期的稳定性，为培育发展战略性新兴产业和未来产业提供了强大的后盾；另一方面通过创新驱动，产业链供应链的不断整合重组、传统产业的改造升级也会孕育乃至转型成为战略性新兴产业和未来产业。在这三个产业的相互转化过程中，科技创新起到了重要的推动作用，推动产业的良性循环，最终目标是打造现代化产业体系。

3. 形成期："新质生产力"概念提出

2023年9月7日，习近平总书记在主持召开新时代推动东北全面振兴座谈会上公开提出了"新质生产力"概念，他指出："积极培育新能源、新材料、先进制造、电子信息等战略性新兴产业，积极培育未来产业，加快形成新质生产力，增强发展新动能。"[1] 9月8日，习近平总书记在听取了黑龙江省委和省政府工作汇报后再次提到了"新质生产力"："整合科技创新资源，引领发展战略性新兴产业和未来产业，加快形成新质生产力。"[2]

从这两次讲话来看，新质生产力理论的提出与区域发展密不可分。2023年10月召开的中央政治局会议也与审议《关于进一步推动新时代东北全面振兴取得新突破若干政策措施的意见》有关。

2023年12月召开的中央经济工作会议将新质生产力列为2024年经济工作的重点。会上提出了"以科技创新引领现代化产业体系建设"，将新质生产力列为建设现代化产业体系的重要工作之一。同时，本次会议还标志着"新质生产力"概念正式成为推动经济发展的重要理论。会议指出："要以科技创新推动产业创新，特别是以颠覆性技术和前沿技术

---

[1] 《习近平主持召开新时代推动东北全面振兴座谈会强调 牢牢把握东北的重要使命 奋力谱写东北全面振兴新篇章》，《人民日报》2023年9月10日。
[2] 《习近平在黑龙江考察时强调 牢牢把握在国家发展大局中的战略定位 奋力开创黑龙江高质量发展新局面》，《人民日报》2023年9月9日。

催生新产业、新模式、新动能，发展新质生产力。"①此时"新动能"已经和"新产业""新模式"一起，成为以创新驱动新质生产力发展的"三驾马车"之一。

在中央经济工作会议之后，人们对新质生产力的关注度再次提高。在随后对中央财经委员会办公室有关负责同志详解 2023 年中央经济工作会议精神的采访中，对新质生产力进行概念上的解释：新质生产力是由技术革命性突破、生产要素创新性配置、产业深度转型升级而催生的当代先进生产力，它以劳动者、劳动资料、劳动对象及其优化组合的质变为基本内涵，以全要素生产率提升为核心标志。

在此之前，新质生产力的公开信息基本上都与"产业"相关，也就是劳动资料。对于劳动者及劳动对象，也就是对应的劳动者队伍与生产关系方面基本上没有讨论。中央财经委员会办公室对新质生产力的解释，在理论上补全了生产力理论中的"劳动者、劳动资料、劳动对象"三要素。

4. 成熟期："新质生产力"概念体系完善

2024 年 1 月召开的中央政治局集体学习是"新质生产力"概念完善的标志。习近平总书记就新质生产力进行了完整、系统、深入的阐述，构建了新质生产力"12345"基本框架，完整地提出了以催生因素、基本内涵、核心标志为主要内容的新质生产力"三元引擎—三元构造—衡量标准"三维体系，从加强科技创新、完善现代化产业体系、推动绿色发展、构建新型生产关系、畅通教育科技人才良性循环等多个方面指明方向，强调了新质生产力作为"推动高质量发展的内在要求和重要着力点"的重要地位。至此，"新质生产力"概念体系基本完善。

新质生产力理论的形成过程，本质上是对人类如何通过技术革命性的突破和生产要素的创新配置，实现生产力水平质的飞跃这一课题的深入探索。这一理论的构建可以追溯到全球经济中技术创新与产业变革趋势

---

① 《中央经济工作会议在北京举行》，《人民日报》2023 年 12 月 13 日。

的兴起。尤为值得一提的是，大数据、人工智能、互联网、云计算等新兴技术与高素质劳动力、现代金融等要素的深度融合，催生了一系列新产业、新技术、新产品和新业态，为生产力理论的创新发展注入了强大动力。

在新时代我国高质量发展要求下，中央经济工作会议明确提出以科技创新为引擎，推动产业创新，尤其是依托颠覆性技术和前沿技术，促进新产业、新模式、新动能的生成，从而塑造新质生产力。新质生产力的形成不仅象征着传统生产力向先进生产力的转型，更代表着生产方式的革命性变革以及效率和质量提升的实现。

培育新质生产力包括构建新型劳动者队伍、掌握关键核心技术、打造与新质生产力相适应的生产关系体系。这一过程不仅要求我们培养战略人才和应用型人才，还涉及技术的多维发展和产业的深度转型升级。技术革命性突破和生产要素的创新配置是新质生产力的两大驱动力。

总之，新质生产力理论的形成是我国科技创新和产业变革的生动实践。在新时代背景下，我们要紧紧抓住科技创新这个引擎，推动产业创新，培育新质生产力，为实现高质量发展奠定坚实基础。

（三）2024年政府工作十大任务之首

2024年3月5日，十四届全国人大二次会议在京举行，国务院总理李强在政府工作报告中提出了2024年政府工作十项任务，其中，第一项就是"大力推进现代化产业体系建设，加快发展新质生产力"。在过去的政府工作报告中，除了2017年和2018年的第一项任务与供给侧结构性改革有关，大多数的第一项任务都与"稳经济，保运行"等宏观经济内容相关。2024年的政府工作报告将与建设现代化产业体系、发展新质生产力相关的内容列为第一项任务。

政府工作报告系统阐述了新质生产力的建设框架，明确指出，"重要产业链供应链自主可控能力提升"，"积极培育新兴产业和未来产业"，并"深入推进数字经济创新发展"，"传统产业加快转型升级"。中央政

新质生产力 中国经济发展新动能

习近平总书记有关"新质生产力"的历次关键表述

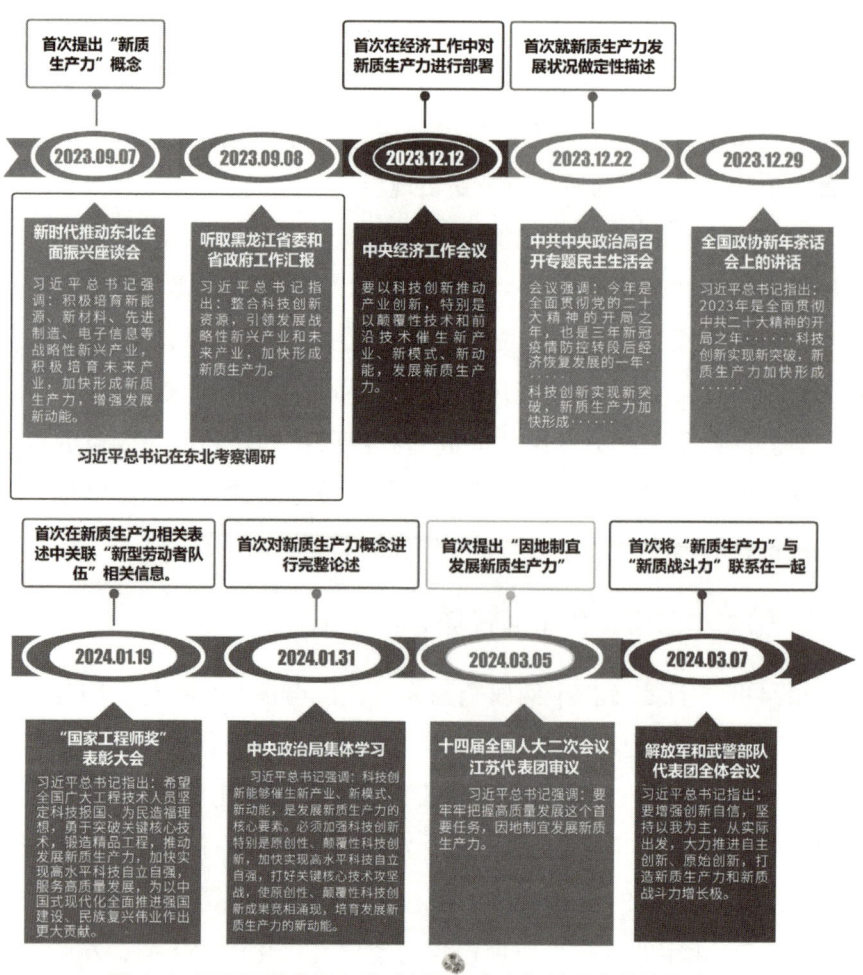

2023.09.07 首次提出"新质生产力"概念
新时代推动东北全面振兴座谈会
习近平总书记强调：积极培育新能源、新材料、先进制造、电子信息等战略性新兴产业，积极培育未来产业，加快形成新质生产力，增强发展新动能。

2023.09.08
听取黑龙江省委和省政府工作汇报
习近平总书记指出：整合科技创新资源，引领发展战略性新兴产业和未来产业，加快形成新质生产力。
习近平总书记在东北考察调研

2023.12.12 首次在经济工作中对新质生产力进行部署
中央经济工作会议
要以科技创新推动产业创新，特别是以颠覆性技术和前沿技术催生新产业、新模式、新动能，发展新质生产力。

2023.12.22
中共中央政治局召开专题民主生活会
会议强调：今年是全面贯彻党的二十大精神的开局之年，也是三年新冠疫情防控转段后经济恢复发展的一年……科技创新实现新突破，新质生产力加快形成……

2023.12.29 首次就新质生产力发展状况做定性描述
全国政协新年茶话会上的讲话
习近平总书记指出：2023年是全面贯彻中共二十大精神的开局之年……科技创新实现新突破，新质生产力加快形成。

2024.01.19 首次在新质生产力相关表述中关联"新型劳动者队伍"相关信息。
"国家工程师奖"表彰大会
习近平总书记指出：希望全国广大工程技术人员坚定科技报国、为民造福理想，勇于突破关键核心技术，锻造精品工程，推动发展新质生产力，加快实现高水平科技自立自强，服务高质量发展，为以中国式现代化全面推进强国建设、民族复兴伟业作出更大贡献。

2024.01.31 首次对新质生产力概念进行完整论述
中央政治局集体学习
习近平总书记强调：科技创新能够催生新产业、新模式、新动能，是发展新质生产力的核心要素。必须加强科技创新，特别是原创性、颠覆性科技创新，加快实现高水平科技自立自强，打好关键核心技术攻坚战，使原创性、颠覆性科技创新成果竞相涌现，培育发展新质生产力的新动能。

2024.03.05 首次提出"因地制宜发展新质生产力"
十四届全国人大二次会议江苏代表团审议
习近平总书记强调：要牢牢把握高质量发展这个首要任务，因地制宜发展新质生产力。

2024.03.07 首次将"新质生产力"与"新质战斗力"联系在一起
解放军和武警部队代表团全体会议
习近平总书记指出：要增强创新自信，坚持以我为主，从实际出发，大力推进自主创新、原始创新，打造新质生产力和新质战斗力增长极。

图 1-6 习近平总书记有关"新质生产力"的历次关键表述

014

府以科技创新驱动产业革新，加快新型工业化进程，提升全要素生产率，不断孕育、发展新动能与新优势，以期实现社会生产力的历史性跨越。

报告细化的三大举措涵盖了四个聚焦领域和两大支撑工程，围绕重点产业链整合、制造业数字化转型、中小企业智能化赋能以及人工智能与其他产业深度融合这四大关键板块，通过激发产业活力和企业潜能，充分释放新质生产力的发展势能。同时，辅以制造业技术改造升级工程与产业创新工程两大载体，为上述举措提供坚实的实践依托。

此外，政府工作报告还展示了强化政策指引、规划未来发展方向的前瞻视野，并将加大力度制定未来产业发展规划与数字经济高质量发展政策，致力于完善数据基础制度，构筑数字基础设施，为新兴产业、未来产业及数字经济等新质生产力的核心元素创造更广阔的成长空间，有力按下新质生产力快速发展的"启动键"。

二、本质内涵：新质生产力的结构体系

在整个新质生产力理论的诞生历程中，2024年1月31日召开的二十届中共中央政治局第十一次集体学习（以下简称"集体学习"）是一个非常具有标志性的会议。习近平总书记在本次集体学习时对"新质生产力"概念进行了完整、系统、深入的阐述。

从"新质生产力"的概念中我们可以总结出一个"12345"基本框架，解析什么是新质生产力、新质生产力的主导作用与核心要素是什么、为了解决哪些问题、主要特征是什么、主要着力点有哪些以及应该符合怎样的发展理念等问题。除此之外，新质生产力的本质内涵可以由"三元引擎、三元构造、衡量标准"三个方面组成对"前因、内容、结论"的三维映射体系来表示。

新质生产力 中国经济发展新动能

大力推进现代化产业体系建设加快发展新质生产力

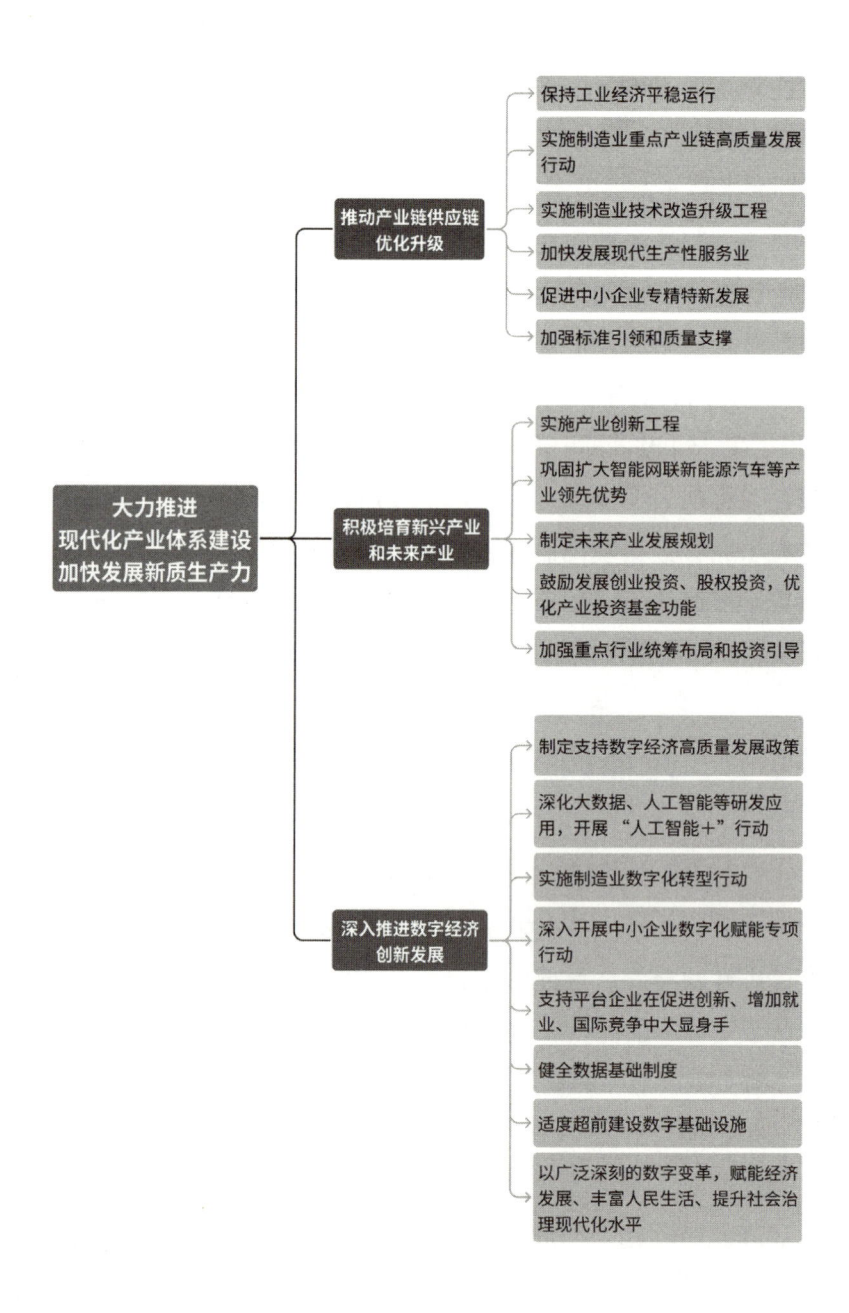

- **推动产业链供应链优化升级**
  - 保持工业经济平稳运行
  - 实施制造业重点产业链高质量发展行动
  - 实施制造业技术改造升级工程
  - 加快发展现代生产性服务业
  - 促进中小企业专精特新发展
  - 加强标准引领和质量支撑

- **积极培育新兴产业和未来产业**
  - 实施产业创新工程
  - 巩固扩大智能网联新能源汽车等产业领先优势
  - 制定未来产业发展规划
  - 鼓励发展创业投资、股权投资，优化产业投资基金功能
  - 加强重点行业统筹布局和投资引导

- **深入推进数字经济创新发展**
  - 制定支持数字经济高质量发展政策
  - 深化大数据、人工智能等研发应用，开展"人工智能+"行动
  - 实施制造业数字化转型行动
  - 深入开展中小企业数字化赋能专项行动
  - 支持平台企业在促进创新、增加就业、国际竞争中大显身手
  - 健全数据基础制度
  - 适度超前建设数字基础设施
  - 以广泛深刻的数字变革，赋能经济发展、丰富人民生活、提升社会治理现代化水平

图1-7 2024年政府工作报告中提及新质生产力部分的信息结构图

第一章
时代呼唤：新质生产力的诞生与发展

（一）基本框架："12345"结构

根据新质生产力的定义（概括地说，新质生产力是创新起主导作用，摆脱传统经济增长方式、生产力发展路径，具有高科技、高效能、高质量特征，符合新发展理念的先进生产力质态。）可以得出，新质生产力是以一个核心关键"创新"为基础，解决"摆脱传统经济增长方式、生产力发展路径"两个问题，有"高科技、高效能、高质量"三个特征，符合创新、协调、绿色、开放、共享的新发展理念的先进生产力质态。同时，发展新质生产力需要紧密围绕"完善现代化产业体系、发展绿色生产力、形成新型生产关系、畅通教育科技人才的良性循环"四个要点展开。1个核心、2个问题、3个特征、4个要点、5个要求，组成了"新质生产力"概念的"12345"基本框架。

1. "1"是一个核心，即创新

顾名思义，新质生产力的"新"就是指"创新"。创新始终是推动生产力发展的核心动力。正如马克思在《资本论》中所指出的，劳动生产力的提升伴随着科技的持续进步。历史上，每一次生产力的重大进步都与科学和技术的重大创新相伴而生。从第一次工业革命的蒸汽机应用到第二次工业革命中电力和内燃机的广泛使用，再到第三次科技革命中信息技术和生物工程的突破，这些技术创新不仅推动了生产方式的变革，还深刻影响了社会经济结构和国际关系。

当前，我国正处于新一轮科技革命和产业变革迅猛发展与转变经济发展方式的历史性交汇期，在这个关键时期，人工智能、量子技术、生命科学、数智技术和绿色技术等前沿科技正不断地推进生产力的进步与发展，我们既面临着千载难逢的历史机遇，又面临着科技差距拉大的严峻挑战。新一轮科技革命正在催促着我们必须更加努力地推进创新发展，在过去的几十年里，我们见证了科技创新给各个领域带来的巨大变革，无论是信息技术、生物技术，还是新能源技术，都为人类社会带来了前所未有的机遇。而之所以强调新质生产力创新的重要性，也正是因为科技创新能够催生新

| 新质生产力 | 中国经济发展新动能

二十届中央政治局第十一次集体学习思维导图

- **核心要点**
  - 会议内容
    - 加快发展新质生产力
    - 扎实推进高质量发展
  - 会议主题
    - 总要求
      - 牢记高质量发展是新时代的硬道理
      - 全面贯彻新发展理念
    - 战略任务
      - 加快建设现代化经济体系
      - 推进高水平科技自立自强
      - 加快构建新发展格局
      - 统筹推进深层次改革和高水平开放
      - 统筹高质量发展和高水平安全
    - 打牢基础
      - 完善推动高质量发展的考核评价体系
    - 重要定性：发展新质生产力
      - 是推动高质量发展的内在要求和重要着力点
      - 必须继续做好创新这篇大文章
      - 推动新质生产力加快发展

- **背景介绍**
  - 关键判断：推动高质量发展
    - 成为全党全社会的共识和自觉行动
    - 成为经济社会发展的主旋律
  - 近年来的成就
    - 科技创新成果丰硕，创新驱动发展成效日益显现
    - 城乡区域发展协调性、平衡性明显增强
    - 改革开放全面深化，发展动力活力竞相迸发
    - 绿色低碳转型成效显著，发展方式转变步伐加快，高质量发展取得明显成效
  - 问题：制约高质量发展因素还大量存在，要高度重视，切实解决

- **新质生产力定义**
  - 高质量发展需要新的生产力理论来指导
    - 新质生产力已经在实践中形成并展示出对高质量发展的强劲推动力、支撑力
    - 需要我们从理论上进行总结、概括，用以指导新的发展实践
  - 定义：
    - 创新起主导作用
    - 摆脱
      - 传统经济增长方式
      - 传统生产力发展路径
    - 特征
      - 高科技
      - 高效能
      - 高质量
    - 先进生产力质态
    - 符合新发展理念

- **核心要素** → 科技创新
  - 催生
    - 新产业
    - 新模式
    - 新动能
  - 培育发展新质生产力的新动能
    - 要求1：必须加强科技创新特别是原创性、颠覆性科技创新
    - 要求2：加快实现高水平科技自立自强
    - 要求3：打好关键核心技术攻坚战，使原创性、颠覆性科技创新成果竞相涌现

- **四项要求**
  - 布局产业链
  - 绿色发展
  - 形成新型生产关系
  - 畅通教育、科技、人才的良性循环

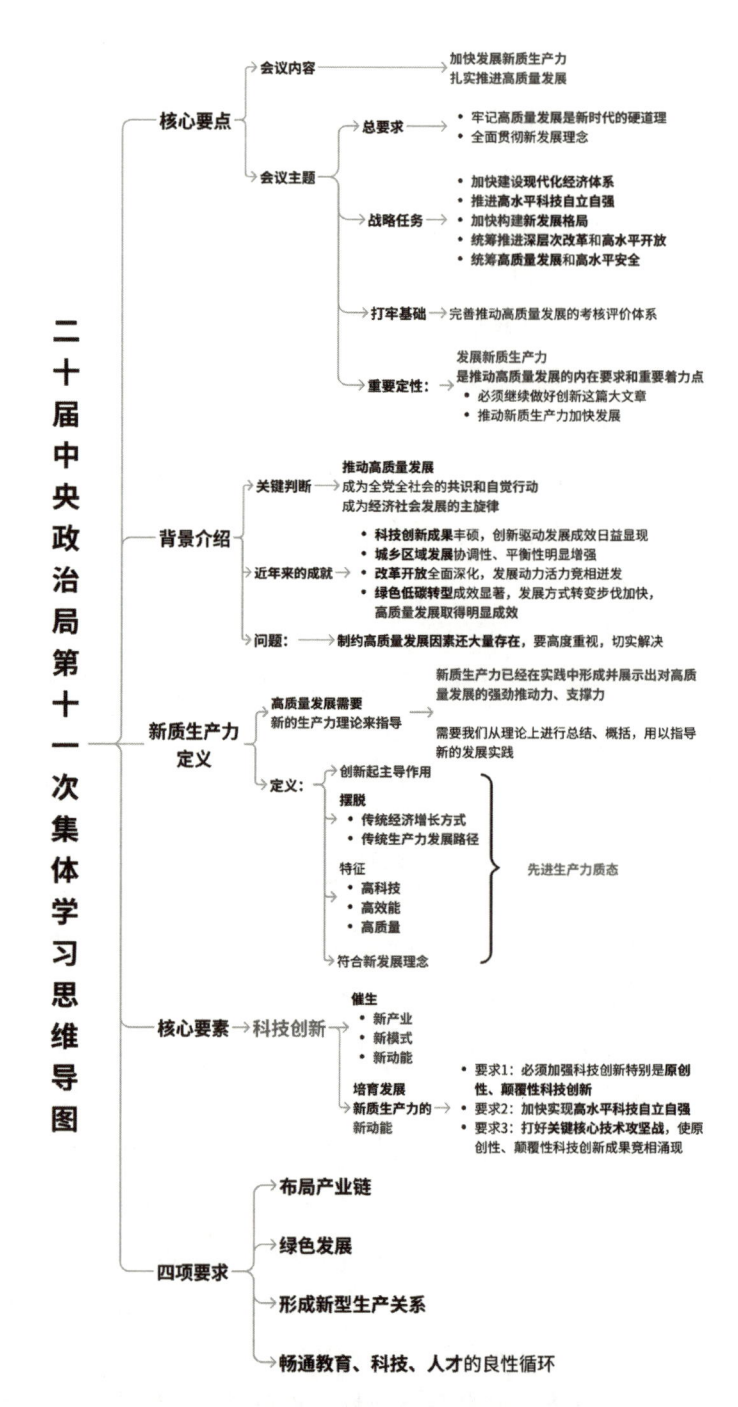

图 1-8　二十届中央政治局第十一次集体学习思维导图

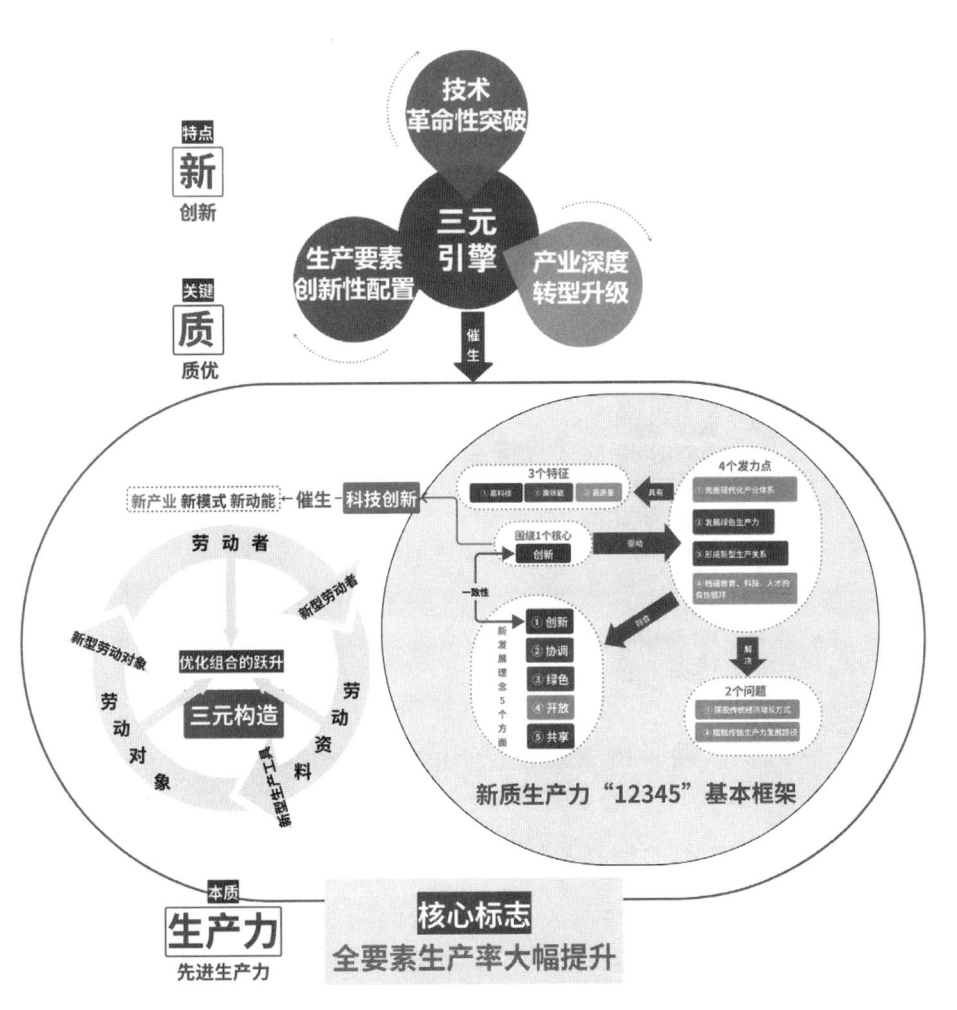

第一章
时代呼唤：新质生产力的诞生与发展

图 1-9 新质生产力概念整体架构图

产业、新模式、新动能，是发展新质生产力的核心要素。

2. "2"是两个问题，摆脱传统经济增长方式和传统生产力发展路径

传统经济增长方式以高投资、高资源消耗等为特点，虽然支撑了经济快速增长，但也导致了资源浪费、环境污染、产能过剩和对外部市场的过度依赖等问题。当前，中国正面临全球经济结构的深刻变化和国内发展环境的新挑战，迫切需要从传统增长方式和生产力发展路径转型，以创新为主导实现更可持续、更高质量的发展。这一转型涉及经济结构的

019

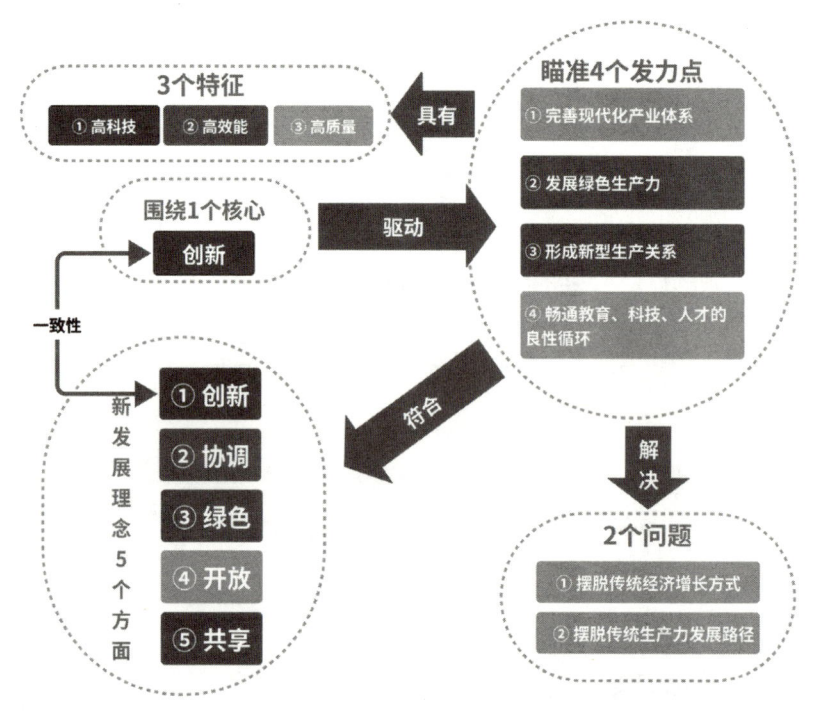

图 1-10 新质生产力"12345"基本框架

调整、全要素生产率的提高及技术进步，同时也面临着创新能力提升、高素质人才培养等挑战。

新质生产力以科技创新为主导，以实现产业的数字化、智能化和绿色化，旨在形成更高效、可持续的生产方式，为摆脱传统经济增长方式和传统生产力发展路径给出答案。在这一过程中，需要加大对科学技术研发的投入，优化技术创新环境，通过教育改革培养适应新经济需要的高素质人才，加强国际科技合作与竞争，维护国家安全的同时开展国际交流与合作，把握和利用全球创新资源。通过这些措施，中国有望实现从传统经济增长方式和生产力发展路径向更高效、更可持续、更有活力的新质生产力发展模式的转变，推动经济结构优化升级，提高全要素生产率，并促进经济社会全面绿色转型。

3. "3"是三个特征，新质生产力具有高科技、高效能、高质量的特征

新质生产力，标志着一种以高科技、高效能、高质量为特征的经济发展新模式。这种生产力模式突破了传统经济增长依赖高投入、高消耗的局限，转而侧重于创新驱动、智能化升级和绿色发展。

第一，高科技是新质生产力的核心要素，它强调利用最前沿的科学技术成果来推动产业发展和经济增长。这包括人工智能、大数据、云计算、物联网等信息技术成果，以及新能源、新材料等领域的突破。通过这些高科技的应用，可以大幅提高生产效率和产品质量，同时促进新产业的形成和发展。

第二，高效能体现在新质生产力对资源的利用上。与传统生产力相比，新质生产力更注重资源的有效利用和能源的可持续利用，力求在保证经济增长的同时，最大限度地降低对环境的影响。这不仅涵盖了生产过程中的能源效率提升，还包括整个产品生命周期中的环境友好性和资源循环利用。

第三，高质量反映了新质生产力追求的发展质量和效益。这种发展模式强调产品和服务的高附加值，以及经济增长的质量和效益，而非单纯的数量增长。高质量发展旨在满足人民对美好生活的需求，推动经济结构优化升级，实现经济社会的全面、协调、可持续发展。

4. "4"是四个发力点，完善现代化产业体系、发展绿色生产力、形成新型生产关系、畅通教育科技人才的良性循环

推动形成新质生产力需要多方面因素的共同作用，在二十届中央政治局第十一次集体学习时，习近平总书记特别强调了科技创新、产业和产业链、绿色发展、新型生产关系四个要点。

（1）原创性和颠覆性的科技创新是推动新产业、新模式和新动能发展的关键。我国应加速实现科技自立自强，坚决打好关键核心技术攻坚战。这意味着要在科技创新的方方面面加大投入，提高研发能力，瞄准世界科技前沿，不断推动科技成果转化，以科技创新带动产业升级，推动经济高质量发展。

（2）构建现代化产业体系，必须将科技创新成果及时应用于产业和产业链中，实现产业转型升级。要充分利用科技创新成果，改造提升传统产业，培育新兴产业，前瞻性布局未来产业，确保产业体系的自主性和安全性。这需要加强产业链的配套建设，提高产业链的协同创新能力，推动产业融合发展，以实现我国产业体系的全面提升。

（3）绿色生产力是高质量发展的基础，发展绿色生产力需要加快绿色转型，强化绿色科技创新。这要求大力推广先进的绿色技术，构建绿色低碳循环经济体系。具体而言，要在能源、交通、建筑、农业等领域深入推进绿色革命，实现生产方式和生活方式的绿色化，为我国绿色发展提供有力支撑。

（4）发展新质生产力还需形成与之相适应的新型生产关系。这就需要深化经济体制和科技体制改革，创新生产要素配置方式，确保各类先进生产要素能够顺畅流向新质生产力的发展领域。同时，还要通过扩大对外开放充分利用国际资源，打造有利于新质生产力发展的国际环境。这包括积极参与国际科技合作，引进国外先进技术和管理经验，培养国际一流的科技创新人才，以提升我国在全球科技竞争中的地位。

这四个要点相互关联、相互支撑，共同构成了推动新质生产力形成的综合策略。更加详细的内容我们将在后面的章节展开讨论。

5. "5"是符合创新、协调、绿色、开放、共享的新发展理念

2015年10月29日，习近平总书记在党的十八届五中全会第二次全体会议上指出："理念是行动的先导，一定的发展实践都是由一定的发展理念来引领的。发展理念是否对头，从根本上决定着发展成效乃至成败。实践告诉我们，发展是一个不断变化的进程，发展环境不会一成不变，发展条件不会一成不变，发展理念自然也不会一成不变。"[①]

党的十八大以来，党和国家对经济社会发展提出了许多重大理论和

---

① 习近平：《论坚持人与自然和谐共生》，中央文献出版社2022年版，第104页。

第一章
时代呼唤：新质生产力的诞生与发展

理念，其中新发展理念是最重要的。新发展理念是一个系统的理论体系，回答了关于发展的目的、动力、方式、路径等一系列理论和实践问题，推动发展新质生产力，也应该符合创新、协调、绿色、开放、共享的新发展理念。

第一，创新是新质生产力的核心要素。创新是引领发展的第一动力，也是新质生产力的核心要素。在新时代，我们要坚定不移地将创新作为国家战略，深入实施创新驱动发展战略，加快建设创新型国家。通过科技创新、管理创新、业态创新等多方面创新，推动新质生产力的不断发展，为我国社会经济发展提供源源不断的动力。

第二，协调是新质生产力的内在要求。协调是实现全面发展的关键因素，也是新质生产力的内在要求。在新时代，我们要大力推进区域协调发展、产业协调发展、城乡协调发展等，优化产业结构、区域布局、要素配置，实现经济、社会、环境等各方面的协调发展。通过协调促进新质生产力的提升，实现全体人民共享发展成果。

第三，绿色是新质生产力的重要支柱。绿色是实现可持续发展的重要保障，也是新质生产力的重要支柱。在新时代，我们要坚定不移走绿色发展道路，大力推进生态文明建设，加快构建绿色生产和消费体系，推进资源节约和环境保护，实现经济发展与生态环境和谐共生。绿色新质生产力的培育和发展，有利于提高人民生活质量，促进人与自然和谐共生。

第四，开放是新质生产力的外部条件。开放是融入全球经济、拓展发展空间的关键，也是新质生产力的外部条件。在新时代，我们要深入推进全面对外开放，积极参与国际经济合作与竞争，拓展国际市场和国际合作空间。新质生产力将带动我国经济融入全球经济体系，为我国经济社会发展注入新的活力。

第五，共享是发展新质生产力的根本目标。共享是发展的根本目的，也是发展新质生产力的根本目标。在新时代，我们要紧紧围绕实现全体人民共同富裕，推进改革发展成果更多更公平惠及全体人民。通过完善收入分配制度、保障民生，推进教育、医疗、住房等领域的发展，让全体人民共享新质生产力带来的成果，不断增进人民福祉。

从整体上来看，在新质生产力的"12345"框架中，每个元素都不是孤立存在的，而是在一个动态、互联的系统中相互作用和相互依赖。核心的创新精神贯穿始终，它不仅驱动着生产力的发展，而且激发着摆脱传统经济增长和生产力发展方式的新思路。这种创新不仅体现在技术上，还体现在管理、组织和商业模式上，为经济发展注入新的活力和动能。

当我们摆脱旧有的经济增长模式和生产力发展路径时，就为创新提供了空间，促使高科技、高效能、高质量的特征得以显现。这些特征又进一步推动产业的数字化、智能化和绿色化转型，提高生产效率和产品质量，同时也促进了新产业和新模式的形成。

此外，新质生产力的发展还需要完善现代化产业体系、发展绿色生产力、形成新型生产关系，并保证教育、科技、人才的良性循环。这些要素相互支撑，共同构建了一个更加协调、开放和共享的经济体系。科技创新不仅推动了产业升级，还促进了绿色发展和生态文明建设。同时，创新的生产关系和教育体系又为创新提供了支持。

因此，新质生产力的"12345"框架描绘了一个相互联系、相互促进的发展生态，每个部分都是这个生态中不可或缺的一环，共同推动着高质量发展的实现。这种全面而综合的发展策略，不仅促进了经济的高质量增长，还为社会的可持续发展奠定了坚实的基础。

（二）三维体系："三元引擎—三元构造—衡量标准"

为了进一步理解新质生产力，除了新质生产力"12345"基本框架，我们从概念中总结提炼出另一个十分重要的体系，即"三元引擎—三元构造—衡量标准"三维体系。这一体系以技术革命性突破、生产要素创新性配置、产业深度转型组成"三元引擎"，为新质生产力提供关键动能；以劳动者、劳动资料、劳动对象及其优化组合的跃升，作为新质生产力的"三元构造"，成为新质生产力的聚变因子；以全要素生产率大幅提升作为新质生产力的核心标志，成为新质生产力形成或升级的"衡量标准"。这

第一章
时代呼唤：新质生产力的诞生与发展

三个方面共同作用于新质生产力，成为发展新质生产力的关键因素。

"三元引擎"是推动新质生产力形成的动力源。技术革命性突破、生产要素创新性配置、产业深度转型升级三者相互作用，共同发力，成为推动形成新质生产力的"三元引擎"，为新质生产力提供关键动能。

技术革命性突破是主力引擎。技术创新是生产力发展的关键驱动力。在当前的技术革命中，人工智能、大数据、云计算等技术的突破性进展不仅提高了生产效率，还改变了生产方式，促进了新产品和新服务的产生。这种技术突破能够极大地扩展生产的可能性边界，是推动生产力质变的根本动力。

生产要素创新性配置是控制引擎。随着经济和社会的发展，知识、技术、信息等新型生产要素变得越来越重要。这些新型生产要素的创新性配置，如通过数字化平台实现资源的最优分配，不仅能提高生产效率，还能促进产业结构的优化升级，是新质生产力形成的关键。

产业深度转型升级是加速引擎。产业转型升级涉及对现有产业进行深度的技术改造和模式创新，发展高技术产业和服务业，实现产业的高端化、智能化、绿色化。其中，培育未来产业、发展战略性新兴产业、加快传统产业改造升级是关键，目标是构建现代化产业体系。

"三元构造"是新质生产力聚变产生的基本组成。在经典的马克思主义生产力理论中，"劳动者、劳动资料、劳动对象"是生产力的三要素。"新质生产力"的概念沿用并发展了这一框架，基于新质生产力的发展要求，需要不断培育新型劳动者队伍、用好新型生产工具、塑造适应新质生产力的生产关系。而在此之外，三者优化组合的跃升，是新质生产力区别于传统生产力的关键部分。

培育新型劳动者队伍，打造符合新质生产力要求的新型劳动者，是加快发展新质生产力的重要人才措施。在知识经济时代，劳动者的知识、技能和创新能力成为影响生产力的关键因素。教育和培训的普及、终身学习体系的建立能够不断提升劳动者的素质，是新质生产力形成的基础。

用好新型生产工具、劳动资料为产业发展带来升级，是加快培育新质生产力的产业发展措施。劳动资料是生产工具和设备现代化改造的结果，如智能化生产线、自动化设备的广泛应用，极大提升了生产效率和产品质量，是新质生产力的物质基础。

按照发展新质生产力的要求，塑造适应新质生产力的生产关系，新型劳动对象塑造新发展生态。劳动对象包括原材料、半成品等，通过科技进步和管理创新，实现资源的高效利用和环境的可持续发展，是加快形成新质生产力的重要环境保障。

三者优化组合的跃升在新质生产力的体系中占据了核心地位，是其区别于传统生产力的根本特征。这一跃升不仅体现在劳动者的创新能力、劳动资料的智能化和劳动对象的高效利用上，更体现在这三者之间的协同和整合上。在新质生产力的框架下，劳动者的角色超越了简单的劳动执行者，成为知识和技能的创新者；劳动资料则通过科技的力量，转变为智能化、自动化的生产工具；而劳动对象的选择和处理，则更加注重资源的可持续性和对环境的保护。这三个要素的深度融合和创新性配置，推动了生产力质的飞跃，为高质量发展提供了坚实的基础。

全要素生产率大幅提升是新质生产力的核心标志。全要素生产率（TFP）衡量了在生产过程中所有生产要素的综合效率。与单纯依靠增加生产要素投入不同，TFP的提升反映了生产过程中技术进步和效率改善的作用，是经济增长的"无形资产"。当全要素生产率大幅提升时，意味着经济体不仅能以更低的成本生产更多的商品和提供更优的服务，还能更有效地响应环境变化和市场需求，体现了新质生产力的实质和核心。如果说新质生产力的"新"指的是创新，那么新质生产力的"质"就是全要素生产率大幅提升。

三、定位导向：新质生产力的主要目标

高质量发展已经被确定为全面建设社会主义现代化国家的首要任务，

第一章
时代呼唤：新质生产力的诞生与发展

因此，加快形成新质生产力作为推动高质量发展、全面建设社会主义现代化国家的重要战略手段，成为下一阶段解放和发展生产力的关键。

从内容上来看，新质生产力以创新为核心，以形成发展新动能为主要目的，看起来在"破"和"立"的关系上主要是发挥"立"的作用，而供给侧结构性改革则更像是一个"破"的工作。两者关系十分紧密，都以全要素生产率大幅提升为主要目标，都以创新为核心推动。由此我们可以总结出，新质生产力就是在供给侧结构性改革的"加减乘除"四则运算中，将"乘法"进行累积，进而通过综合乘数效应得到的发展指数效应的生产力映射。

（一）助推高质量发展

习近平总书记在二十届中央政治局第十一次集体学习时的讲话中指出："发展新质生产力是推动高质量发展的内在要求和重要着力点，必须继续做好创新这篇大文章，推动新质生产力加快发展。"[1] 因此，理解新质生产力需要先从理解高质量发展着手。立足新发展阶段的时代背景、贯彻新发展理念的发展模式、构建新发展格局的目标导向，是实现高质量发展的根本遵循，也是发展新质生产力的根本遵循。

从时代背景看，高质量发展是新发展阶段的"总纲"。新发展阶段是中国在全面建成小康社会、完成脱贫攻坚任务、实现第一个百年奋斗目标之后，开始向第二个百年奋斗目标进军的阶段。这一阶段最显著的特点就是中国社会主要矛盾的变化。党的十九大报告指出："中国特色社会主义进入新时代，我国社会主要矛盾已经转化为人民日益增长的美好生活需要和不平衡不充分的发展之间的矛盾。"[2]

在新发展阶段，通过经济高速发展已经不能解决当前中国社会的主要

---

[1] 《习近平在中共中央政治局第十一次集体学习时强调 加快发展新质生产力 扎实推进高质量发展》，《人民日报》2024年2月2日。
[2] 习近平：《决胜全面建成小康社会 夺取新时代中国特色社会主义伟大胜利——在中国共产党第十九次全国代表大会上的报告》，人民出版社2017年版，第11页。

矛盾，当前需要的是从高速增长转向高质量发展，打造新动能，促进传统动能的转换和质的飞跃。

因此，把握新发展阶段的关键就是把握高质量发展。从国内背景看，发展不平衡不充分问题非常严峻；从历史的背景来看，当前和今后一个时期，我国发展仍然处于重要战略机遇期，但机遇和挑战都有新的发展变化，机遇和挑战之大都前所未有，总体上机遇大于挑战。

国际环境的不确定性和复杂性要求中国在新的发展阶段保持战略定力，积极应对外部变化和挑战，而高质量发展正是实现这一目标的关键。发展不平衡不充分问题更加凸显了高质量发展的迫切性和重要性。这些内外部因素共同作用，使得高质量发展成为当前和未来一段时期我国经济社会发展的核心任务和主要目标。

面对前所未有的机遇和挑战，高质量发展要求我们坚持以人民为中心的发展思想，不断满足人民对美好生活的向往。同时，通过创新驱动、产业升级、绿色发展、开放合作和共享发展，推动经济发展实现质量变革、效率变革、动力变革，从而提升国家的综合国力和国际竞争力。

从发展模式看，高质量发展本质上体现的是新发展理念。新发展阶段

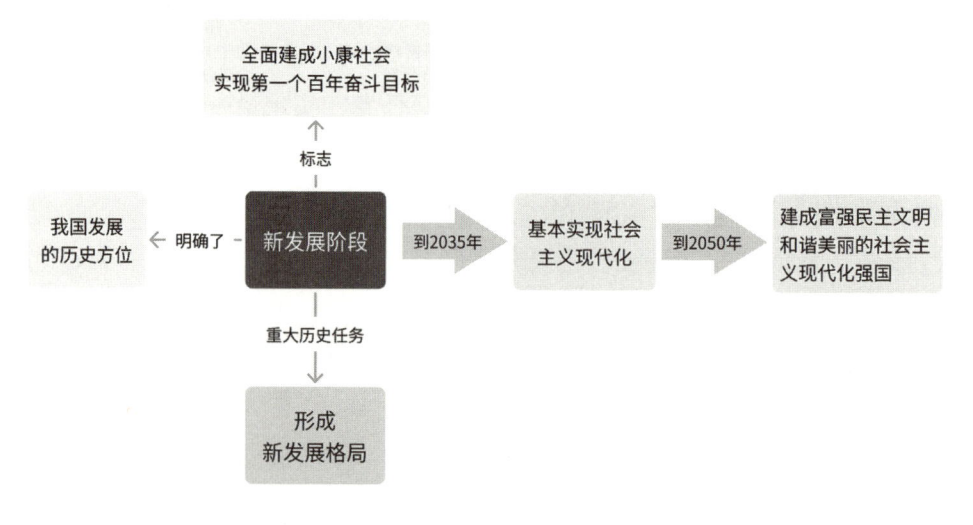

图 1-11 新发展阶段与百年奋斗目标

第一章
时代呼唤：新质生产力的诞生与发展

最急需解决的就是发展不平衡不充分问题。习近平总书记在党的十八高质量发展是创新的发展，将创新置于核心位置，强调通过科技进步、管理创新和制度改革不断提升发展的内在动力和效率，从而推动经济结构的优化和产业的升级，为高质量发展提供新动能；高质量发展是协调的发展，通过协调发展促进区域间、城乡间以及社会各阶层之间的和谐，致力于缩小发展差距，实现更加均衡和谐的社会状态；高质量发展是绿色的发展，绿水青山就是金山银山，通过强调环境友好和资源节约，将生态文明建设纳入发展全过程和各领域，确保经济增长与自然环境的和谐共生；高质量发展是开放的发展，倡导更高水平的对外开放，积极参与全球治理，通过国际合作与竞争促进自身的创新和成长；高质届五中全会上提出的"创新、协调、绿色、开放、共享"的新发展理念，为解决这一问题提供了理论方向。创新发展注重的是解决发展动力问题，协调发展注重的是解决发展不平衡问题，绿色发展注重的是解决人与自然和谐问题，开放发展注重的是解决发展内外联动问题，共享发展注重的是解决社会公平正义问题，这五个方向也是高质量发展必须具备的五个要点，为高质量发展提供了根本指导原则。量发展是共享的发展，强调

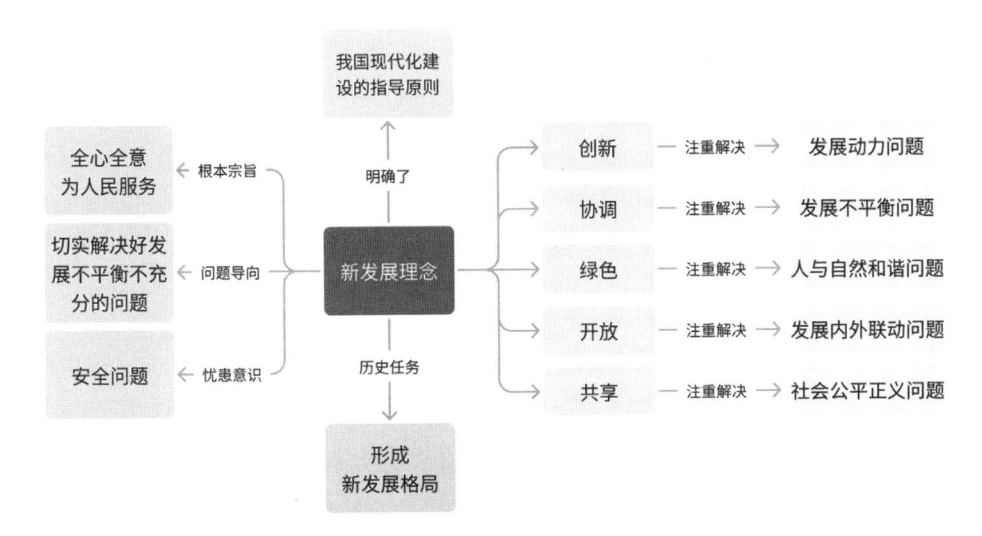

图 1-12 新发展理念核心概念结构图

让发展成果普惠于全体人民，不断提升人民的生活质量，实现社会公平与正义。

从目标导向看，高质量发展是新发展格局的核心要义。加快构建以国内大循环为主体、国内国际双循环相互促进的新发展格局，是"十四五"规划和2035年远景目标建议提出的一项关系我国发展全局的重大战略任务。无论是从国内大循环来看还是从国内国际双循环来看，高质量发展都是构建新发展格局的核心内容。党的二十大提出"加快构建新发展格局，着力推动高质量发展"，其中包含了五项具体内容：一是构建高水平社会主义市场经济体制，二是建设现代化产业体系，三是全面推进乡村振兴，四是促进区域协调发展，五是推进高水平对外开放。

高质量发展是新发展格局的核心要义，因为它不仅关乎经济增长的速度和规模，更关乎经济增长的质量、效益和可持续性。这种发展模式强调在全球化背景下，通过内部改革和创新驱动，提升国家的经济实力和国际竞争力。

构建高水平社会主义市场经济体制，是为了更有效地激发市场活力和社会创造力，通过完善市场机制和政府干预，实现资源配置的最优化，保障经济运行的效率和公正，从而提升整体经济的质量和竞争力。

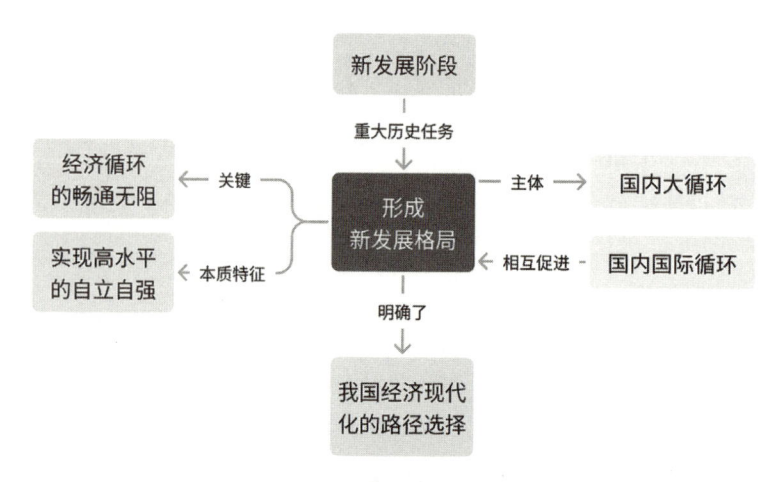

图1-13 新发展格局核心概念结构图

建设现代化产业体系，目的在于通过技术革新和产业升级加速经济结构的转型，以科技创新为核心推动产业发展，提高产业链的价值，促进经济增长方式从数量扩张向保证质量、效益转变。

全面推进乡村振兴，关键在于解决城乡发展不平衡的问题，通过提升农业现代化水平和改善农村环境，实现农业与农村的全面发展，促进社会整体的和谐稳定。

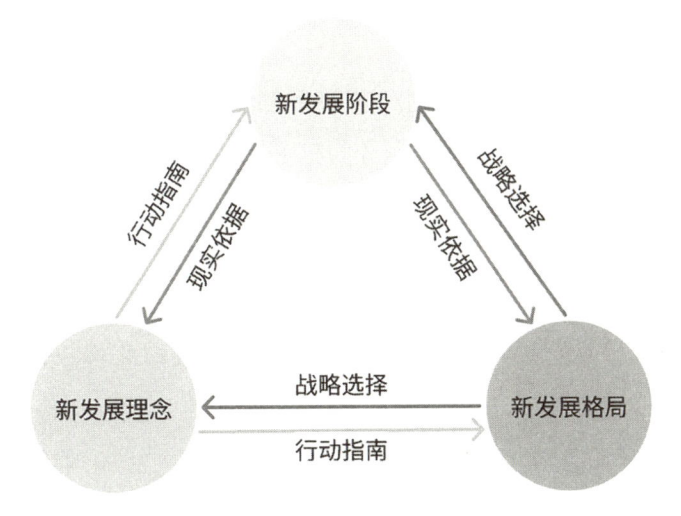

图 1-14 新发展阶段、新发展理念、新发展格局战略互动结构图

促进区域协调发展，旨在通过优化区域发展战略和政策协同，解决区域发展不平衡的问题，实现资源在不同区域间的合理分配和利用，促进国家经济的均衡发展。

推进高水平对外开放，则是为了通过国际合作与交流，引入外部资源和先进技术，提升国内经济的开放性和竞争力，同时为全球经济治理贡献中国智慧和方案。

（二）发挥综合乘数效应

习近平总书记在论述供给侧结构性改革的时候，曾经使用过一个非常形象的比喻，即用好供给侧结构性改革当中的"四则运算"。在传统的生产力理论体系与新质生产力的理论体系对比中,"加、减、除"的运用基本类似：通过补齐短板的加法,扩大供给推动发展；通过去产能、去杠杆、降本增效的减法,减轻压力,提高市场竞争力；通过解决环境污染、体制机制障碍等制约经济发展瓶颈问题的除法,为经济发展扫清障碍。两者之间的差别主要是在乘法的运用上。传统的生产力理论主要是通过创新发展来挖掘经济增长新动力；在新质生产力的理论中,创新虽然起着主导作用,但发挥乘数效应的不只是创新,还包括数据要素、绿色发展、数实融合等其他乘数效应。

新质生产力,作为一个关注"发展新动能"的重要概念,是创新起主导作用,以全要素生产率大幅提升为核心标志,这都与我国当前大力推进的供给侧结构性改革一脉相承。换句话说,新质生产力在优化产业结构、推动产业升级等方面发挥着至关重要的作用,这与供给侧结构性改革的目标和路径高度一致。

然而,供给侧结构性改革与新质生产力之间也存在明显的不同。供给侧结构性改革更注重"加减乘除"四则运算的综合运用,全方位地解决发展中的问题。相比之下,新质生产力更侧重于乘法的运用。其中的创新驱动、绿色发展、数实融合、数据要素等核心内容,对我国的发展具有极其强烈的乘数效应。

因此,我们可以将新质生产力理解为,在供给侧结构性改革的"四则运算"中"乘法"的集中体现。如果我们把供给侧结构性改革比喻为"加减乘除"四则运算的综合运用,那么新质生产力就是做连续乘法,最终使得发展的综合乘数效应呈现出"幂运算"的指数级增长。

这种效应极大地提升了我国发展的速度和质量,为经济的持续增长注入了新的动力。在当前的发展形势下,新质生产力已成为推动我国经济转型升级、实现高质量发展的重要引擎。我们应充分认识新质生产力的重要性,充分发挥其在创新驱动、绿色发展、数实融合等方面的乘数效应,为我国经济的持续繁荣注入源源不断的活力。

第一章
时代呼唤：新质生产力的诞生与发展

新质生产力 = { 数据要素 × 绿色发展 × 创新驱动 × 数实融合 × …… } = 多个乘数效应^n

综合乘数效应

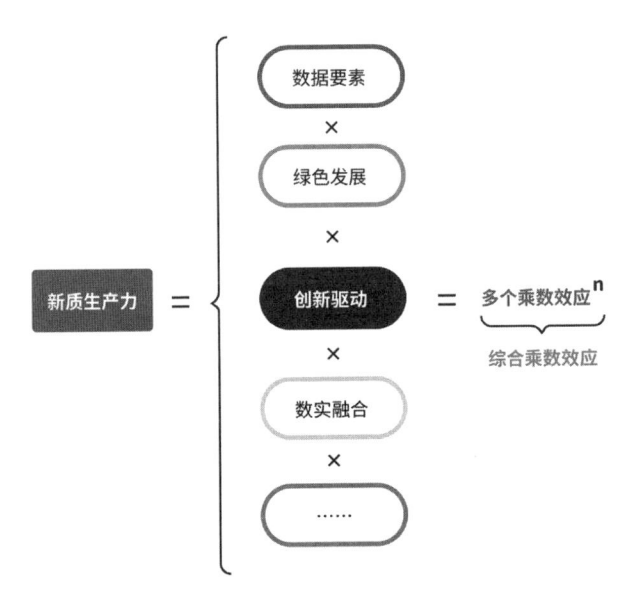

图 1-15　新质生产力综合乘数效应示意结构图

第二章

新增长极：理解新质生产力的系统结构

▶ **原文精读**

　　它由技术革命性突破、生产要素创新性配置、产业深度转型升级而催生，以劳动者、劳动资料、劳动对象及其优化组合的跃升为基本内涵，以全要素生产率大幅提升为核心标志，特点是创新，关键在质优，本质是先进生产力。

　　——《习近平在中共中央政治局第十一次集体学习时强调 加快发展新质生产力 扎实推进高质量发展》，《人民日报》2024年2月2日。

新质生产力的诞生基于深厚的历史渊源和时代背景，是人类社会发展的必然趋势。这一趋势在全球范围内日益凸显，不仅表现为技术创新的迅猛发展，还体现在产业结构的优化升级、经济增长方式的转变，以及全球产业链的重构等方面。中国高度重视新质生产力的发展，将其作为国家发展战略的核心内容，以推动经济高质量发展。要想深刻把握新质生产力的发展趋势，就要更好地理解新质生产力的系统结构。

如果我们将新质生产力比喻为一场激动人心的F1赛车比赛，那么"三元引擎"就是赛车的三个核心动力系统。在这个比喻中，技术革命性突破被视为发动机，推动新质生产力高速发展；生产要素创新性配置则是变速箱，让各生产要素之间更协调；而产业深度转型升级则被视为加速系统，为新质生产力提供动力。

"三元构造"是整个赛车团队的核心，它由劳动者、劳动资料和劳动对象三个要素构成。在这个独特的构造中，劳动者是驾驶赛车的人，他们肩负着赢得比赛的重任；劳动资料则是指赛车本身，它是劳动者实现比赛目标的工具；而劳动对象则是整个赛车比赛的各个环节，包括设计、制造、维修、战术制定和执行等。

这些要素共同构成了整个赛车团队，如果要创造"新质生产力"的成就，就要首先取得全要素生产率大幅提升这个关键成绩。

一、关键动能：加快形成新质生产力的"三元引擎"

习近平总书记对新质生产力的论述深刻揭示了新时代我国经济发展的核心要素和动力源泉。他强调，"它由技术革命性突破、生产要素创新性配置、产业深度转型升级而催生"①。这三个方面相互促进，共同构成了推动我国经济发展的"三元引擎"。

技术革命性突破是新质生产力形成的主力引擎，也是驱动经济结构优化和产业升级的核心动力。在科技日新月异的时代背景下，我国紧紧抓

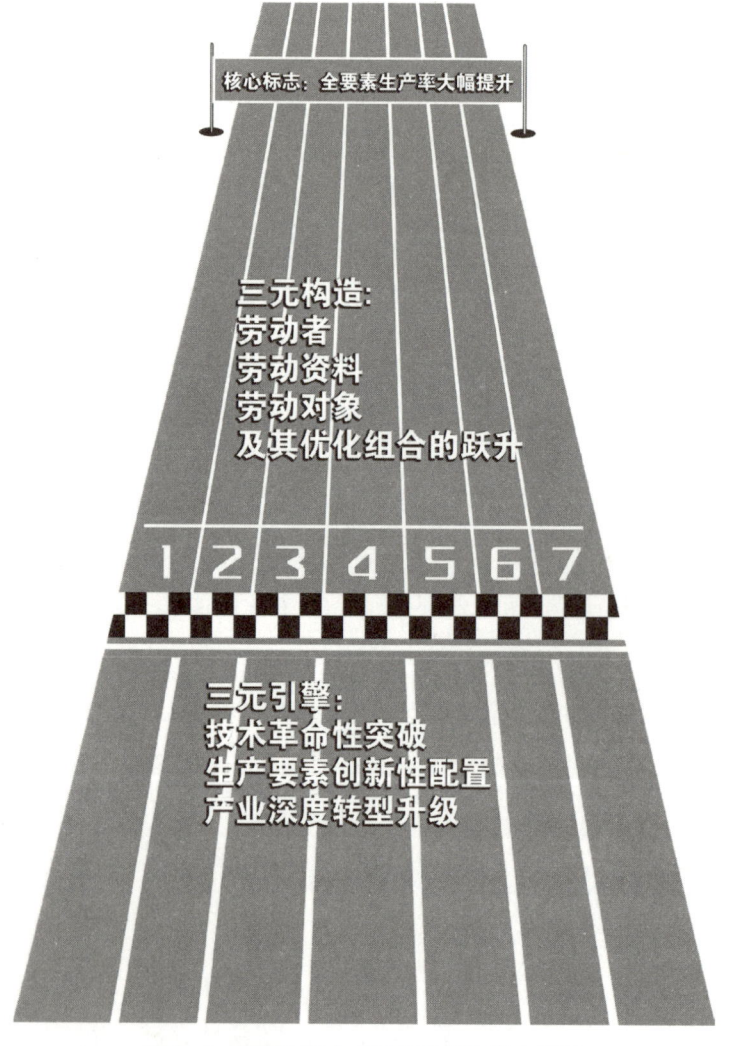

图 2-1 新质生产力"三维映射"基本框架

---

① 《习近平在中共中央政治局第十一次集体学习时强调 加快发展新质生产力 扎实推进高质量发展》，《人民日报》2024 年 2 月 2 日。

第二章 新增长极：理解新质生产力的系统结构

技术革命性突破
特点：创新
表现：人工智能、大数据、互联网经济、数字化等

催生出新质生产力

生产要素创新性配置
核心标志：全要素生产率大幅提升
表现：技术、人力资源、资本配置、资源配置等创新

产业深度转型升级
关键：质优
表现：技术升级、产品升级、服务升级、创新驱动、绿色发展等

图 2-2 新质生产力"三元驱动"结构图

住这一发展机遇，通过科技创新，尤其是在战略性新兴产业和未来产业领域，不断推动经济转型升级，拓展经济发展的新空间，形成经济增长的新动能。

生产要素的创新性配置进一步增强了经济发展的新动能。在数字化转型和平台经济的背景下，新的生产要素如数据、知识等正成为推动经济发展的重要资源。我国充分利用这些新的生产要素，优化资源配置，推动产业结构调整，为经济发展注入新的活力。

产业的深度转型升级，特别是战略性新兴产业和未来产业的培育和发展，不仅是适应国内外市场需求变化的需要，也是实现从传统动能向新动能转换的必然选择。我国政府高度重视这一问题，通过政策引导、资金支持等手段，积极推动产业转型升级，助力经济高质量发展。

（一）主力引擎：技术革命性突破

技术革命性突破可以比作主力引擎，驱动新质生产力高速发展。科技创新作为新质生产力的核心要素，其驱动力主要体现在技术革命性突破上。换句话说，科技创新推动新质生产力发展的主要方式是技术革命性突破。

第一，技术革命性突破极大地提升了生产效率和产品质量。全新的解决方案和工具的出现，使得生产成本大幅下降，产品和服务的性能显著提升。这种提升不局限于单一行业，而是能够带动整个经济体系的效率和质量提升，从而推动经济增长。

第二，技术革命性突破促进了产业结构的优化和升级。新技术的应用往往伴随着新产业的兴起和传统产业的改造，这些新兴产业通常具有更高的增加值，能够为经济发展提供新的增长点。同时，通过对传统产业的改造升级，能够延长产业的生命周期，提高其在国际分工中的竞争力。

第三，技术革命性突破还能够促进新商业模式和新管理模式的创新。随着技术的发展，企业有了更多的可能性去探索新的经营和管理方式，如平台经济、共享经济等新型商业模式。这些新模式能够更有效地整合资源，满足消费者多样化、个性化的需求，从而开拓更广阔的市场空间。

第四，技术革命性突破还能够激发社会创新和文化创新，推动社会进步。新技术的普及和应用不仅能够提高人民的生活水平，更是社会进步的重要推动力。新技术如人工智能、大数据、互联网等，为教育、医疗、文化等社会事业的发展提供了强大的支持。教育领域迎来了在线教育、个性化学习等新型教育模式；医疗领域实现了远程医疗、精准医疗等创新应用；文化领域也借助新技术呈现出丰富多样的表现形式，为人们提供了更加便捷、高质量的文化产品。

以人脸识别技术为例，在人脸识别技术的早期阶段，该技术主要局限于实验室研究和特定的安全应用中。早期的人脸识别系统通常依赖于较为简单的图像处理技术和算法，如基于几何特征的匹配，这要求被识别对象必须在受控的环境下，如拍摄正面照片时、在固定的光照条件下等，才能达到较高的识别准确率。

这些系统的应用范围相对有限，主要用于一些有高安全需求的场合，如机场安检、边境控制等。随着技术革命性突破，尤其是深度学习技术在人脸识别领域的应用，人脸识别技术发生了根本性的变革。深度学习算法，特别是卷积神经网络（CNN）的引入，极大提高了人脸识别的准确率和稳健性，使得人脸识别技术能够在更加复杂和非受控的环境中准确识别人脸。

人脸识别技术产生革命性突破后，其应用领域迅速拓展。在手机解锁、支付验证、智能安防、个性化服务等方面都得到了广泛应用。在公共安全领域，人脸识别技术的应用大大提高了公共场所的安全水平。在零售和服务行业，人脸识别技术的应用提升了消费者体验，实现了个性化服务和营销。在金融领域，人脸识别技术为用户提供了更加便捷安全的身份验证手段。

（二）控制引擎：生产要素创新性配置

生产要素创新性配置可以比作控制引擎，促进了新质生产力协调发展。生产要素创新性配置是指通过创新生产要素配置方式，让各类先进优质生产要素向发展新质生产力顺畅流动。其中值得注意的是，生产要素部分说的是"先进优质生产要素"而非"创新型生产要素"，是"生产要素创新性配置"而非"配置创新型生产要素"。先进优质生产要素与新旧无关，通过正确的配置，传统生产要素也可以成为先进优质生产要素。如果只将生产要素创新性配置理解成更多地将新型生产要素配置到生产当中，会显得很狭隘。生产要素创新性配置，作为新质生产力的核心驱动之一，通过优化资源的组合和使用，促进经济结构的高效转型和产业的升级，从而推动协调发展。这种配置不仅涉及信息、技术和数据等新型生产要素的优化组合，还包括传统生产要素——劳动、土地和资本的整合使用，最终使新质生产力在全要素生产率方面大幅提升。

首先，生产要素创新性配置的核心在于推动产业深度转型和升级。在这个过程中，技术创新和应用起到了关键作用。以人工智能、大数据、云计算等为代表的技术革命性突破，为企业提供了全新的工具和方法，使生产过程更加高效、智能化。例如，通过引入智能制造系统，企业能够实现生产过程的自动化、精准化管理，减少资源浪费，提升产品质量和生产效率。这不仅有助于提高企业的竞争力，也有利于促进整个产业的升级和发展。

其次，生产要素创新性配置强调各类生产要素之间的协同效应。跨界融合和创新使得不同领域的知识和技能相互促进，产生 1+1>2 的协同效应。以数字技术与传统制造业的结合为例，这种融合不仅提高了传统制造业的数字化、智能化水平，还催生了新兴产业和新型商业模式，使传统产业向战略性新兴产业转型。这为经济增长注入了全新的动力，有利于实现可持续发展。

再次，生产要素创新性配置注重人才和知识的培养与运用。在知识经济时代，人才和知识成为重要的生产要素。通过教育和培训，提升劳动力的技能和创新能力，是推动经济高质量发展的关键。同时，建立健全知识产权保护和激励机制，有助于促进知识的创造和应用，推动科技进步和产业升级。

最后，生产要素创新性配置需要有良好的制度环境和政策支持。政府在制定政策时，应充分考虑如何通过法律、财政、税收等手段，激励企业和个人投入创新活动中。同时，建立健全市场体系，确保资源能够高效流动和配置，支持新兴产业的发展和创新企业的成长，有利于营造一个公平竞争的创新环境，进一步推动生产要素创新性配置。

所以说，生产要素创新性配置是我国实现产业升级、经济增长的重要途径。通过技术创新、跨界融合、人才培养和知识应用以及良好政策环境的营造，我们可以充分发挥生产要素的协同效应，推动我国经济高质量发展。在未来的发展中，我们应继续深化生产要素创新性配置，为构建现代化经济体系贡献力量。

（三）加速引擎：产业深度转型升级

产业深度转型升级可以比作加速引擎，推动新质生产力向纵深发展，这也是实现经济高质量发展的关键途径。其中要把握好三个方面的问题：一是传统产业的改造升级，通过革命性技术融合、生产要素创新性配置等方式，深度优化升级传统产业，将其改造成为更适合新质生产关系发展的新兴产业；二是不断推动战略性新兴产业的培育发展，优化产业链供应链布局，让新兴产业逐渐规模化、集群化；三是加快革命性技术应用，推动未来产业实现实用性、规模性发展，加快未来产业向战略性新兴产业的转化。通过技术革新和模式创新，推动产业结构的优化升级，从而提升整体经济的发展效率和竞争力。

其一，产业深度转型升级实质上是一种创新发展模式。这种模式的根本在于，通过科技的进步和创新活动，推动生产过程、组织模式以及业务模式的彻底变革。在这种模式下，传统制造业通过数字化和智能化的改造，能够提升生产效率，减少资源消耗，进而实现绿色可持续发展。与此同时，新兴产业如新能源、新材料、生物技术等领域的高速发展，不仅拓展了经济发展的新领域，也为经济增长注入了新的活力。

其二，产业深度转型升级注重产业链的整体优化和升级。这意味着，我们需要通过加强产业链上下游的协同和整合，提高产业链的整体效率和价值创造能力。这一过程不仅涉及强化核心企业的领导作用，还需要通过政策引导和市场机制推动中小企业的创新和成长，以增强产业链的韧性和竞争力。

其三，产业深度转型升级还着重于培育新的经济增长点和发展动能。这就需要我们积极探索和应用新技术、新业态、新模式，不断发掘经济发展的新空间。其中包括鼓励跨界融合、促进产学研合作，以及通过开放合作拓展国际市场，提升产业的全球竞争力。

"三元引擎"之间的联系和相互作用是多维度、动态的，共同推动实现高质量发展。技术革命性突破为催生新质生产力提供了基础和前提，它不仅直接带来了新的生产方式和产品，还为生产要素的创新性配置提供了可能性和空间。生产要素创新性配置是技术革命性突破成果转化的关键环节，它通过优化传统与新兴生产要素的组合，提高了资源利用效率和生产效率，为产业深度转型升级提供了动力和支撑。产业深度转型升级则是技术革命性突破和生产要素创新性配置相互作用的具体体现，它不仅推动了产业结构的优化升级，还为技术革命性突破和生产要素创新性配置提供了广阔的应用场景和实践平台。三者相辅相成，互为因果，共同推动新质生产力的形成和发展，最终形成推动经济高质量发展的合力。

二、聚变因子：推动新质生产力跃升的"三元构造"

习近平总书记指出，新质生产力"以劳动者、劳动资料、劳动对象及其优化组合的跃升为基本内涵"[①]。作为生产力的三要素，"劳动者、劳动资料、劳动对象"在新发展阶段也有新的要求。通过技术革命性突破、生产要素创新性配置、产业深度转型升级，推动生产力的飞跃发展，促进生产关系随之产生质的变化，对劳动者、劳动资料、劳动对象必然也提出新的要求。

2023年中央经济工作会议结束后，中央财经委员会办公室有关负责人在解读2023年中央经济工作会议精神时就新质生产力的内涵作出了有关表述，指出加快培育新质生产力要把握好三点：一是打造新型劳动者队伍，包括能够创造新质生产力的战略人才和能够熟练掌握新质生产资料的应用型人才。二是用好新型生产工具，特别是掌握关键核心技术；赋能发展新兴产业。技术层面要补短板、锻长板，重视通用技术。产业层面要巩固战略性新兴产业、提前布局未来产业、改造提升传统产业。三是塑造适应新

[①] 《习近平在中共中央政治局第十一次集体学习时强调 加快发展新质生产力 扎实推进高质量发展》，《人民日报》2024年2月2日。

质生产力的生产关系，通过改革开放着力打通束缚新质生产力发展的堵点卡点，让各类先进优质生产要素向发展新质生产力顺畅流动和高效配置。

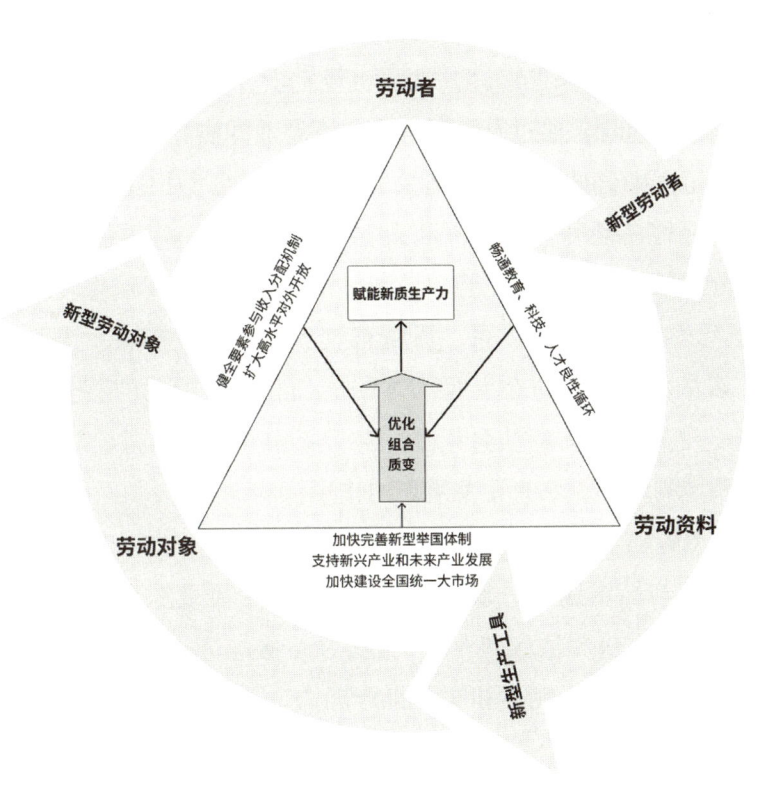

图 2-3 新型生产工具、新型生产关系、新型劳动者关系结构图

（一）新型劳动者：为发展提供人才保障

打造新型劳动者队伍，为发展提供人才保障。在构建新型劳动者队伍的过程中，我们首先需要认识到，新质生产力的实现依赖于能够创造和应用新知识、新技术的人才。这包括两类关键人才：一是能够推动技术创新和产业升级的战略人才，二是能够熟练掌握并运用新型生产资料的应用型人才。为了培养这样的人才队伍，必须建立起一个高效的人才培养和流动机制，确保人才的培养、引进、使用和流动能够有效支持新质生产力的发展需求。

教育和科技是人才培养的基石。要提升新型劳动者队伍的能力，需要深化教育改革，优化高等教育的学科设置和人才培养模式，使之更好地服务于新质生产力的发展。这意味着，高等教育机构需要与科技发展的新趋势保持同步，更新课程内容，加强实践教学，提高学生的创新能力和实际操作能力。同时，通过产学研合作，将企业的实际需求和最新技术直接引入教学过程中，使学生能够更快地适应新质生产力发展的需要。

为了更好地体现知识、技术和人才的市场价值，需要健全生产要素参与收入分配的机制。通过完善知识产权保护、优化技术成果转化激励机制、健全人才评价和激励体系，可以有效激发劳动、知识、技术、管理等生产要素的活力，促进创新型人才的成长和创新活动的蓬勃发展。此外，营造一个鼓励创新的社会氛围，对于吸引和保留人才，特别是高层次和关键领域的人才，具有至关重要的作用。

打造新型劳动者队伍的过程是全面而系统的。它要求从教育培养、人才引进、知识与技术应用、收入分配机制等多个维度综合施策，构建一个与新质生产力发展相适应的人才生态系统。通过这些措施的实施，可以有效提升劳动者的创新能力和实际操作能力，为新质生产力的跃升提供坚实的人才支撑。

（二）劳动资料：为产业发展带来升级

用好新型生产工具，为产业发展带来升级。在讨论新型生产工具的利用和关键核心技术的掌握对于发展新兴产业的重要性时，我们必须认识到，这不仅是技术层面的进步，而且是整个产业发展模式和经济增长动能的根本转变和转换。新型生产工具，特别是关键核心技术的创新和应用，为新兴产业的发展提供了强大的动力。在这一过程中，补短板、锻长板和重视通用技术成为技术发展的三大主攻方向。同时，在产业层面，巩固战略性新兴产业、提前布局未来产业和改造提升传统产业成为推动高质量发展的关键策略。

技术层面的补短板和锻长板意味着要强化我们在关键领域和核心技术

上的研发投入，特别是在新材料、新能源、信息技术等战略性领域，加速取得一批具有全球影响力的原创性技术成果。这不仅可以提升我国在国际竞争中的地位，还能够推动产业链、价值链的升级和重构。此外，对通用技术的重视则体现在加强基础研发能力，强化技术的广泛应用和普及，提升整个社会的数字化、智能化水平。

在产业层面，巩固战略性新兴产业的发展是提升国家竞争力的重要途径。通过加大对新能源、新材料、生物技术等领域的投入，不仅可以推动经济结构的优化，还可以为我国经济的持续增长注入新的活力。同时，提前布局未来产业，如人工智能、量子信息、深海深空探索等，将为我国长远发展提供新的增长点。此外，改造提升传统产业也是不可忽视的方面，通过引入先进技术和管理经验，将提高传统产业的自动化、智能化水平，提升产业链的整体价值。

通过用好新型生产工具和掌握关键核心技术，不仅可以推动战略性新兴产业的快速发展，还可以促进传统产业的转型升级，从而实现产业结构的优化和经济增长方式的转变，推动我国经济实现高质量发展。

（三）新型劳动对象：塑造发展新生态

塑造适应新质生产力的生产关系，首先应塑造发展新生态。一直以来生产关系必须与生产力发展要求相适应，通过改革开放着力打通束缚新质生产力发展的堵点卡点，让各类先进优质生产要素向发展新质生产力顺畅流动和高效配置。对塑造适应新质生产力的生产关系，塑造新发展生态的论述可以从以下几个方面展开：

改革开放与生产关系的适应性变革。当前中国正处在一个重要的转型期，面临传统产业向新兴产业转换的挑战。在这个过程中，改革开放成为确保生产关系与生产力发展要求相适应的关键。通过持续的改革开放，中国将逐步打通束缚新质生产力发展的堵点和卡点，确保经济转型的平稳过渡。这包括政府和市场在推动传统产业的有序退出和新兴产业的建立之间找到平衡点，同时加大对员工再教育和转岗培训的投资，减少转型期间可能出现的社会问题。

优化产业政策机制。为了适应新质生产力的发展，中国正在优化其产业政策机制。这涉及实施税收优惠政策以促进新兴产业的发展，尤其是新能源、高新技术和信息技术等领域的发展。此外，政府还加大了对中小企业的扶持力度，改善了中小企业经营环境，并提供了融资便利和创业扶持等多元化政策支持。

供需平衡的市场政策机制。在全球经济不确定性增加和国内外需求减缓的背景下，需求侧的重要性日益凸显。中国采取了扩大内需的策略，包括提高居民收入、促进消费、加大公共服务和社会保障的投入，以及推动新型城镇化。这些政策旨在创造一个更加平衡和可持续的经济增长模式。

以新型举国体制为核心的科技攻关机制。在新型举国体制下，科技创新机制的核心是政府与市场的有效协同合作。政府通过制定明确的科技创新策略，提供财政、税收和人才政策支持，推动特定研发项目，并鼓励私营部门和学术界参与创新活动。同时，新型举国体制鼓励跨领域、跨部门的合作，形成一个多元化的科技创新共同体，提高整体的创新效率和综合创新能力。

劳动者、劳动资料、劳动对象三者之间的紧密联系和相互促进作用形成了推动新质生产力发展的合力。一是对新型劳动者队伍的培养不仅增强了其创新能力和技术应用能力，也为新型生产工具的开发和应用提供了人才支持，促进了技术革命性突破和生产资料的升级。这些新型生产工具又反过来为劳动者提供了更高效、智能的工作手段，提升了劳动生产率，拓展了劳动者的技能应用范围。二是新型生产工具的应用和技术的进步要求生产关系的适应性变革，促使生产关系向更加灵活、高效、协同的方向发展，从而为新质生产力的发展创造了良好的外部环境。通过这样的循环促进机制，新型劳动者、新型生产工具、新型劳动对象之间形成了紧密的联系，相互作用，共同构筑了新质生产力的强大动力，推动了经济社会的全面进步和高质量发展。

三、衡量标准：全要素生产率大幅提升

全要素生产率大幅提升是新质生产力的核心标志，换句话说，也是形成新质生产力的衡量标准。党的十八大以来，党中央一直都高度重视全要素生产率，从供给侧结构性改革，到高质量发展，再到如今的新质生产力，全要素生产率的提升方式也越来越明晰。

党的十八大以来，在习近平总书记的历次讲话中，提及"提高全要素生产率"相关内容是在 2015 年中央经济工作会议上。会议指出："我们要解放思想、实事求是、与时俱进，按照创新、协调、绿色、开放、共享的发展理念，在理论上作出创新性概括，在政策上作出前瞻性安排，加大结构性改革力度，矫正要素配置扭曲，扩大有效供给，提高供给结构适应性和灵活性，提高全要素生产率。"①

由此开始，提升全要素生产率就成为供给侧结构性改革的目标之一。党的十九大报告指出："我国经济已由高速增长阶段转向高质量发展阶段，正处在转变发展方式、优化经济结构、转换增长动力的攻关期，建设现代化经济体系是跨越关口的迫切要求和我国发展的战略目标。必须坚持质量第一、效益优先，以供给侧结构性改革为主线，推动经济发展质量变革、效率变革、动力变革，提高全要素生产率，着力加快建设实体经济、科技创新、现代金融、人力资源协同发展的产业体系，着力构建市场机制有效、微观主体有活力、宏观调控有度的经济体制，不断增强我国经济创新力和竞争力。"②

党的二十大报告则在"提高全要素生产率"前面加了"着力"二字，并将其列在了高质量发展当中。党的二十大报告指出："我们要坚持以推动高质量发展为主题，把实施扩大内需战略同深化供给侧结构性改革有

---

① 习近平：《论把握新发展阶段、贯彻新发展理念、构建新发展格局》，中央文献出版社 2021 年版，第 69 页。
② 习近平：《决胜全面建成小康社会　夺取新时代中国特色社会主义伟大胜利——在中国共产党第十九次全国代表大会上的报告》，人民出版社 2017 年版，第 30 页。

机结合起来，增强国内大循环内生动力和可靠性，提升国际循环质量和水平，加快建设现代化经济体系，着力提高全要素生产率，着力提升产业链供应链韧性和安全水平，着力推进城乡融合和区域协调发展，推动经济实现质的有效提升和量的合理增长。"①

全要素生产率大幅提升之所以被视为新质生产力的核心标志，根本在于它综合反映了经济增长的效率和质量，尤其是在科技创新和生产要素配置效率方面的进步。新质生产力的形成，旨在通过科技革命和创新驱动，实现生产方式的根本变革和生产效率质的飞跃，从而推动经济结构的优化升级和增长动力的转换。随着供给侧结构性改革的深入推进，经济发展的动力正在从依赖于资本积累和要素投入转向更多依赖于创新驱动和效率提升。这一转变要求经济增长不仅要实现数量的扩张，更要提高质量和效益，而全要素生产率的提升恰恰是衡量这一质变的关键指标。

全要素生产率的提升意味着以更少的资源投入获取更多的经济产出，体现了生产效率的提高和资源配置的优化，符合高质量发展的要求。在新的发展阶段，全要素生产率的提升更多依赖于创新能力的增强和新技术的应用。随着人口红利的逐渐消失和资源环境约束的加剧，传统的增长模式已难以为继，只有不断提高创新能力，加快技术进步，才能实现经济的可持续增长。此外，随着数字经济的兴起和智能技术的应用，数据要素和人工智能等新兴要素逐渐成为推动全要素生产率提升的新动力。因此，全要素生产率的大幅提升不仅是新质生产力形成的直接体现，也是衡量经济发展方式转变、经济结构优化升级和增长动力转换成效的关键指标。它反映了经济发展质量的提高，符合新时代推动高质量发展的战略要求，是实现经济社会全面、协调、可持续发展的必然选择。

全要素生产率大幅提升是中国迈向高质量发展新时代至关重要的一步。从根本上讲，全要素生产率衡量的是生产经济产出时，所有生产要

---

① 习近平：《高举中国特色社会主义伟大旗帜　为全面建设社会主义现代化国家而团结奋斗——在中国共产党第二十次全国代表大会上的报告》，人民出版社 2022 年版，第 28—29 页。

素（包括劳动力、资本、土地以及数据、技术等）的运用效率。我国对全要素生产率的提升有着紧迫的需求，这源于多个因素，这些因素对保持我国的发展势头具有至关重要的作用。

全要素生产率是经济增长的关键驱动力，它并不依赖于单纯的增加投入。在我国经济日益成熟的大背景下，资本投资和劳动力的边际回报正在逐步减少。这种自然的减速需要转向由全要素生产率提升带来的经济高质量发展，以确保我国的经济扩张从长期来看具有可持续性。

随着传统增长动力的逐渐减弱，创新和优化生产流程的能力变得尤为重要。全要素生产率涵盖了这些进步，反映了技术创新、管理实践和组织效率带来的提升。对于我国而言，这意味着加大对研发、数字基础设施和教育的投资，对于推动这一转变具有重要作用。从环境角度来看，转向全要素生产率增长模式符合我国的绿色发展目标。生产效率更高的经济也是资源利用更高效的经济。绿色全要素生产率模型通过考虑环境恶化和能源投入，提供一个尊重生态约束的经济发展综合衡量标准，这对于实现我国对可持续未来的承诺具有重要意义。

全要素生产率的提升不仅体现了技术进步，还反映了资源配置效率提高的系统性改革。通过持续开放市场和简化企业内部管理，我国可以营造一个有利于全要素生产力发展的商业环境，使市场能更有效地评估和奖励各种生产要素的贡献。全要素生产率在我国经济结构中的重要性进一步凸显，因为它与我国快速发展的数字经济紧密相关。各行各业的数字化转型对于缩小全要素生产率差距至关重要，因为新技术的引入可以提高企业管理效率和技术基础设施水平。这为全要素生产率的持续提高创造了有利条件，为实现我国高质量发展提供了坚实基础。

综合来看，全要素生产率是生产率的核心指标，与追求高质量、可持续和环保的经济发展目标相一致。它代表了经济健康状况的整体改善，是我国向更具创新性、先进性和可持续性的经济战略转型的关键贡献者。提升全要素生产率是保持我国全球竞争优势、确保我国在高质量发展新时代持续繁荣的必要条件。

四、三维映射："新"+"质"+"生产力"

在"新质生产力"的概念中,"新"指的是特点是创新,"质"指的是关键在质优,而"生产力"则说的是本质是先进生产力。正确认识新质生产力概念,就要从这三个方面入手。

第一,创新作为新质生产力的特点,主要体现在"三元引擎"——技术革命性突破、生产要素创新性配置、产业深度转型升级的动力机制中。技术革命性突破为新质生产力的形成提供了基础和前提,是推动经济结构优化和产业升级的核心动力。生产要素的创新性配置增强了这种动能,尤其是在数字化转型和平台经济的背景下,新的生产要素如数据、知识等成为推动经济发展的重要资源。产业的深度转型升级则是适应市场需求变化的必然选择,为传统动能向新动能的转换提供了途径。这三个要素相互促进,共同作用,成为形成新质生产力的"三元引擎"。其中,创新的作用贯穿始终,是新质生产力不断发展的根本来源。

第二,质优作为新质生产力的必要表现,体现在"三元构造"——新型劳动者队伍的打造、新型生产工具的使用、新型劳动对象的塑造中。这一构造要求劳动者具备创新和应用新知识、新技术的能力;生产工具要能够支撑新兴产业的发展和传统产业的升级;劳动对象要能够适应新质生产力的发展,形成新的生产关系和经济生态。这三个要素共同塑造了新质生产力的质量优势,确保了经济增长不仅仅依赖于数量的扩张,更注重效率和效益的提升。

第三,新质生产力的本质是先进生产力,其核心标志是全要素生产率的大幅提升。全要素生产率作为衡量经济增长效率和质量的重要指标,反映了技术进步和资源配置效率在经济发展中的作用。在新质生产力的推动下,通过科技创新、优化生产要素配置、推动产业升级,实现生产力质的飞跃,从而推动经济结构的优化和增长动力的转换,实现经济的高质量发展。

新质生产力的发展既是创新驱动的结果，也是质量优先的体现，最终目标是实现高质量发展。通过"三元引擎"的驱动、"三元构造"的优化，以及以全要素生产率提升为核心标志的实践，新质生产力为中国经济的高质量发展提供了强有力的理论支撑和实践指南。

第三章

解题方法：
马克思主义生产力理论的"破旧立新"

▶原文精读

高质量发展需要新的生产力理论来指导,而新质生产力已经在实践中形成并展示出对高质量发展的强劲推动力、支撑力,需要我们从理论上进行总结、概括,用以指导新的发展实践。

——《习近平在中共中央政治局第十一次集体学习时强调 加快发展新质生产力 扎实推进高质量发展》,《人民日报》2024年2月2日。

高质量发展已经成为当今时代的主题，这是我国经济社会发展新阶段的根本要求，也是我国社会主义事业发展的必然要求。在这个过程中，生产力无疑是核心要素。在新时代背景下，旧有的生产关系已无法适应新的生产力，必然会发生"质"的改变。

新质生产力作为马克思主义生产力理论的重大创新，在继承和发展马克思主义生产理论主要观点的基础上，打破传统惯性思维束缚，深刻体现了"破立并举"的生动实践。本章将从新质生产力产生的历史渊源和时代背景的角度出发，系统阐释新时代为何需要新质生产力，以及生产力"破旧立新"的发展过程。

一、历史渊源：马克思主义生产力理论的发展和创新

任何一个理论都不可能凭空产生，都有其深刻的发展过程。早在20世纪80年代，中国就已经有一些学者针对新质生产力展开过讨论。到习近平总书记提出"新质生产力"概念以来，新质生产力作为马克思主义生产力理论的重大创新，不仅回应了新时代经济社会发展的新要求，也进一步丰富和发展了马克思主义的生产力理论。新质生产力是在历史的巨浪中应运而生的，它不仅是对马克思主义生产力理论的继承与发展，更是对中国特色社会主义实践的深化与提升，是习近平新时代中国特色社会主义思想的重要组成部分，体现了习近平经济思想的新的重大丰富和发展。

（一）早期讨论：20世纪80年代新质生产力的内涵

生产力理论一直以来都是学术界非常关注的内容，20世纪80年代，国内一些学者就开启了关于新质生产力的讨论。通过当时学界的讨论，

也可以引发我们对未来如何更好发展新质生产力的一些思考。

1981年，石征在发表于《国内哲学动态》（1987年更名为《哲学动态》）第4期的《也谈地理环境在社会发展初期的决定作用》一文中，强调了人类初期地理环境对于生产力发展的制约作用，尤其是在早期东方社会封闭的环境下，生产力的发展几乎都被束缚在既定社会关系内，即使出现和具备了形成新生产力的客观条件，通常也不能转化为新质的生产力。这里提到的"新质的生产力"，更多的是指一种零星地、偶尔在某些时点上出现的新生产力。

石征之后的学者则是更多地探讨了生产力与生产关系之间的问题。1984年，张澍军在《东北师大学报（哲学社会科学版）》上发表的《生产关系的相对稳定性及其现实意义》一文中写道："任何新质的生产力都有一个不断发展、不断完善的过程。新的生产力在旧的生产关系的重压下，其进步受到阻碍。只有在新的生产关系下，才能得到飞速发展。"[①] 表明了生产力与生产关系相互作用的观点，也强调了生产关系对于生产力发展的重要性，并指出任何新质的生产力都有一个不断发展、不断完善的过程，需要与之相适应的新的生产关系才能得到充分的发展和释放。

与此同时，基于传统马克思主义生产力理论，一些学者提出了关于"科技革命引起生产力量变到质变"的论断。他们认为生产力从旧生产力到"新质"的"飞跃"是科技革命对生产力的首次效应，这一效应极大地增强了人类与自然界进行物质变换的能力。然而，这种质的飞跃并非一蹴而就，而是伴随着量的积累，科技革命的效应在深度和广度上都不断发生变化。当科技革命的效应达到新生产力终于战胜旧生产力并突破"旧质"的关节点时，旧生产力的相对稳定性即被打破。新生产力在经历了一段时间的积累后，逐渐代替了旧生产力而取得主导地位，实现了科技革命引起的生产力质的飞跃。

---

① 张澍军：《生产关系的相对稳定性及其现实意义》，《东北师大学报（哲学社会科学版）》1984年第1期。

第三章
解题方法：马克思主义生产力理论的"破旧立新"

这一过程虽然表明了科技革命对生产力发展的推动作用，但基于当时的生产条件和技术水平，这一理论仍具有很大的时代局限性。

在改革开放初期，面对当时特殊年代下的生产力与生产关系的矛盾，特别需要探索新的发展方式和新的生产力来推动经济和社会的发展，因此"新质生产力"成为当时学界讨论的热点话题。随着改革开放的逐渐深入，通过不断解决生产力与生产关系之间的矛盾，中国经济和社会得到了快速发展，有关"新质生产力"的讨论逐渐减少。随着我国社会主要矛盾的转变，新的生产力与生产关系的矛盾出现在我们面前，习近平总书记提出了"新质生产力"的概念，让这一话题又重新成为学者们讨论的重点内容。

从中可以看出，对于"新质生产力"的讨论，与特定的历史状态具有一定的关联性，与今天这样明确提出"新质生产力"的概念及整个理论体系，还是有许多不同。新时代面临许多挑战和机遇，新时代科技革命和产业变革的特点和规律，体现在数字化、智能化、网络化、绿色化等方面，这些都促使我们重新审视和发展"新质生产力"的理论。

表3-1 20世纪80年代关于"新质生产力"讨论的部分文献归纳表

文献	相关内容
石征：《也谈地理环境在社会发展初期的决定作用》，《国内哲学动态》1981年第4期	即使出现和具备了形成新生产力的文化、科学、技术这些客观条件，它也每每不能转化为新质的生产力；即使新的生产力可能零星地、偶尔地在某些时点上出现，也迟迟不能在比较大的范围上铺开和扩展
张澍军：《生产关系的相对稳定性及其现实意义》，《东北师大学报（哲学社会科学版）》1984年第1期	（1）新的生产关系促进新质生产力发展 （2）任何新质的生产力都有一个不断发展、不断完善的过程。新的生产力在旧的生产关系的重压下，其进步受到阻碍。只有在新的生产关系下，才能得到飞速发展

续表

文献	相关内容
陈冰、解书森：《关于科技革命对生产力发展的效应》，《哲学研究》1985年第2期	科技革命引起生产力量变到质变 • 科技革命对生产力的首次效应，实现生产力由"旧质"向新质的转化，大幅度强化人类与自然界进行物质变换的能力 • 随着量的积累，科技革命的效应在深度和广度上都不断发生变化，当其达到新生产力终于战胜旧生产力并突破"旧质"的关节点时，旧生产力的相对稳定性即被打破，具有新质的生产力便代替了旧生产力而取得主导地位，科技革命引起了生产力的质的飞跃 科技革命 → 生产力发展 → 生产力分化 ↔ 生产力整体化
薛永应等：《从生产力视角探索社会主义初级阶段的客观逻辑和演化规律》，《经济研究》1988年第1期	每一代生产力可分为"孕育→诞生→成长→成熟→蜕变"等不同阶段： • 所谓"诞生"，显然应该是一代新质生产力以全新的产业结构为载体出现在社会生产力大系统之中。这种新质生产力，不仅在构成因素、组合方式、总体功能上同作为其母体的旧生产力相比出现了全新的内容，而且在数量上已不再是旷野星火，已具有引人注目的比重 • 成熟态的新质生产力从技术基础上说已经接近极限，发展呈平缓态，更高一代的生产力已开始在这个母体中孕育 • 所谓"蜕变"，就是生产力的"换代"，新质生产力成为社会生产力大系统的主体，旧生产力通过改造、提高而融入新质生产力系统之中，或者通过淘汰、排斥而变得微不足道，以至消失

续表

文献	相关内容
薛永应等：《生产力的发展和社会主义社会的演进》，《哲学研究》1988年第2期	生产力和生产关系相互作用的时间机理： • 生产力领先变革，生产关系随后变革。当某种性质的社会生产力发展到一定阶段的末期时，在其内部出现了一部分具有新质的生产力。这种新生产力发展到一定程度，便与旧的生产关系发生剧烈冲突，最后在各种社会因素的多边形合力的作用下，产生出一种与新生产力的发展基本适应的新的生产关系 • 生产力变革与生产关系变革同步 • 生产关系领先变革，生产力滞后变革。在某种生产关系活动的生产力发展到一定阶段时，受到腐朽和僵硬的生产关系的束缚，难以转变为新质生产力。这时，只有打破旧的生产关系，才能获得新质生产力。在新生产关系的反作用下，具有新质的产生力开始产生并发展起来
李晓帆：《论生产力流动的功能与效应》，《生产力研究》1988年第6期	（1）异质生产力之间的亲和及吸纳现象： • 在新质生产力向旧生产力空间流动时，如果流入的生产力足够强大，以致具有可以改造、催化或重组原有的旧生产力的力量，就会使整体产生"增质"效果，亦即使整个生产力系统的质得到提高 • 新质生产力在一定的关联方式下，具有同旧生产力进行原生状态和次生状态两个层次结合的可能性，从而使同质的生产力能够以原型或转化型共同参与系统的运行 （2）新质生产力可能引起旧生产力的"同质化"： • 同质化运动的实质，是以流入的新质生产力为"生长点"或"扩散源"，带动原系统相对处于较低"质级"的生产力发生"增质"运动 • 系统原有的内部关联方式和运行秩序，在引入新质生产力后，因部分或全部失效而接受调整乃至重建，以实现新的有机化组合，从而使原有结构的"质"得到提高

（二）长期议题：关于马克思主义生产力理论的重要论述

不仅是学术界，在中国共产党领导的社会主义事业中，生产力与生产关系的辩证发展同样被视为推动社会进步的关键因素。在马克思主义政治经济学的脉络中，生产力与生产关系的关系是理论探讨的核心。马克思主义政治经济学不仅阐述了生产力发展的内在动力，也揭示了其与社会结构、人类活动之间的密切联系。在这个理论框架下，新质生产力的提出，标志着马克思主义生产力理论在当代的进一步发展和创新。

马克思主义认为，**生产力决定生产关系，经济基础决定上层建筑**。生产力的发展是推动社会历史进程的根本动力，而生产关系则是生产力发展到一定阶段的必然产物。两者的相互作用和影响构成了社会变迁的动力系统。"生产力"和"生产关系"是马克思主义政治经济学中的两个核心概念，对于理解社会经济发展的规律及推动历史进程具有重要意义。在《共产党宣言》中，马克思和恩格斯谈到了资本主义社会中的矛盾和阶级斗争，强调了生产力和生产关系之间的相互作用。在《资本论》中，马克思对这两个概念进行了更加系统和深入的分析，揭示了它们在社会发展中的重要性。他认为，生产力决定生产关系，经济基础决定上层建筑。其中，生产力是推动社会发展的根本动力，包括劳动者、生产工具和劳动对象。而掌握先进科技和管理方式的人，对生产力起着核心作用。

研究生产力与生产关系，是马克思主义研究人类社会的重要方法。列宁曾经在其纪念恩格斯的文章——《弗里德里希·恩格斯》中这样强调生产力理论的重要性："与黑格尔和其他黑格尔主义者相反，马克思和恩格斯是唯物主义者。他们用唯物主义观点观察世界和人类，看出一切自然现象都有物质原因作基础，同样，人类社会的发展也是受物质力量即生产力的发展所制约的。生产力的发展决定人们在生产人类必需的产品时彼此所发生的关系。用这种关系才能解释社会生活中的一切现象，人的意向、观念和法律。"[1]

生产力和生产关系矛盾的发展，是推动社会前进的重要因素。毛泽东在《矛盾论》中曾深刻地指出："社会的变化，主要地是由于社会内部矛盾的发展，即生产力和生产关系的矛盾，阶级之间的矛盾，新旧之间的矛盾，由于这些矛盾的发展，推动了社会的前进，推动了新旧社会的代谢。"[2]

社会主义革命的根本目的是解放生产力。中国过去进行的伟大的社会

---

[1] 《列宁全集》第二卷，人民出版社 2013 年版，第 6 页。
[2] 《毛泽东选集》第一卷，人民出版社 1991 年版，第 302 页。

第三章
解题方法：马克思主义生产力理论的"破旧立新"

主义革命，从本质上讲就是解放中国的社会生产力。1956年1月25日，毛泽东在最高国务会议第六次会议上的讲话中就非常明确地指出："社会主义革命的目的是为了解放生产力。"① 《中国共产党章程》也明确指出："我国社会主义建设的根本任务，是进一步解放生产力，发展生产力，逐步实现社会主义现代化，并且为此而改革生产关系和上层建筑中不适应生产力发展的方面和环节。"②

毛泽东在《论联合政府》一文中鲜明地指出："中国一切政党的政策及其实践在中国人民中所表现的作用的好坏、大小，归根到底，看它对于中国人民的生产力的发展是否有帮助及其帮助之大小，看它是束缚生产力的，还是解放生产力的。消灭日本侵略者，实行土地改革，解放农民，发展现代工业，建立独立、自由、民主、统一和富强的新中国，只有这一切，才能使中国社会生产力获得解放，才是中国人民所欢迎的。"③

把握生产力与生产关系的主要矛盾。在研究生产力与生产关系时，不能将两者割裂来看，需要系统地从主要矛盾入手来分析，而不是简单的"头痛医头，脚痛医脚"。毛泽东在《矛盾论》中这样说道："诚然，生产力、实践、经济基础，一般地表现为主要的决定的作用，谁不承认这一点，谁就不是唯物论者。然而，生产关系、理论、上层建筑这些方面，在一定条件之下，又转过来表现其为主要的决定的作用，这也是必须承认的。当着不变更生产关系，生产力就不能发展的时候，生产关系的变更就起了主要的决定的作用。"④

在新中国成立以前，制约中国发展的主要因素除了落后的生产力，还有落后的生产关系。毛泽东早在1925年的《中国社会各阶级的分析》一文中就曾深刻地指出了这一问题："在经济落后的半殖民地的中国，地主阶级和买办阶级完全是国际资产阶级的附庸，其生存和发展，是附属于

---

① 《毛泽东文集》第七卷，人民出版社1999年版，第1页。
② 《中国共产党章程》，人民出版社2022年版，第5页。
③ 《毛泽东选集》第三卷，人民出版社1991年版，第1079页。
④ 《毛泽东选集》第一卷，人民出版社1991年版，第325—326页。

帝国主义的。这些阶级代表中国最落后的和最反动的生产关系，阻碍中国生产力的发展。他们和中国革命的目的完全不相容。特别是大地主阶级和大买办阶级，他们始终站在帝国主义一边，是极端的反革命派。其政治代表是国家主义派和国民党右派。""工业无产阶级人数虽不多，却是中国新的生产力的代表者，是近代中国最进步的阶级，做了革命运动的领导力量。"①

这也就解释了在同样的土地上，领导着同样的人民，为什么新中国的生产力就比旧中国的强。同样，当生产关系并不是制约发展的主要因素时，从发展生产力的角度着手，就成为关键。

革命是解放生产力，改革也是解放生产力。邓小平在毛泽东关于社会主义革命的目的就是解放生产力的理论基础上进一步指出："革命是解放生产力，改革也是解放生产力。推翻帝国主义、封建主义、官僚资本主义的反动统治，使中国人民的生产力获得解放，这是革命，所以革命是解放生产力。社会主义基本制度确立以后，还要从根本上改变束缚生产力发展的经济体制，建立起充满生机和活力的社会主义经济体制，促进生产力的发展，这是改革，所以改革也是解放生产力。"②

革命与改革，都是对于生产关系制约生产力发展而进行的，不同的是早期的革命更多是对外的、对敌人的，而当自我内部的生产关系制约了生产力的发展，就需要用改革的方法。本质上讲，改革也是一种革命，区别在于它更多是以一种对内的、温和的方式进行的。为了破除一些人对革命的狭隘理解，邓小平特别指出："革命是要搞阶级斗争，但革命不只是搞阶级斗争。生产力方面的革命也是革命，而且是很重要的革命，从历史的发展来讲是最根本的革命。"③

这样一来，改革就成了另一种形式的"继续革命"，是要在原有革命的基础上完成其未竟的事业，同时减轻和舒缓革命带来的阵痛。

---

① 《毛泽东选集》第一卷，人民出版社1991年版，第3—4、8页。
② 《邓小平文选》第三卷，人民出版社1993年版，第370页。
③ 《邓小平文选》第二卷，人民出版社1994年版，第311页。

第三章
解题方法：马克思主义生产力理论的"破旧立新"

科学技术是第一生产力。中国在改革开放之后，在生产关系方面制约发展的矛盾弱化，落后的生产力的问题日益凸显。此时，如何发展生产力就成为关键问题。就在这样的节点上，邓小平提出了"科学技术是第一生产力"①的重要论断。改革开放以来，他多次论述"科学技术是第一生产力"的重要思想。其实早在1975年他就提出了"科学技术叫生产力"的说法，这年的9月26日，在听取中国科学院工作汇报时，针对当时的实际情况，他明确指出："科学技术叫生产力，科技人员就是劳动者！"②

1978年3月，邓小平在全国科学大会开幕式上发表了重要讲话，他说："四个现代化，关键是科学技术的现代化。没有现代科学技术，就不可能建设现代农业、现代工业、现代国防。"③他指出："科学技术是生产力，这是马克思主义历来的观点。……现代科学技术的发展，使科学与生产的关系越来越密切了。科学技术作为生产力，越来越显示出巨大的作用。""现代科学为生产技术的进步开辟道路，决定它的发展方向。许多新的生产工具，新的工艺，首先在科学实验室里被创造出来。""当代的自然科学正以空前的规模和速度，应用于生产，使社会物质生产的各个领域面貌一新。特别是由于电子计算机、控制论和自动化技术的发展，正在迅速提高生产自动化的程度。同样数量的劳动力，在同样的劳动时间里，可以生产出比过去多几十倍几百倍的产品。社会生产力有这样巨大的发展，劳动生产率有这样大幅度的提高，靠的是什么？最主要的是靠科学的力量、技术的力量。"④

中国共产党始终代表先进生产力的发展方向。21世纪初，在总结党成立以来的奋斗历程和历史经验的基础上，江泽民提出了"三个代表"重要思想。2000年2月25日，在广东省考察工作时，江泽民从全面总结

---

① 《邓小平文选》第三卷，人民出版社1993年版，第274页。
② 《邓小平文选》第二卷，人民出版社1994年版，第34页。
③ 《邓小平文选》第二卷，人民出版社1994年版，第86页。
④ 《邓小平文选》第二卷，人民出版社1994年版，第87页。

党的历史经验和适应新形势新任务的要求出发，对"三个代表"重要思想进行了比较全面的阐述，提出："总结我们党七十多年的历史，可以得出一个重要结论，这就是：我们党所以赢得人民的拥护，是因为我们党在革命、建设、改革的各个历史时期，总是代表着中国先进生产力的发展要求，代表着中国先进文化的前进方向，代表着中国最广大人民的根本利益，并通过制定正确的路线方针政策，为实现国家和人民的根本利益而不懈奋斗。"[1]

"三个代表"重要思想中关于中国共产党总是代表着中国先进生产力的发展要求的相关论述进一步深化了对马克思主义生产力理论的理解，强调了中国共产党必须引领社会主义现代化的核心作用。"三个代表"重要思想不仅反映了对生产力发展方向的深刻把握，也表明了党在推动社会发展中的领导地位。马克思主义坚持从生产力和生产关系的矛盾运动角度来解释世界，把生产力作为推动社会前进最活跃、最革命的力量，认为生产力的总和决定着社会状况。中国共产党始终代表中国先进生产力的发展要求，是对马克思主义关于生产力和生产关系、经济基础和上层建筑的辩证关系这一基本原理的阐发和运用。

发展生产力，要以人为本，实现全面协调可持续发展。胡锦涛提出了科学发展观。胡锦涛提出的"实施科教兴国战略、人才强国战略和可持续发展战略，充分发挥科学技术作为第一生产力的作用"[2]体现了科学发展观对生产力理论的实践指导意义。这不仅体现了对邓小平"科教兴国"的继承，也进一步明确了在推动经济社会发展过程中科技创新的核心地位。科学发展观对马克思主义生产力理论的贡献在于，它不仅强调了科技创新在推动生产力发展中的重要作用，也为中国特色社会主义现代化建设提供了理论支撑和实践指南，指明了通过科技进步推动经济和社会全面发展的道路。

---
[1] 《江泽民文选》第三卷，人民出版社2006年版，第2页。
[2] 中共中央文献研究室编：《科学发展观重要论述摘编》，中央文献出版社、党建读物出版社2008年版，第63页。

第三章
解题方法：马克思主义生产力理论的"破旧立新"

2023 积极培育新能源、新材料、先进制造、电子信息等战略性新兴产业，积极培育未来产业，加快形成新质生产力，增强发展新动能

2007 加快建立以企业为主体、市场为导向、产学研相结合的技术创新体系，引导和支持创新要素向企业集聚，促进科技成果向现实生产力转化。

2000 中国共产党始终代表中国先进生产力的发展要求、始终代表中国先进文化的前进方向、始终代表中国最广大人民的根本利益

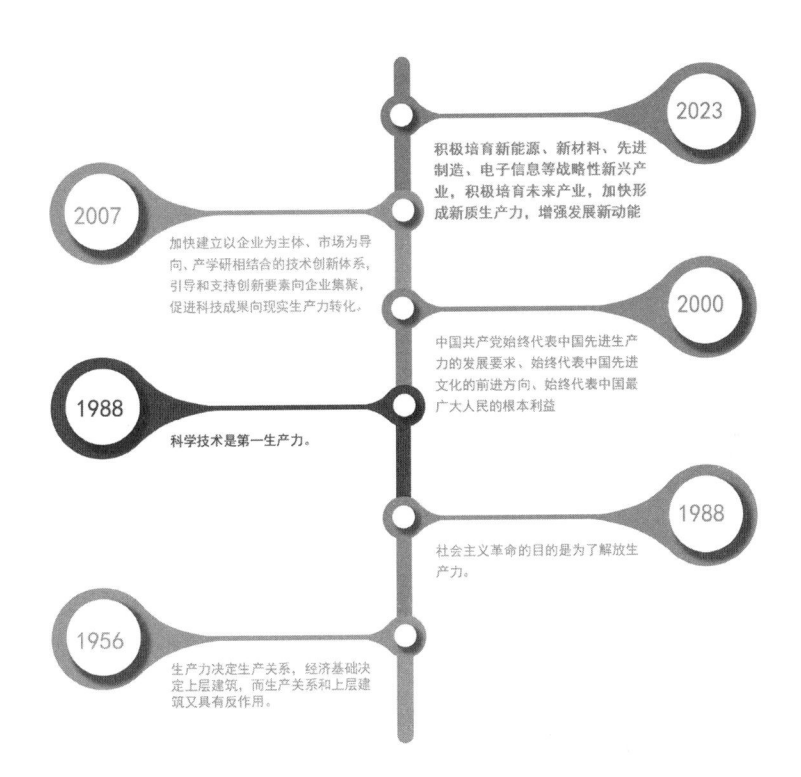

1988 科学技术是第一生产力。

1988 社会主义革命的目的是为了解放生产力。

1956 生产力决定生产关系，经济基础决定上层建筑，而生产关系和上层建筑又具有反作用。

图 3-1 马克思主义生产力理论的中国化时代化进程

加快形成新质生产力，增强发展新动能。新质生产力作为马克思主义生产力理论的重大创新，这一概念的形成不仅是对马克思主义生产力理论的创新应用，更是推动中国经济高质量发展的重要理论依据。马克思主义生产力理论强调生产力与生产关系的辩证关系，认为生产力的发展推动社会历史的进程，是社会变迁的根本动力。在中国共产党的领导下，这一理论经历了与中国实际相结合的过程，形成了一系列具有中国特色的理论成果，为中国社会主义建设和改革开放提供了理论指导。

新质生产力的提出，是马克思主义生产力理论在当代中国实践的进一步发展。它体现了创新的重要性，强调通过技术革命性突破、生产要素创新性配置和产业深度转型升级推动生产力质的飞跃。这一理论不仅紧密联系中国的发展实际，而且反映了在全球化、信息化背景下，对生产

力发展新特征的深刻理解。

新质生产力的核心在于创新,它要求打破传统的经济增长方式,通过高科技、高效能、高质量的发展路径,推动经济社会发展。这一理论进一步强调了科技创新在生产力发展中的核心地位,指出科技创新是催生新产业、新模式、新动能的关键。同时,新质生产力还强调绿色发展的重要性,体现了可持续发展的理念,指出新质生产力本身就是绿色生产力,呼吁加快发展方式的绿色转型。

新质生产力的发展还需要新型生产关系的支撑。这意味着生产关系必须与生产力发展的要求相适应,需要通过深化改革、创新生产要素配置方式、建立高标准市场体系,确保各类先进、优质的生产要素能够顺畅流动,以支撑新质生产力的发展。

新质生产力理论为中国经济高质量发展提供了理论依据和实践指南,指明了通过科技创新、产业升级、绿色发展和深化改革,推动经济社会全面、协调、可持续发展的道路。这一理论成果将继续引领中国经济社会发展,为实现中华民族伟大复兴的中国梦提供强大的理论和实践支撑。

(三)历史交汇:高质量发展的内在要求

多个重大历史节点交汇期来临,中国进入新发展阶段。当前,中国正在经历前所未有的多重历史交汇期。世界百年未有之大变局加速演进,新一轮科技革命和产业变革迅猛发展,中国全面建成了小康社会,历史性地解决了绝对贫困问题,但错综复杂的国际环境也带来了新矛盾、新挑战,中国社会主要矛盾已经转化为人民日益增长的美好生活需要和不平衡不充分的发展之间的矛盾……多个关键节点汇聚成一股强大的力量,共同推动国家的发展。如今,中国已经成功实现了第一个百年奋斗目标,正昂首阔步迈向全面建成社会主义现代化强国的第二个百年奋斗目标。这一伟大的历史跨越,标志着中国正式进入了一个崭新的发展阶段。

第三章
解题方法：马克思主义生产力理论的"破旧立新"

"我国经济已由高速增长阶段转向高质量发展阶段"的重大论断，是党在新时代经济发展实践中形成的重要理论成果，同时也是在适应新形势、解决新问题、应对新挑战的过程中不断深化认识的结果。党的十八大以来，以习近平同志为核心的党中央依据我国经济发展面临的新形势、新问题，作出我国经济发展正处于增长速度换挡期、结构调整阵痛期、前期刺激政策消化期"三期叠加"阶段的重要判断。在进一步分析"三期叠加"的基础上，作出我国经济发展进入了以速度变化、结构优化、动力转换为特点的新常态的重大判断。

习近平总书记在省部级主要领导干部学习贯彻党的十八届五中全会精神专题研讨班上的讲话中进一步指出："增长速度要从高速转向中高速，发展方式要从规模速度型转向质量效率型，经济结构调整要从增量扩能为主转向调整存量、做优增量并举，发展动力要从主要依靠资源和低成

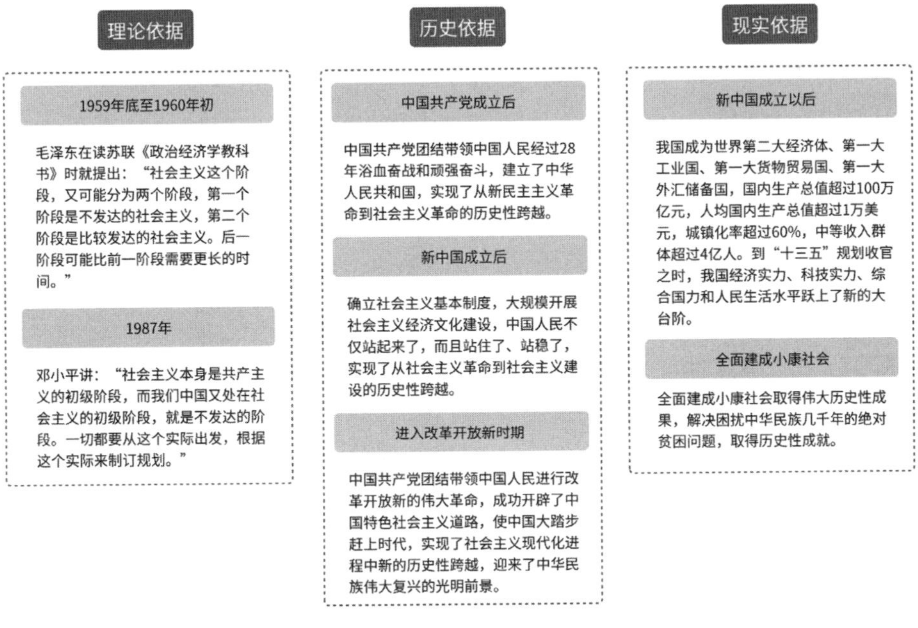

理论依据

1959年底至1960年初
毛泽东在读苏联《政治经济学教科书》时就提出："社会主义这个阶段，又可能分为两个阶段，第一个阶段是不发达的社会主义，第二个阶段是比较发达的社会主义。后一阶段可能比前一阶段需要更长的时间。"

1987年
邓小平讲："社会主义本身是共产主义的初级阶段，而我们中国又处在社会主义的初级阶段，就是不发达的阶段。一切都要从这个实际出发，根据这个实际来制订规划。"

历史依据

中国共产党成立后
中国共产党团结带领中国人民经过28年浴血奋战和顽强奋斗，建立了中华人民共和国，实现了从新民主主义革命到社会主义革命的历史性跨越。

新中国成立后
确立社会主义基本制度，大规模开展社会主义经济文化建设，中国人民不仅站起来了，而且站住了、站稳了，实现了从社会主义革命到社会主义建设的历史性跨越。

进入改革开放新时期
中国共产党团结带领中国人民进行改革开放新的伟大革命，成功开辟了中国特色社会主义道路，使中国大踏步赶上时代，实现了社会主义现代化进程中新的历史性跨越，迎来了中华民族伟大复兴的光明前景。

现实依据

新中国成立以后
我国成为世界第二大经济体、第一大工业国、第一大货物贸易国、第一大外汇储备国，国内生产总值超过100万亿元，人均国内生产总值超过1万美元，城镇化率超过60%，中等收入群体超过4亿人。到"十三五"规划收官之时，我国经济实力、科技实力、综合国力和人民生活水平跃上了新的大台阶。

全面建成小康社会
全面建成小康社会取得伟大历史性成果，解决困扰中华民族几千年的绝对贫困问题，取得历史性成就。

图3-2　历史交汇：高质量发展的内在要求

本劳动力等要素投入转向创新驱动。"[1]

在党的十九大报告中，习近平总书记强调，基于我国社会主要矛盾已经转化为人民日益增长的美好生活需要和不平衡不充分的发展之间的矛盾这一事实，以及新发展理念的要求，我国经济已由高速增长阶段转向高质量发展阶段。

发展新质生产力是推动高质量发展的内在要求，也是新发展阶段的内在要求。 来到历史的关键路口，呼唤着新的发展模式。在2023年12月召开的中央经济工作会议上，习近平总书记深刻总结新时代做好经济工作的规律性认识，提出"五个必须"，其中"必须把坚持高质量发展作为新时代的硬道理"[2]居于首位。

高质量发展需要新的生产力理论来指导。 这些节点相互交织、互相作用，与全面建设社会主义现代化国家相结合，打开了新发展阶段的大门。新发展阶段的目标是全面建成社会主义现代化强国，首要任务是推动高质量发展，高质量发展需要新的生产力理论来指导，而新质生产力已经在实践中形成并展示出对高质量发展的强劲推动力、支撑力，需要我们从理论上进行总结、概括，用以指导新的发展实践。

---

[1] 习近平：《论把握新发展阶段、贯彻新发展理念、构建新发展格局》，中央文献出版社2021年版，第75页。
[2] 《中央经济工作会议在北京举行》，《人民日报》2023年12月13日。

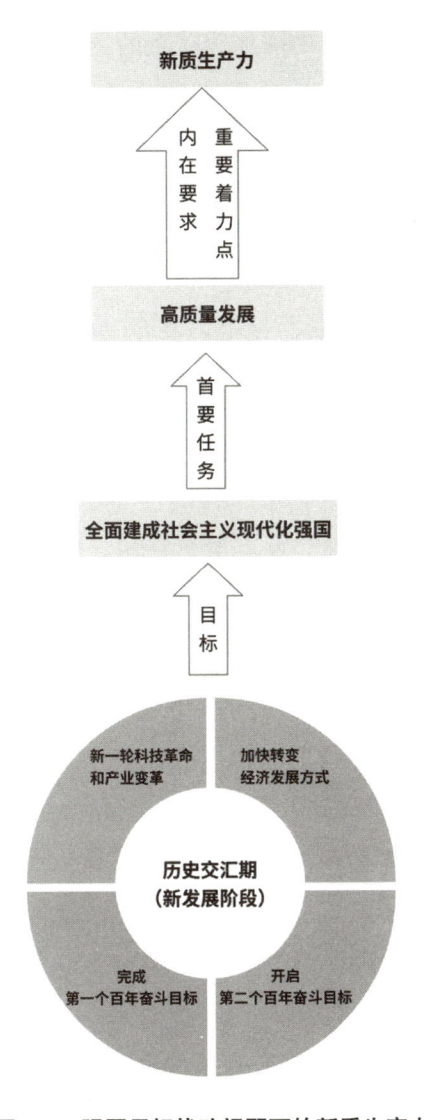

图 3-3 强国目标战略视野下的新质生产力

二、时代背景：生产力变革的关键路口

新质生产力的诞生并非偶然，而是伴随着一定的历史背景。世界百年未有之大变局加速演进，国际形势正在发生巨大变化，新一轮科技革

命与产业变革迅猛发展，与中国加速转型的经济发展战略历史性地交汇，给中国未来的发展带来了巨大的挑战与机遇。当前的中国，实现了第一个百年奋斗目标，正在朝着第二个百年奋斗目标奋勇前进。新质生产力作为推动高质量发展的内在要求和重要着力点，也成了把握新发展阶段、推动强国建设的重要力量。

（一）时代机遇：世界百年未有之大变局加速演进

世界百年未有之大变局加速演进是新质生产力诞生的时代背景。 世界之变、时代之变、历史之变正以前所未有的方式展开，2017年12月28日，习近平总书记接见驻外使节工作会议与会使节并发表重要讲话，公开提出"百年未有之大变局"这一重要判断。他指出："放眼世界，我们面对的是百年未有之大变局。新世纪以来一大批新兴市场国家和发展中国家快速发展，世界多极化加速发展，国际格局日趋均衡，国际潮流大势不可逆转。"[①]

世界百年未有之大变局正加速演进，有以下几个基本特征： 一是新一轮科技革命和产业变革的深入发展，新能源、5G技术等广泛应用，人工智能、量子信息、生命科学等技术正在从导入期转向拓展期，对全球竞争格局产生了深刻影响；二是经济全球化的退潮和全球供应链调整收缩，推动了全球经济治理体系的重构，2024年全球经济将经历重要的转折，全球供应链和产业链的失序正逐步消失；三是全球经济增长预期放缓，2023年全球经济增长进一步放缓，预期增长3.1%，低于2022年的3.4%。2024年，全球经济增长预计将保持在3.1%的疲软水平；四是国际力量对比变化和大国博弈加剧，这是当前外部环境最大的不确定因素之一，国际力量对比的深刻变化和大国博弈的加剧，是当前世界百年未有之大变局的一个重要特征；五是全球治理体系的深刻变革，随着国际

---

① 《习近平接见二〇一七年度驻外使节工作会议与会使节并发表重要讲话》，《人民日报》2017年12月29日。

格局的变化，全球治理体系正在发生变革，以适应新的国际形势和满足全球治理需求；六是全球范围内的和平与发展仍然是时代主题，尽管面临着许多共同挑战，但全球战略稳定的基本格局没有改变；"东升西降"的趋势在国际格局与国际秩序的裂变中愈发明显。

世界百年未有之大变局下最大的问题就是发展问题。长期增长前景的持续和广泛下降，降低了新兴市场和发展中经济体在消除贫困、应对气候变化和实现其他关键发展目标方面的能力。全球经济增速急剧放缓，尤其是在东亚与太平洋地区，潜在增长率相对较高，但复苏进程较慢导致存在负产出缺口。全球化趋势转向"慢全球化"甚至是"逆全球化"，技术发展和全球价值链的运行模式没有改变经济全球化的趋势，但一些政治和制度因素的变化导致了全球化的放缓。全球经济复苏缓慢且不均衡，各国分化趋势日益扩大，多个因素正在阻碍经济复苏。地缘政治冲突、通货膨胀等因素导致世界经济发展充满不确定性，而且遇到了去全球化的苗头。全球经济复苏步伐正在放缓，各经济领域之间以及各地区之间的差距不断扩大，政策风险成为短期内世界经济面临的最大风险，主要发达经济体的货币与财政政策失当可能引发滞胀问题。

世界百年未有之大变局中，人类要何去何从，中国又该如何走出一条适合自己的富强发展之路，成为摆在我们面前的一个重要课题。

（二）关键窗口：新一轮科技革命和产业变革迅猛发展

在世界百年未有之大变局加速演进的历史进程中，新一轮科技革命和产业变革正与中国加速转型的经济发展战略历史性地交汇，为推动中国高质量发展、全面建成社会主义现代化强国提供了重要的窗口机遇期。2013年9月30日，习近平总书记在主持十八届中央政治局第九次集体学习时曾深入地论述过在当前新一轮科技革命和产业变革与我国加快转变经济发展方式的历史性交汇，抓紧实施创新驱动发展战略的重要意义。

从全球范围看，科学技术越来越成为推动经济社会发展的主要力量，创新驱动的发展态势不可逆转。一些重要科学问题和关键核心技术已经呈

现出革命性突破的先兆，带动了关键技术交叉融合、群体跃进，变革突破的能量正在不断积累。新一轮科技革命和产业变革与我国加快转变经济发展方式形成历史性的交汇，为实施创新驱动发展战略提供了宝贵契机。机会稍纵即逝，我们必须增强忧患意识，紧紧抓住并充分利用好新一轮科技革命和产业变革带来的机遇，不能等待、不能观望、不能懈怠。

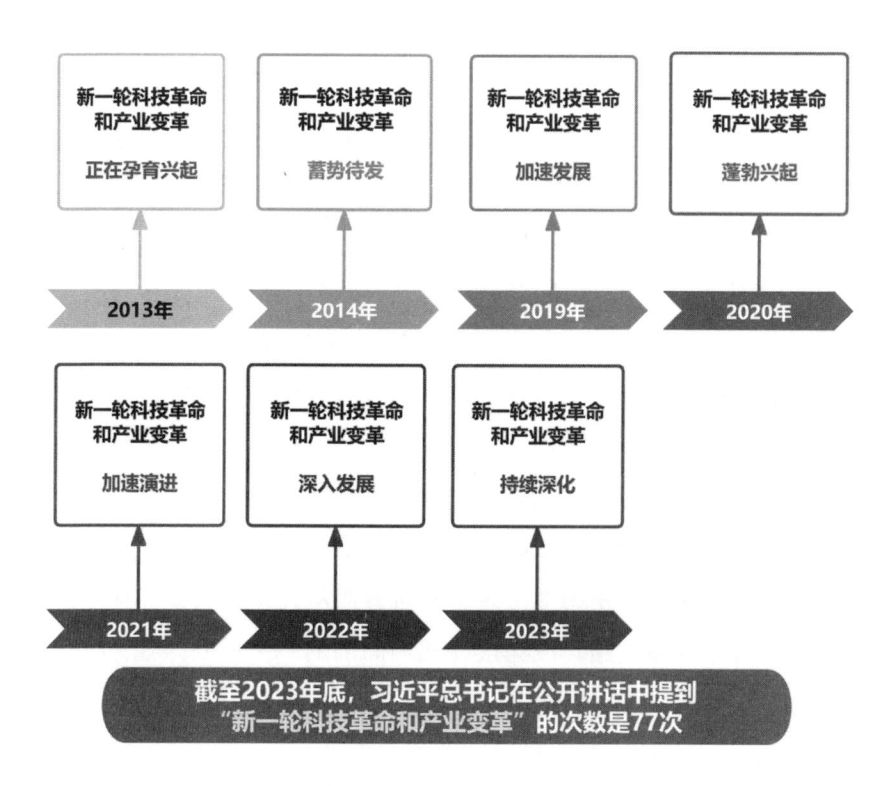

2013年	新一轮科技革命和产业变革 正在孕育兴起
2014年	新一轮科技革命和产业变革 蓄势待发
2019年	新一轮科技革命和产业变革 加速发展
2020年	新一轮科技革命和产业变革 蓬勃兴起
2021年	新一轮科技革命和产业变革 加速演进
2022年	新一轮科技革命和产业变革 深入发展
2023年	新一轮科技革命和产业变革 持续深化

截至2023年底，习近平总书记在公开讲话中提到"新一轮科技革命和产业变革"的次数是77次

图 3-4 "新一轮科技革命和产业变革"表述流变图

我们可以从习近平总书记近年来关于"新一轮科技革命和产业变革"的相关表述中看出，从最初的"正在孕育兴起"，到后来的"蓄势待发、加速发展、蓬勃兴起、加速演进、深入发展"，再到如今的"持续深化"，越来越能感受到把握这一历史机遇的迫切性。从这一趋势中我们可以观察到新一轮科技革命和产业变革的几个阶段：

• 孕育阶段：2013—2016 年。这一阶段，新一轮科技革命和产业变革正在孕育兴起，新技术突破加速带动产业变革，对世界经济结构和竞争格局产生了重大影响。信息、能源、材料和生物等技术领域呈现出群体性、融合性重大革新态势。

• 发展阶段：2017—2019年。在这个阶段，新一轮科技革命不再以单一技术为主导，而是呈现多点、群发性突破的态势。同时，习近平总书记强调了创新在国家发展全局的核心地位，强调要顺应新一轮科技革命和产业变革，加速科技创新和制度创新。全球新一轮科技革命和产业变革加速发展，工业互联网技术不断突破，为各国经济创新发展注入了新动能，也为促进全球产业融合发展提供了新机遇。

• 深入阶段：2020—2022年。这一时期，我国进入发展方式转变、经济结构优化、增长动能转换的攻关期，创新日益成为破解发展难题的关键。技术革命正在向以信息技术为主导并与物理技术、生物技术等深度融合的方向加速演进。

• 持续深化阶段：2023年至今。随着时间的推移，新一轮科技革命和产业变革的特征更加显著，创新体系不断健全，创新生态逐步优化。产业竞争已成为大国竞争的主战场，现代化产业体系建设是制胜的关键，可以使我国在全球新一轮科技革命和产业变革中赢得先机和主动。

以数字经济为例，新时代以来，中国的数字经济不仅规模迅猛扩大，而且结构不断优化，创新能力显著提升。新一代信息技术的不断涌现，如人工智能、区块链、量子信息技术等与经济社会各领域深度融合，为数字经济的发展提供了新的增长点。数字经济已成为推动高质量发展的核心引擎，在促进就业、提高生活质量、推动绿色低碳发展等方面发挥了重要作用。

新一轮科技革命和产业变革不仅为中国式现代化提供了强大的科技支撑和产业基础，也为新质生产力的培育和发展创造了有利条件。在这一历史性交汇期，中国正以创新为引领，积极把握和用好新一轮科技革命和产业变革带来的机遇，推动经济发展模式的根本转变和产业结构的深刻调整，为实现高质量发展和全面建成社会主义现代化强国奠定坚实基础。

三、破旧立新：生产力理论研究的问题导向

2023年12月召开的中央经济工作会议在部署2024年经济工作时特别强调："明年要坚持稳中求进、以进促稳、先立后破，多出有利于稳预期、稳增长、稳就业的政策，在转方式、调结构、提质量、增效益上积极进取，不断巩固稳中向好的基础。"[1]"破"和"立"的关系已经成为当前中国经济政策的重要调节指标，正确把握好"破"和"立"的关系，就能正确把握中国经济政策的度与效。

同样，在研究如何解放和发展生产力问题时，"破"与"立"的对立统一是不得不研究的问题。"破旧立新"可以说是生产力理论研究的问题导向，也是过去与现在对立统一的体现。只有不断地进行破旧立新，才能推动生产力的发展，实现社会的进步。从过去和现在的角度来看，破旧立新不仅是必要的，而且是紧迫的。因此，我们应该高度重视生产力的发展，积极推动生产力理论的创新。

（一）新生产关系的"破"和"立"

在研究生产力与生产关系的"破"和"立"时，由于其对立统一的特性，不能将两者拆开来看。"破"指的是打破阻碍生产力和生产关系发展的桎梏，其本质还是为了"立"；而"立"本身需要建立在"破"的基础上，也就是所谓的"不破不立"。在"立"的过程中，除了有新的内容产生，也必然伴随着旧的内容被打破；"立"的过程中产生的内容也不一定是完全正确的，错误的"立"也需要用"破"来拨乱反正。

以互联网技术与数字经济为例，互联网技术的兴起彻底"破"了传统的信息传播和商业运作模式，为全球经济带来了深刻的变革。互联网的普及和应用打破了地域界限，改变了人们的沟通方式，同时也颠覆了传统的零售、媒体、教育等行业。这种"破"是为了适应数字化时代生产

---

[1] 《中央经济工作会议在北京举行》，《人民日报》2023年12月13日。

力的发展，打破了旧有的生产关系和经济结构。

随后，"立"的过程随之展开。新的商业模式如电子商务、社交媒体、在线教育等迅速兴起，形成了与互联网技术相适应的新生产关系。这些新模式更加高效、灵活，能够更好地满足现代社会的需求。在这个过程中，新的就业形态、工作方式和企业组织也随之产生，如远程办公、自由职业等，这些都是"立"新生产关系的表现。

然而，"立"的过程并非一帆风顺。例如，虽然数字经济创造了巨大的经济价值和便利，但也引发了数据安全、隐私保护等新问题。这些问题的出现，要求社会对新生产关系进行再次的"破"，即通过法律法规的制定和完善，打破无序发展的局面，保护消费者权益，促进健康可持续的发展。

由此可以看出，"破"与"立"的对立统一是一个动态的过程，涉及不断地对旧有生产方式和生产关系的超越和创新，同时也需要解决新生产力和新生产关系发展中出现的问题。这一过程是社会发展中不可或缺的一部分，反映了生产力与生产关系之间复杂而又紧密的相互作用，推动着社会向前发展。

- 新民主主义革命时期，我们党经过艰辛探索，逐步认识到中国革命必须经过新民主主义革命这个历史阶段，在此基础上提出了中国革命的任务和战略策略，领导人民取得中国革命胜利。
- 新中国成立之初，我们党深刻认识到，从新民主主义社会进入社会主义社会需要经历一个过渡阶段，由此形成了党在过渡时期的总路线，胜利完成了社会主义革命任务，进入了社会主义建设阶段。
- 改革开放以后，我们党深刻总结世界社会主义特别是我国社会主义建设正反两方面经验，作出我国正处于并将长期处于社会主义初级阶段的重大判断，并据此提出了党的基本路线，开辟了改革开放和社会主义现代化建设的崭新局面。
- 党的十八大以来，我们在前人长期奋斗的基础上统筹推进"五位一体"总体布局、协调推进"四个全面"战略布局，推动党和国家事业取得历史性成就、发生历史性变革，推动中国特色社会主义进入了新时代。

党的十九届五中全会提出，全面建成小康社会、实现第一个百年奋斗目标之后，我们要乘势而上开启全面建设社会主义现代化国家新征程、向第二个百年奋斗目标进军，这标志着我国进入了一个新发展阶段。作出这样的战略判断，有着深刻的依据。

从党史视角看，我们党在不同的历史时期，都有着对于生产力与生产关系"破"和"立"的不同使命和任务，"破"与"立"是对立统一的过程。2021年1月11日，习近平总书记在省部级主要领导干部学习贯彻党的十九届五中全会精神专题研讨班上的讲话中明确指出："正确认识党和人民事业所处的历史方位和发展阶段，是我们党明确阶段性中心任务、制定路线方针政策的根本依据，也是我们党领导革命、建设、改革不断取得胜利的重要经验。"[①]

表3-2 不同时期生产力与生产关系的变化表

历史时期	发展生产力的障碍	解放和发展的生产力	建立或发展的生产关系
新民主主义革命时期	封建土地所有制束缚	农业、手工业和国民经济	新民主主义的土地改革，确立了土地归农民所有的生产关系
新中国成立之初	半殖民地半封建社会的经济遗留问题	工业、农业、科技教育	实行社会主义改造，建立了社会主义基本经济制度
改革开放以后	计划经济体制的局限性	第二、第三产业，市场经济体制下的生产力	建立社会主义市场经济体制，调整优化生产关系
党的十八大以来	发展不平衡不充分的问题	创新驱动、绿色生态、开放型经济	深化供给侧结构性改革，完善社会主义市场经济体制
新发展阶段	旧的发展模式和体制机制的制约	高科技、智能制造、服务经济	促进高质量发展，构建现代化经济体系

---

① 习近平：《论把握新发展阶段、贯彻新发展理念、构建新发展格局》，人民出版社2021年版，第470页。

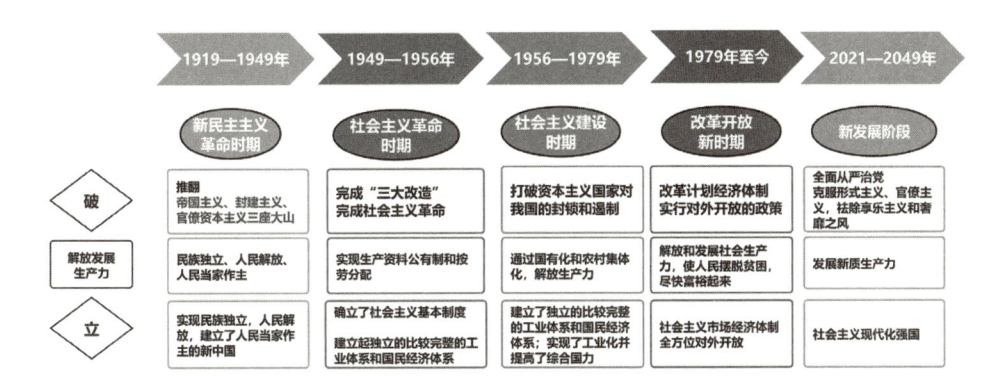

第三章
解题方法：马克思主义生产力理论的"破旧立新"

时期	1919—1949年	1949—1956年	1956—1979年	1979年至今	2021—2049年
	新民主主义革命时期	社会主义革命时期	社会主义建设时期	改革开放新时期	新发展阶段
破	推翻帝国主义、封建主义、官僚资本主义三座大山	完成"三大改造"完成社会主义革命	打破资本主义国家对我国的封锁和遏制	改革计划经济体制实行对外开放的政策	全面从严治党克服形式主义、官僚主义，祛除享乐主义和奢靡之风
解放发展生产力	民族独立、人民解放、人民当家作主	实现生产资料公有制和按劳分配	通过国有化和农村集体化，解放生产力	解放和发展社会生产力，使人民摆脱贫困，尽快富裕起来	发展新质生产力
立	实现民族独立，人民解放，建立了人民当家作主的新中国	确立了社会主义基本制度建立起独立的比较完整的工业体系和国民经济体系	建立了独立的比较完整的工业体系和国民经济体系；实现了工业化并提高了综合国力	社会主义市场经济体制全方位对外开放	社会主义现代化强国

图 3-5 不同时期"破"和"立"以及解放和发展生产力的目标流变

（二）新质生产力的"破"和"立"

对于新质生产力而言，从政治理论到具体实践，无不存在着"破"和"立"的对立统一关系。在理解这一关系时，我们可以将其视为新时代经济发展中的一种内在逻辑。

第一，科技创新在新质生产力中的角色是双重的："破"与"立"并行。科技的迅猛发展打破了旧有的工业体系和生产模式，颠覆了传统行业的固有界限，打破了陈旧的知识体系和技术标准。在这个"破"的过程中，为社会带来了深刻变革的同时，也孕育出"立"的新机遇。新技术中云计算、大数据、人工智能等的应用，不仅开启了新产业和新模式，还重构了产业链，引领了生产方式的全面变革。在这一点上，"立"是指科技革命性的突破和创新性配置的生产要素，催生了与时俱进的产业发展和经济增长新模式。

第二，产业转型升级是新质生产力发展的必然要求。在这一过程中，"破"表现为摆脱传统产业的发展模式，特别是破除了重化工业和高能耗的生产方式。相对应的"立"则体现在新产业的兴起和现代化经济体系的构建上，这包括数字化转型、智能化升级，以及对创新型产业的大力培育。在这一过程中，传统产业通过技术革新得到提升和改造，而新兴产业则在创新的基础上加速发展，进一步增强了产业链供应链的韧性和安全性。

第三，绿色发展已成为新质生产力的核心组成部分。"破"在这里意味着对旧有高污染、高能耗发展模式的转型升级，而"立"则是建立起以绿色能源、可持续技术为基础的生产方式。这一转变不仅促进了绿色低碳技术的创新和应用，还在全社会范围内推广了绿色健康的生活方式，为构建生态文明奠定了坚实的基础。

第四，新质生产力的提升要求生产关系进行与之相适应的改革。"破"在此语境下代表着对不适应现代经济发展的旧生产关系的改革，如打破僵化的管理体制、不平等的资源分配和封闭的市场操作模式。"立"则要求建立一个全新的生产关系框架，这个框架应当能够促进各类生产要素，特别是知识、技术和人才等高级要素的自由流动，确保市场机制的公正和透明。这样的生产关系改革，有助于形成开放、竞争、均衡的市场环境，为新质生产力的发展创造良好的外部条件。

这种新质生产力的"破"与"立"是一个动态的、连续的过程，反映了当代中国经济发展的实际需求和战略选择。在"破"的过程中，我们不断地超越传统的限制，释放生产力的潜能；在"立"的过程中，我们建设新的经济结构和社会关系，以适应生产力发展的新要求。新质生产力的发展是一种自我超越和自我更新的过程，它不仅需要技术的进步和创新的应用，还需要制度的支撑和政策的引导。新质生产力的"破"与"立"是中国经济发展转型期的关键动力。通过不断的破旧立新，我们能够保持经济活力，提高国家竞争力，使我国经济实现从数量型增长向质量型增长的转变，最终推动社会和经济的全面发展和进步。

（三）顶层设计下的"破"和"立"

在中国产业结构转型升级的背景下，实现传统产业的有序转型与新兴产业的蓬勃发展是维持社会经济稳定的重要策略。在此过程中，政府的引导和政策的支持起到了决定性作用。2023年12月举行的中央经济工作会议提出坚持"稳中求进、以进促稳、先立后破"，从根本上廓清了传统产业转型与新兴产业发展的关系。

关于传统产业的转型，不能简单地将其视作"低端产业"而一味追求快速退出。因为传统产业依然拥有较大的发展潜力和市场需求，而且部分传统产业在升级改造后，可成为驱动经济稳定增长的重要力量。因此，在传统产业有序转型过程中，应秉持"先立后破"的原则，对传统产业进行优化升级，特别是通过信息化、绿色化、服务化的改造，使其在保持竞争优势的同时，更好地适应新的市场需求和发展标准。

对于新兴产业的发展问题，中央经济工作会议提出，应以科技创新作为核心，加强前沿技术研发，以颠覆性技术推动产业的转型升级，催生新业态、新模式，培育新动能。这也需要突破关键核心技术，增强产业发展的新动力与竞争力。在这方面，新型举国体制下，国家能够通过集聚资源、整合创新链条来支持新兴产业成长与发展，尤其是着重培育新能源、新材料、先进制造业等战略性新兴产业。

在实现"破"与"立"的转型策略中，产业政策的配套不可或缺。国家应更加积极地通过提供税收优惠、财政补贴、技术研发支持等手段，鼓励创新和技术进步，促进产业结构的转型升级。同时，需要加大对员工再教育和转岗培训的投资，为传统产业员工提供更多的发展机会，减少转型期间可能出现的社会问题。

因此，要想实现传统产业的有序转型，与新兴产业之间建立平衡，需要国家从宏观层面进行统筹指导，通过合理的政策扶持和市场导向，推动产业转型升级，确保经济社会稳定发展。同时，要注重传统产业的技术改造和新兴产业的创新驱动，更好地实现两者之间的有机衔接和协调发展。

第四章

核心要素：
把握新质生产力的科技创新"总航标"

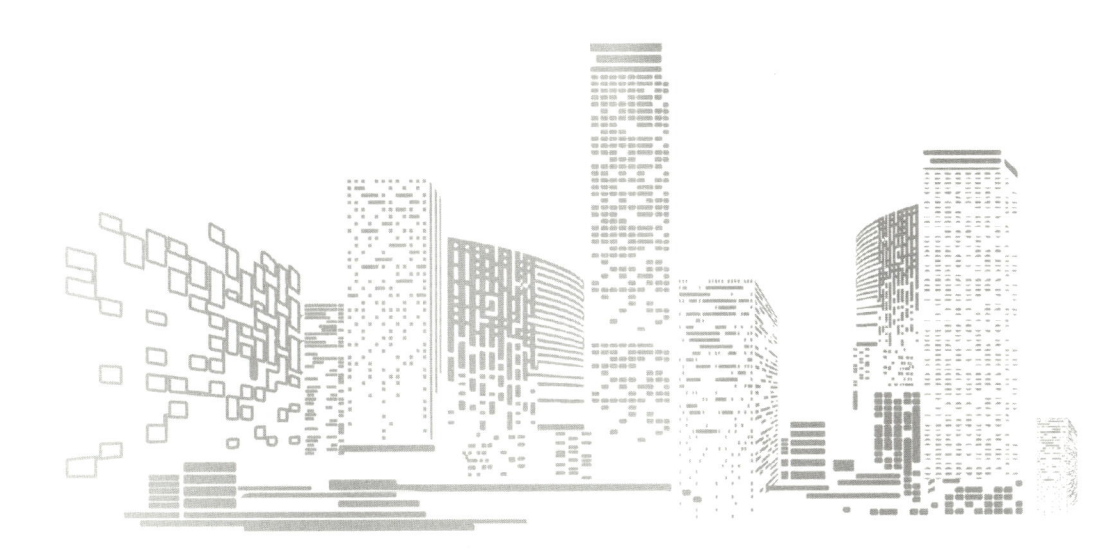

▶原文精读

科技创新能够催生新产业、新模式、新动能，是发展新质生产力的核心要素。必须加强科技创新特别是原创性、颠覆性科技创新，加快实现高水平科技自立自强，打好关键核心技术攻坚战，使原创性、颠覆性科技创新成果竞相涌现，培育发展新质生产力的新动能。

——《习近平在中共中央政治局第十一次集体学习时强调 加快发展新质生产力 扎实推进高质量发展》，《人民日报》2024年2月2日。

"创新"一直都是发展的关键基石,在创新的不断加持下,当前国内大批传统的劳动密集型产业正在向更复杂的高价值产业转型升级。而在全球范围内,经过历史发展与技术升级的编织,一张错综复杂的地图将中国的创新路径嵌套其中。从高技术创新不断推动技术的前进,到人工智能、数字经济等关键领域的进步,创新驱动不断推动中国经济加速前进。如今的创新特别是技术创新早已突破传统的增长边界,在赋能企业、引领行业趋势的同时,不断推动我国经济迈向更具创新性、韧性和可持续的高质量发展未来。

　　党的二十大报告明确指出,"高质量发展是全面建设社会主义现代化国家的首要任务"[1]。历史经验表明,健康、稳定、可持续的发展是全面建成社会主义现代化强国的关键和基础。当今世界正经历百年未有之大变局,国际地缘政治新格局正在演进,生成式人工智能、新能源、生物科技等新技术的研发和应用日新月异,全球产业链、价值链不断重组变迁,产业竞争力成为塑造国际权力格局的关键力量。在新的形势下,加快技术的创新应用和产业转型,保持中国在国际竞争中的优势地位是至关重要的时代命题。

一、创新驱动:加快形成新质生产力的核心变量

　　作为新经济时代的产物,新质生产力强调的不仅仅是一种全新的生产力形态,更是一种新的发展理念和新的发展方式。新质生产力的灵魂在于创新驱动,本质是通过技术进步和制度创新来推动经济发展。这一概念一方面植根于马克思主义关于推动生产力发展的经典理论土壤,另

---

[1] 习近平:《高举中国特色社会主义伟大旗帜　为全面建设社会主义现代化国家而团结奋斗——在中国共产党第二十次全国代表大会上的报告》,人民出版社2022年版,第28页。

一方面生长于中国特色社会主义现代化事业的生动实践，两者共同作用，为中国产业的发展转型指明了方向。深入理解新质生产力的理论内涵和实践形式，探讨如何抓住创新驱动这一核心变量，推动新质生产力发展，是当前非常重要的时代命题。

（一）创新孕育历史性变革

回顾历史，每一次社会变革和生产力的发展都是在科技进步的推动下实现的。科技革命不断催生新的生产力，进而引发产业变革，新的生产要素也逐步成为推动社会进步的关键力量。中国在科技领域经历了从边缘到中心的转变，这一漫长而曲折的过程充分展示了科技创新能力与中华民族的前途命运紧密相连。在第一次工业革命前，中国的发展在自然经济自给自足的状态下逐渐"迷失"，专制主义中央集权制度与封建制度的日趋腐朽，重农抑商、闭关锁国政策的持续压制，使得中国科技发展进程被按下了暂停键。而在历经第一次工业革命与第二次工业革命后，中国在低科技水平与西方国家的高压封锁下彻底沦为世界科技发展的边缘角色。中国近代史的苦难历程让越来越多的人认识到"落后就要挨打"，让更多的中国人意识到，自主创新是缩小差距的关键。

表 4-1 三次工业革命对比表

对比项	第一次工业革命	第二次工业革命	第三次科技革命
时间	18 世纪 60 年代至 19 世纪 40 年代	19 世纪六七十年代至 20 世纪初	20 世纪四五十年代
中心	英国	欧美	美国
理论基础	牛顿力学定律	法拉第电磁感应学说	爱因斯坦相对论
主要标志	蒸汽机的发明和使用	电力、内燃机的发明和使用	原子能、航天技术、计算机、生物工程的发明和突破
历史时代	蒸汽时代	电气时代	信息化时代
重要成果	蒸汽机、汽船、火车等	汽车、飞机、电灯、电话、无线电等	原子弹、人造卫星、计算机等

续表

对比项	第一次工业革命	第二次工业革命	第三次科技革命
重要影响	经济结构发生了显著改变，实现了从传统农业社会转向现代工业社会的重要转变；生产方式和生产技术发生了巨大变革，机器代替了手工劳动；工厂代替了手工工场。	科学技术开始广泛影响工业生产，大量的生产技术得到了改善和应用。电力工业和电器制造业的迅速发展使人类从"蒸汽时代"跨入了"电气时代"。	推动一批新兴产业诞生与发展，导致社会生产方式、工业制造模式、产业组织方式、商业模式等方面产生重要变革。

新中国成立以来，我们面临着自主创新、科技能力"一穷二白"的局面。科技与生产力之间是相互促进的，想要生产力加快发展，就必须提升科技水平。在国际地位的问题上，科技能力更是代表着话语权。中国在经历长时间的科技边缘化后，需要通过实际行动来解决这一问题。

1956年4月，毛泽东在《论十大关系》的讲话中指出："我们这两条缺点，也是优点。我曾经说过，我们一为'穷'，二为'白'。'穷'，就是没有多少工业，农业也不发达。'白'，就是一张白纸，文化水平、科学水平都不高。从发展的观点看，这并不坏。穷就要革命，富的革命就困难。科学技术水平高的国家，就骄傲得很。我们是一张白纸，正好写字。"[①] 正因如此，20世纪的后50年里，在"两弹一星""863计划"等政策与战略的不断落实下，科技与生产力之间的关系便开始在中国得到修复和完善。

自20世纪四五十年代起，人类社会迎来了一场以原子能技术、航天技术、电子计算机技术为代表的新科学技术革命。这场革命具有深远的历史意义，它不仅推动了全球科技的发展，而且对国际政治格局产生了重要影响。在此期间，美苏两国展开了激烈的争霸，科技较量成为两国竞争的一个重要方面，其影响迅速蔓延至全球。时至20世纪60年代，面对严峻

---

① 《毛泽东文集》第七卷，人民出版社1999年版，第43—44页。

的国际形势，为抵制帝国主义的武力威胁和核讹诈，以毛泽东同志为主要代表的中国共产党人，结合国际形势，果断地作出了独立自主研制"两弹一星"的战略决策，这为后来中国拥有更为安全的发展环境提供了基本条件。到了20世纪七八十年代，随着改革开放政策的推行，我国科技创新迎来了蓬勃发展的时期。得益于先进技术的加速引进以及技术扩散效应，我国在世界科技领域的追赶步伐显著加快。与此同时，美国的"星球大战计划"、欧洲的"尤里卡计划"以及日本在20世纪80年代提出的"科学技术立国"，都使全球科技竞争愈发激烈。中国作为发展中的大国，若想在世界格局中站稳脚跟，就必须用创新迎接更多挑战。

1986年3月3日，中国的科技发展迎来了另一个转折点。由王大珩执笔，陈芳允、王淦昌、杨嘉墀联合签名的《关于跟踪世界战略性高技术发展》的建议正式递交。建议针对世界高科技迅速发展的紧迫现实，向中共中央建议，面对世界新技术革命的挑战，中国应该不甘落后，要从现在抓起，用力所能及的资金和人力跟踪新技术的发展进程，而不能等到十年、十五年经济实力相对好时再说，否则就会贻误时机，以后永远翻不了身。而早在1978年，邓小平就提出了"科学技术是生产力"的论断，最终在1986年11月18日，中共中央、国务院发出关于转发《高技术研究发展计划纲要》的通知，为中国高新科技井喷式发展奠定了基础。

此后中国与发达国家的科技差距逐步缩小。在新中国70多年的发展历程中，先后提出了"向科学进军""科技现代化战略""科学技术是第一生产力"等，并施行了"科教兴国战略""人才强国战略""建设创新型国家"以及"创新驱动发展战略""科技强国战略"等，用以调整和升级科技与生产水平。近代以来，中国经过工业化和科技现代化的全面提升，科技发展突飞猛进。而这背后，创新在生产力升级、社会变革中扮演了至关重要的角色。

纵观工业革命史，每一次科技革命和产业变革都是从点上突破、局部爆发开始的。英国曼彻斯特、德国鲁尔、美国硅谷，都曾扮演了创新策源地的重要角色。而在未来产业、战略性新兴产业喷涌发展的过程中，新质生产力作为新时代高质量发展的关键力量，预示着中国需要承担起更多责任，或让中国成为科技潮流的新策源地，在百年变局中创造出更多机遇。

（二）创新塑造未来经济

从生产力的角度来看，创新正在塑造着未来经济的轮廓。其中实现硬实力与软实力的优化平衡至关重要，我们要通过科技创新来发展新质生产力，从而提升全要素生产率，为我国经济的持续发展注入新的活力。这一过程要求技术实力与系统性改革相结合，即借助制度与管理创新的软实力和高水平开放、区域协调发展环境下的硬实力，共同推动中国经济"翻山越岭"。与此同时，在追求高质量发展的大背景下，技术创新成为生产框架转型的关键，其显著特征在于对知识、技术和信息依赖程度的不断增强。技术创新所孕育的新产业、新业态、新动能，正成为发展新质生产力的内生动力。未来产业和战略性新兴产业正是在这一背景下，通过技术、制度、管理创新的合力作用加速发展，从而赋能新质生产力。

创新生态系统不断推动中国走上高质量发展的轨道。在这一过程中，为构建充满活力和可持续的生产力体系，需要重视科技供给与创新需求之间的协同作用。而生产力的发展离不开生产关系的协调，先进制度正是这种协调的有力保障。只有在先进制度的引导和调控下，创新供需的融合才能充分发挥其应有的作用，为未来经济的变革注入强大动力。

历史经验为我们提供了无数宝贵的启示，中国创新体系的构建正是在历史积累的基础上逐步形成并不断发展的。创新是推动生产力与生产关系不断调整的强大动力，历史上的每一次社会变革都在创新的作用下产生了深远的影响。创新已经成为时代发展的主流趋势，为了洞察未来经济的发展方向以及推动新质生产力的形成，我们迫切需要付诸实际行动，寻求发展答案。科技强国战略、新型举国体制等一系列政策与战略，正是我国在新时代背景下，针对科技创新和发展所采取的重要举措。这些举措体现了创新在实践中的应用，以及我国对于科技创新的重视和迫切需求，并为新质生产力的发展提供了强有力的支持。

二、强国战略：科技强国与新型举国体制

实现科技强国的宏伟目标，早已深深根植于中国技术进步和产业增长的深厚历史之中。自新中国成立以来，在众多科技工作者不懈努力的基础上，中国正在从世界科技舞台的边缘迈向引领全球科技发展的重要位置。党和国家始终以建设科技强国为己任，为科技创新提供明确的发展方向，并通过新型举国体制为其注入强大的推动力。其中，在集中力量办大事的协同机制下，新质生产力得以更为坚实地发展。这种体制创新为科技创新提供了源源不断的动力，使其能够持续发展，走在世界科技的前沿。

（一）科技体制的历史性改革

21世纪初以来，随着创新能力的持续释放，世界各地的发展机遇如雨后春笋般涌现。全球知识经济已进入深层次演化，新兴科技产业呈现蓬勃发展的态势。面对这样的变革，发达国家纷纷推出科技计划，力图抢占科技前沿的制高点。为了应对这一变化，中国对科技创新体系的发展方式进行了全新的规划。相较于过去对技术引进的重视，现在更加强调自主创新。创新驱动已成为科技发展的下一阶段的核心旋律。

2012年，党的十八大明确提出"科技创新是提高社会生产力和综合国力的战略支撑，必须摆在国家发展全局的核心位置"以及"要实施创新驱动发展战略"。此后出台的《关于深化科技体制改革加快国家创新体系建设的意见》《国家创新驱动发展战略纲要》等一系列政策文件和改革举措，对实施创新驱动发展战略做出了系统部署，开启了国家创新体系建设的新阶段。

2013年9月30日，中共中央政治局集体学习走出中南海，把"课堂"搬到了中关村。习近平总书记深刻指出："实施创新驱动发展战略是一项系统工程，涉及方方面面的工作，需要做的事情很多。最为紧迫的

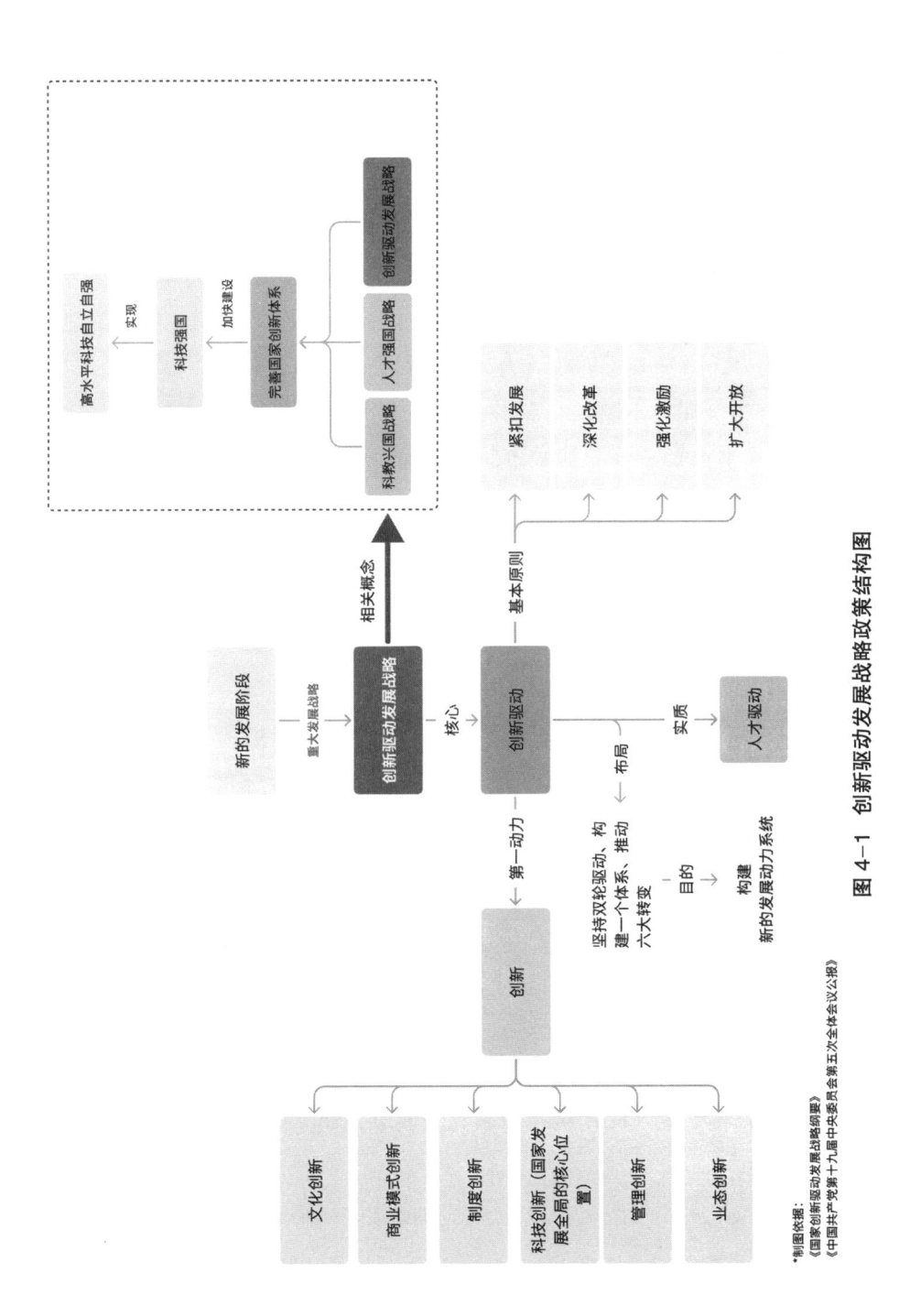

第四章
核心要素：把握新质生产力的科技创新"总航标"

图 4-1 创新驱动发展战略政策结构图

*制图依据：
《国家创新驱动发展战略纲要》
《中国共产党第十九届中央委员会第五次全体会议公报》

091

是要进一步解放思想，加快科技体制改革步伐，破除一切束缚创新驱动发展的观念和体制机制障碍。"①科技体制深化改革的大幕，就此正式拉开。2020年，党的十九届五中全会中强调："坚持创新在我国现代化建设全局中的核心地位，把科技自立自强作为国家发展的战略支撑，面向世界科技前沿、面向经济主战场、面向国家重大需求、面向人民生命健康，深入实施科教兴国战略、人才强国战略、创新驱动发展战略，完善国家创新体系，加快建设科技强国。要强化国家战略科技力量，提升企业技术创新能力，激发人才创新活力，完善科技创新体制机制。"②

中国一直都在不断深化科技体制机制改革进程。2015年3月，《中共中央 国务院关于深化体制机制改革加快实施创新驱动发展战略的若干意见》下发，明确从九大方面30个领域着手，推动创新驱动发展战略落地；2015年9月24日，《深化科技体制改革实施方案》出炉，部署了到2020年要完成十方面143项改革任务。这张科技体制改革的"施工图"以台账形式，明确提出了每一项改革任务的具体成果、牵头部门和完成时限，体现了改革执行的刚性需求。

2022年，党的二十大开启了中国式现代化新征程。中国社会经济驶入高质量发展轨道，对战略科技力量的需求比以往任何时期都更加迫切。习近平总书记在党的二十大报告中指出："必须坚持科技是第一生产力、人才是第一资源、创新是第一动力，深入实施科教兴国战略、人才强国战略、创新驱动发展战略，开辟发展新领域新赛道，不断塑造发展新动能新优势。""加快实施创新驱动发展战略。""加快实现高水平科技自立自强。"③

科技体制机制作为中国战略科技力量的核心要素，是引领创新、推动高质量发展的坚实基石。为了打造强大的国家战略科技力量，助力塑造新型生产力，我们亟须深化科技体制机制改革，建立健全全面创新的基础制

---

① 《敏锐把握世界科技创新发展趋势 切实把创新驱动发展战略实施好》，《人民日报》2013年10月2日。
② 《中共十九届五中全会在京举行》，《人民日报》2020年10月30日。
③ 习近平：《高举中国特色社会主义伟大旗帜 为全面建设社会主义现代化国家而团结奋斗——在中国共产党第二十次全国代表大会上的报告》，人民出版社2022年版，第33、35页。

第四章
核心要素：把握新质生产力的科技创新"总航标"

2012年11月

明确提出"创新驱动发展战略"

党的十八大提出"创新驱动发展战略"，明确指出："科技创新是提高社会生产力和综合国力的战略支撑，必须摆在国家发展全局的核心位置。"强调要坚持走中国特色自主创新道路、实施创新驱动发展战略。这是我们党放眼世界、立足全局、面向未来作出的重大决策。

2013年9月

以实施创新驱动发展战略为题举行第九次集体学习

在中华人民共和国64周年国庆前夕，中共中央政治局以实施创新驱动发展战略为题举行第九次集体学习。习近平总书记在主持学习时强调，实施创新驱动发展战略决定着中华民族前途命运。全党全社会都要充分认识科技创新的巨大作用，敏锐把握世界科技创新发展趋势，紧紧抓住和用好新一轮科技革命和产业变革的机遇，把创新驱动发展作为面向未来的一项重大战略实施好。

2014年6月

中国把创新驱动发展战略作为国家重大战略

习近平出席2014年国际工程科技大会并发表主旨演讲，强调工程科技是改变世界的重要力量，发展科学技术是人类应对全球挑战、实现可持续发展的战略选择。中国把创新驱动发展战略作为国家重大战略。

2015年3月

《中共中央 国务院关于深化体制机制改革加快实施创新驱动发展战略的若干意见》

《中共中央 国务院关于深化体制机制改革加快实施创新驱动发展战略的若干意见》，共分为9个部分30条，包括总体思路和主要目标、营造激励创新的公平竞争环境、建立技术创新市场导向机制、强化金融创新的功能、完善成果转化激励政策、构建更加高效的科研体系，以及创新培养、用好和吸引人才机制、推动形成深度融合的开放创新局面、加强创新政策统筹协调。

2016年5月

《国家创新驱动发展战略纲要》

党的十八大提出实施创新驱动发展战略，强调科技创新是提高社会生产力和综合国力的战略支撑，必须摆在国家发展全局的核心位置。这是中央在新的发展阶段确立的立足全局、面向全球、聚焦关键、带动整体的国家重大发展战略。为加快实施这一战略，特制定本纲要。

2020年10月

第十九届中央委员会第五次全体会议

全会提出，坚持创新在我国现代化建设全局中的核心地位，把科技自立自强作为国家发展的战略支撑，面向世界科技前沿、面向经济主战场、面向国家重大需求、面向人民生命健康，深入实施科教兴国战略、人才强国战略、创新驱动发展战略，完善国家创新体系，加快建设科技强国。要强化国家战略科技力量，提升企业技术创新能力，激发人才创新活力，完善科

2024年2月

中央全面深化改革委员会第四次会议

会议强调，加快形成支持全面创新的基础制度，是深化科技体制机制改革，推动实现高水平科技自立自强的重要举措。

图 4-2 创新驱动发展战略政策脉络时间轴

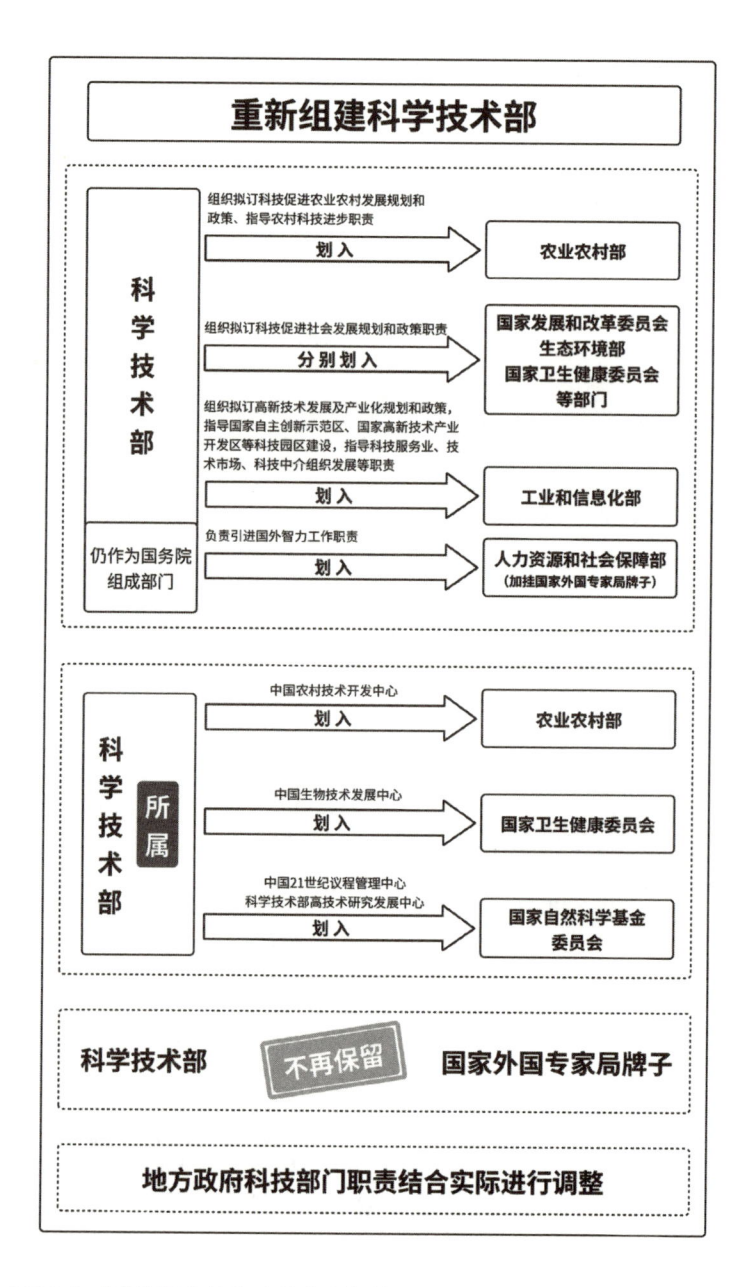

图 4-3 2023 年《党和国家机构改革方案》关于重组科技部的相关内容（资料来源：《人民日报》客户端）

第四章
核心要素：把握新质生产力的科技创新"总航标"

度。2023年3月，中共中央和国务院联合发布了《党和国家机构改革方案》，标志着这一重大改革的正式启动。其中，科技部的重组成为此次改革的重中之重。这一改革将基础研究能力和原始创新能力的提升置于更为重要的位置，通过强化战略规划和总体布局等核心职能，我们能够更有效地集中力量办大事，以期在关键核心技术的攻坚上取得新的突破。

该方案明确指出，科技体制改革必须遵循党的二十大提出的要求，完善科技创新体系。在我国现代化建设的全局中，创新被赋予了核心地位，这表明国家对科技创新的高度重视。为了完善党中央对科技工作的统一领导体制，国家决定强化新型举国体制，进一步强化国家战略科技力量。在这一背景下，中央科技委员会的组建成为本轮党和国家机构改革方案中的重要内容。这一决策不仅是落实党的二十大科技工作要求的具体体现，更是为中国科技发展保驾护航的重要举措。此外，该方案还明确指出，中央科技委员会将作为党中央的决策议事协调机构，其办事机构职责将由重组后的科学技术部整体承担。这一改革旨在进一步优化科技资源配置，提高科技管理效率，为我国科技创新提供更加坚实的组织和制度保障。

随着新一轮科技革命和产业变革进入历史关键期，地缘政治因素的影响逐渐加剧，使得科技竞争达到了前所未有的高度。国际舞台上，针对中国的技术出口管制和市场打压行为屡见不鲜。特别是在2023年8月，美国总统拜登签署了一项行政令，对美国在所谓敏感高科技领域的对华投资进行了限制，这些领域包括半导体与微电子、量子信息技术以及特定的人工智能系统。面对国际竞争的挑战，中国必须坚持科技自立自强。这不仅是中国应对国际挑战的关键，更是掌握国际竞争和发展主动权的重要前提。然而，长期以来科技创新体制存在的资源分配不均、激励机制不完善等问题，已经成为阻碍中国解决"卡脖子"难题的障碍。

面对以上问题，在二十届中央政治局第二次和第三次集体学习中，习近平总书记都强调了加快科技自立自强步伐的必要性，并指出需要改变当前中国科技创新体制和生态中的"顽疾"。这也是此次科技部重组、

组建中央科技委员会

中央科技委员会
作为党中央决策议事协调机构

办事机构职责
↓

由重组后的科学技术部整体承担

保留
国家科技咨询委员会
服务党中央重大科技决策，对中央科技委员会负责并报告工作

国家科技伦理委员会

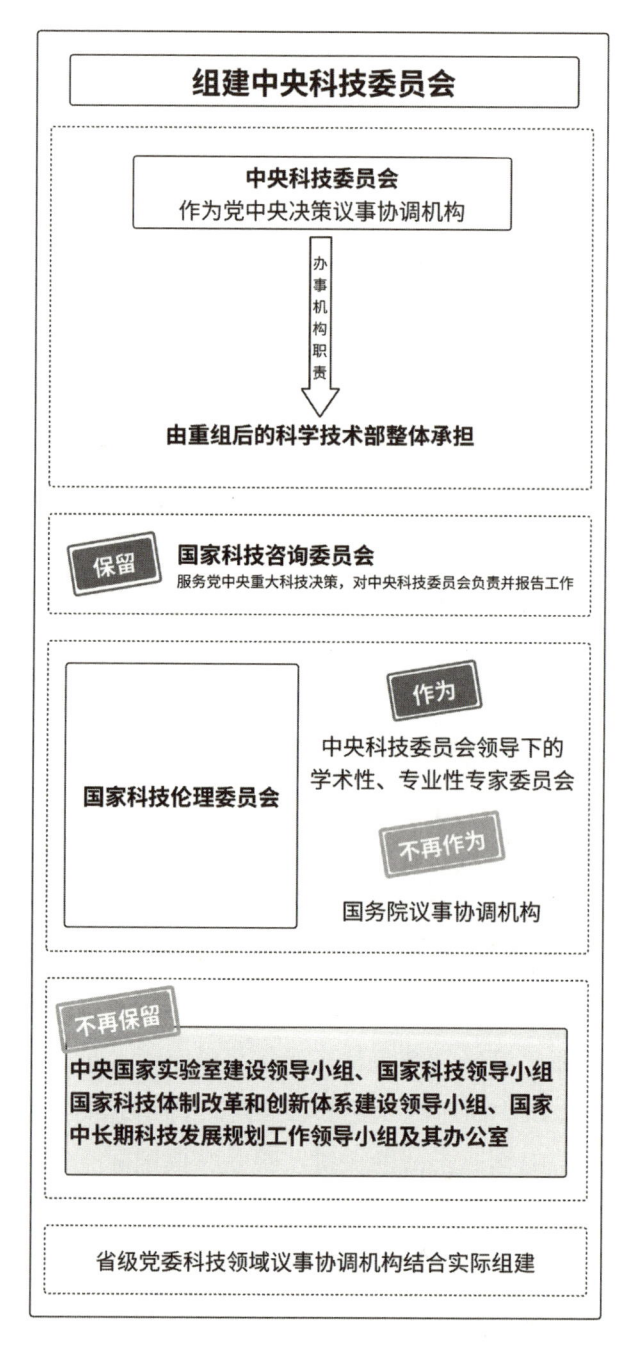

作为
中央科技委员会领导下的学术性、专业性专家委员会

不再作为
国务院议事协调机构

不再保留
中央国家实验室建设领导小组、国家科技领导小组
国家科技体制改革和创新体系建设领导小组、国家
中长期科技发展规划工作领导小组及其办公室

省级党委科技领域议事协调机构结合实际组建

图 4-4　2023 年《党和国家机构改革方案》关于组建中央科技委员会的相关内容（资料来源：《人民日报》客户端）

中国科技创新体制重塑，构建新型举国体制的现实意义。此次党和国家机构改革是非常重大的一次改革，力度空前。总体来看，是为了适应未来经济变化趋势，提升长效治理能力，优化治理体系结构。通过这次改革，理顺了不同职能部门的关系和细分职能，有效避免了多头管理，各个机构实际运作的效率将会有明显提升。而作为机构改革的其他方面，包括深化金融改革、组建国家数据局，也都会同步促进中国科技创新和数字经济的发展。

通过深入探究科技体制机制改革的历程，我们能够清晰地感受到中国对科技创新的坚定信念与执着追求。随着改革的稳健推进，我们优先关注资源调配的协调性、部门间决策的一致性以及系统整合的完整性，旨在强化国家的创新能力并推动治理体系现代化。此外，对这些关键领域的重视与我们更宏大的目标紧密相连，不仅旨在提升治理效能，更致力于将科技置于高质量发展的核心地位。这一理念的形成源于对科技发展趋势的敏锐洞察和对国家发展大局的准确把握。

在未来的科技创新进程中，中国的科技创新将在新型举国体制和市场自由竞争两方面同时发力。通过强化基础研究，突破核心技术瓶颈，以解决那些制约发展的"卡脖子"问题。科技部将在其中发挥宏观布局设计、筹划组织战略研究、统筹全国科技力量等作用，全方位重塑中国科技创新体制，在纵深处推进，向深水区进发，以期早日实现中国高水平科技自立自强。

（二）科技强国为中国创新加码

2012年9月，中共中央和国务院联合发布《中共中央 国务院关于深化科技体制改革加快国家创新体系建设的意见》，这份里程碑式的文件明确提出"新中国成立100周年时成为世界科技强国"的奋斗目标。为了实现这一目标，要求"大力提高自主创新能力，发挥科技支撑引领作用，加快实现创新驱动发展"。2024年，技术创新的浪潮已深度融入各行各业的生产实践中，与生产力的发展紧密相连。中国的科技强国战略，

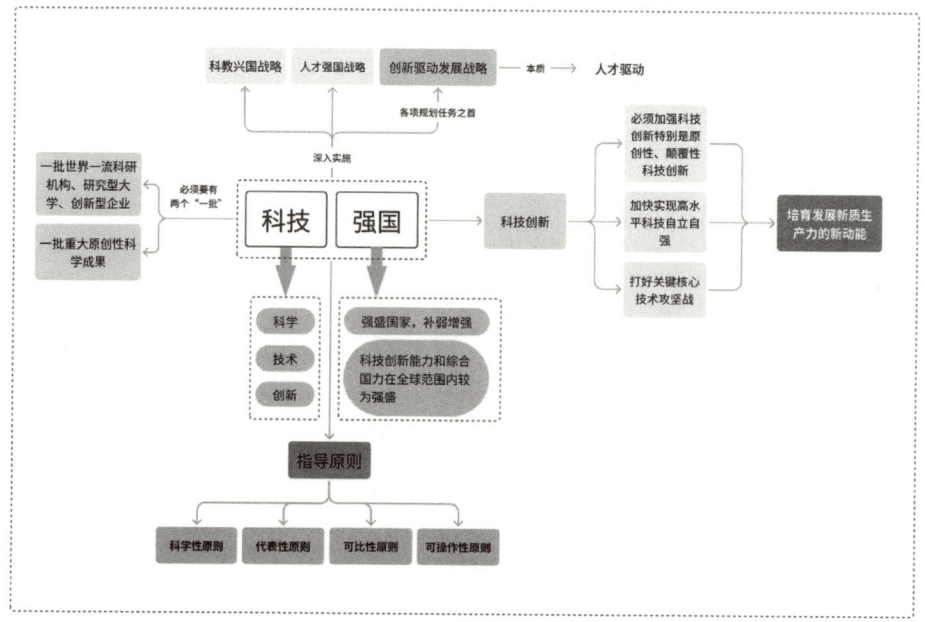

图 4-5 科技强国战略核心信息结构图

不仅是对科技发展的坚定承诺，更是推动创新和新技术研发的重要基石。这一战略正在构建起中国与世界科技交流与对话的桥梁，让中国的科技发展与全球科技趋势紧密相连。

要想深入理解科技强国战略，需要从全球科技强国的视角进行考察。在解读"科技"这个词时，可以将其拆分为"科学""技术"和"创新"三个层面。科学，主要是对客观规律的阐述和探究；技术，涉及产品制造、工艺流程以及解决各种问题的实际方法和知识；创新，代表着从创意产生到产品商业化转化的整个过程。进一步地，当我们谈论世界科技强国时，"强"这个字具有双重含义。一方面，它是一个动词，意指一个国家通过增强科技实力和创新能力，努力提升自身的国际地位；另一方面，它是一个形容词，用来描述一个国家在全球科技领域的领先地位和

第四章
核心要素：把握新质生产力的科技创新"总航标"

强大实力。

而中国实施科技强国战略的核心在于以创新驱动发展为主导，结合科教兴国和人才强国两大战略，全面推进科技创新。目标在于实现颠覆性和原创性的科技突破，特别是在关键核心技术的攻坚战中取得突破，以此培育新的生产力增长点，最终实现高水平科技自立自强。

从本质上讲，科技强国战略与新质生产力是紧密相连的。对研发的大规模投资、数字基础设施的策略性关注，以及重新塑造的监管框架，不仅正在重塑经济格局，而且还在引领技术发展的未来方向。科技强国

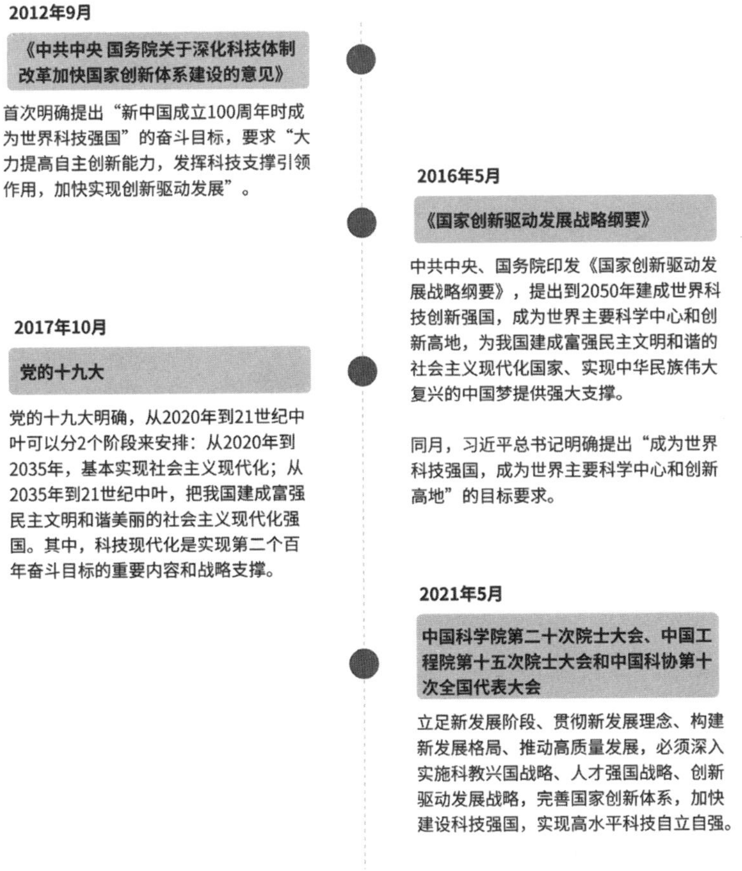

2012年9月
《中共中央 国务院关于深化科技体制改革加快国家创新体系建设的意见》
首次明确提出"新中国成立100周年时成为世界科技强国"的奋斗目标，要求"大力提高自主创新能力，发挥科技支撑引领作用，加快实现创新驱动发展"。

2016年5月
《国家创新驱动发展战略纲要》
中共中央、国务院印发《国家创新驱动发展战略纲要》，提出到2050年建成世界科技创新强国，成为世界主要科学中心和创新高地，为我国建成富强民主文明和谐的社会主义现代化国家、实现中华民族伟大复兴的中国梦提供强大支撑。

同月，习近平总书记明确提出"成为世界科技强国，成为世界主要科学中心和创新高地"的目标要求。

2017年10月
党的十九大
党的十九大明确，从2020年到21世纪中叶可以分2个阶段来安排：从2020年到2035年，基本实现社会主义现代化；从2035年到21世纪中叶，把我国建成富强民主文明和谐美丽的社会主义现代化强国。其中，科技现代化是实现第二个百年奋斗目标的重要内容和战略支撑。

2021年5月
中国科学院第二十次院士大会、中国工程院第十五次院士大会和中国科协第十次全国代表大会
立足新发展阶段、贯彻新发展理念、构建新发展格局、推动高质量发展，必须深入实施科教兴国战略、人才强国战略、创新驱动发展战略，完善国家创新体系，加快建设科技强国，实现高水平科技自立自强。

图 4-6 科技强国战略政策脉络时间轴

战略正是基于技术创新与生产力提升之间的协同效应，从而支撑中国在全球科技领域取得领先地位。在持续的技术政策和创新投入下，发展与创新的融合将更加紧密，为技术扩散和创新创造有利环境。这将进一步发挥新质生产力的催化剂作用，从而利用各地的优势和能力在全国范围内提升生产力。在未来，随着新兴举国体制的完善，科技与发展的协同效应将更加显著。

（三）新型举国体制下的创新生态

2023年中央经济工作会议强调，要以科技创新推动产业创新，特别是以颠覆性技术和前沿技术催生新产业、新模式、新动能，发展新质生产力。完善新型举国体制，实施制造业重点产业链高质量发展行动，加强质量支撑和标准引领，提升产业链供应链韧性和安全水平。

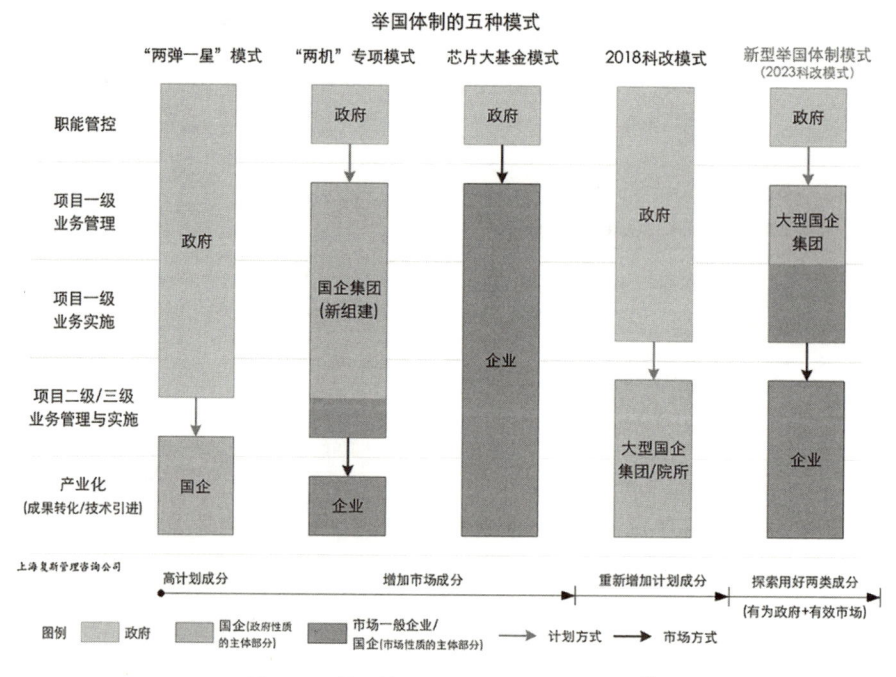

图4-7 举国体制模式历史脉络结构图[①]

① 上海复斯管理咨询公司：《我国科技创新的五种举国体制：在比较下认识"新型举国体制"》，复斯研究2023年5月29日。

第四章
核心要素：把握新质生产力的科技创新"总航标"

马克思曾在对生产力概念的诠释中，将生产力区分为自然的生产力和人类协作分工的生产力。《资本论》第一卷就强调："一个骑兵连的进攻力量或一个步兵团的抵抗力量，与每个骑兵分散展开的进攻力量的总和或每个步兵分散展开的抵抗力量的总和有本质的差别，同样，单个劳动者的力量的机械总和，与许多人手同时共同完成同一不可分割的操作（如举起重物、转绞车、清除道路上的障碍物等）所发挥的社会力量有本质的差别。在这里，结合劳动的效果要么是单个人劳动根本不可能达到的，要么只能在长得多的时间内，或者只能在很小的规模上达到。这里的问题不仅是通过协作提高了个人生产力，而且是创造了一种生产力，这种生产力本身必然是集体力。"[①]

因此，在理解新质生产力时，我们不仅要关注新兴产业在科技应用方面的质的差异，还要深入挖掘产业链、供应链和价值链各环节之间的协作潜力。这种深度的协作是新质生产力的核心要素，而要实现这一目标，我们需要从国家层面全面整合发展力量，确保各项发展举措落到实处。其中，新型举国体制是非常关键的组成部分。

新型举国体制将国家发展和国家安全作为其最高目标。根据2016年8月发布的《"十三五"国家科技创新规划》，新型举国体制旨在提升国家综合竞争力和确保国家安全。实现国家发展不仅是党和国家工作的核心，而且是解决所有问题的关键。新型举国体制的构建，体现了创新、协调、绿色、开放、共享的新发展理念，有利于转变发展方式，不断提高发展的质量和效益。

新型举国体制强调科学统筹、集中力量、优化机制、协同攻关。习近平总书记强调，应发挥市场经济条件下新型举国体制的优势，集中力量进行协同攻关。"集中力量办大事"是我国的优良传统，体现为"科学统筹"和"优化机制"。这意味着，通过统一筹划和资源整合，推进各项工作，展现了党总揽全局的重要作用。"优化机制"指通过政府的机制

[①] 马克思：《资本论（纪念版）》第一卷，人民出版社2018年版，第378页。

协同、改革深化，解放科技和生产力潜能，从而提升整体效能。"协同攻关"强调政府和市场的协同作用，攻克尖端科技或国家级重大项目。

新型举国体制以现代化重大创新工程作为战略抓手。习近平总书记强调，应利用国家科技重大专项和重大工程集中力量抢占制高点。这要求通过国家重大科技项目和现代化重大创新工程，在关键领域突破核心技术，提升创新工程建设效益，实现整体性能和综合效益的最优化。

新型举国体制的核心在于创新发展的制度安排。习近平总书记强调，我们最大的优势是我国社会主义制度能够集中力量办大事。新型举国体制作为制度的创新安排，是中国特色社会主义市场经济条件下的一种制度性组织方式，代表着国家治理体制的变革和政治体制的新安排，展现了创新性和与时俱进的特点。

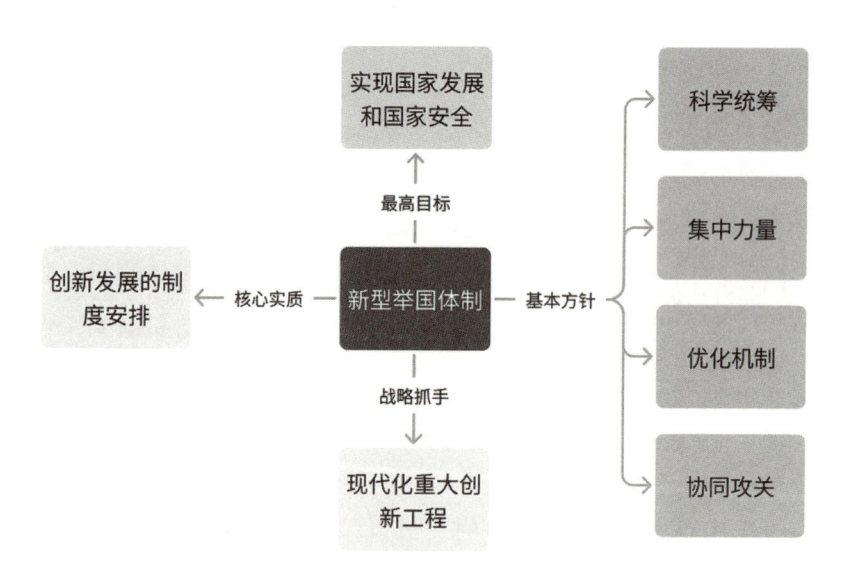

图 4-8 "新型举国体制"构架图

新兴举国体制就是从国家层面出发，通过优化资源配置和协作以实现技术和产业进步。这一体制以国家重大需求为导向，瞄准关键核心技术和"卡脖子"领域，既充分发挥市场在资源配置中的决定性作用，又充分发挥中国特色社会主义制度集中力量办大事的优势。通过体制创新为科技创新提供动力，新型举国体制在新的发展阶段、新的发展理念和新的发展格局下，又形成了集中力量办大事的协同机制。这种协同机制不仅有助于应对当前的挑战，更将为中国未来的发展奠定坚实的基础。

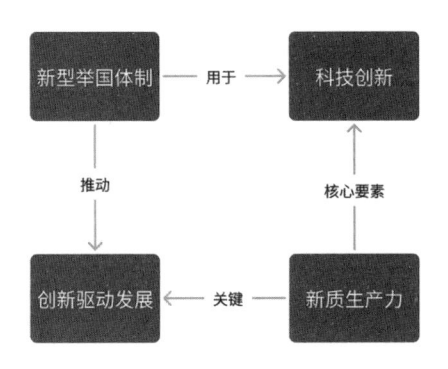

图 4-9 "新质生产力—科技创新—创新驱动发展—新型举国体制"关系构架图

我国各地方的创新生态系统在新型举国体制下蓬勃发展。东部沿海地区凭借其良好的区位优势和丰富的创新资源，继续发挥引领带动作用，推动产业链向高端发展。中西部地区则聚焦优势产业，加大政策扶持力度，加快产业转型升级，创新成效逐渐凸显。其中互联网企业作为技术创新的重要力量，有力地推动了数字经济的繁荣和产业转型升级。尽管全国各地高新技术产业发展迅速、变化显著，但创新和产业发展的地区差异仍然存在。因此，我们正在努力寻求科学技术发展与构建新型国家体系之间的平衡点，以更好地集中人力、物力、财力和技术资源，聚焦科技战略目标，形成强大的突破力量，加速前沿基础研究和重大关键核心技术的突破。

与此同时，中国全新的综合性国家治理体系在建设创新生态体系方面发挥着重要作用。一方面，新体系下的制度标志着从传统的自上而下管理模式向更具协作性和响应性的模式的转变。这一转变整合了市场导向的决策过程和资源配置，以实现更高的效率和效益。通过这种方式，新体系促进了技术创新和产业发展的进程，同时向更为平衡和全面的创新方法迈进。另一方面，新体系还强调实现技术突破和市场价值的重要性，

| 新质生产力　中国经济发展新动能

2011年7月
《国家"十二五"科学和技术发展规划》
科技部会同有关部门发布的《国家"十二五"科学和技术发展规划》明确："将实施国家科技重大专项作为深化体制改革、促进科技与经济紧密结合的重要载体，加快建立和完善社会主义市场经济条件下政产学研相结合的新型举国体制……"这是目前查到的正式文件中首次提出"新型举国体制"。

2016年3月
《中华人民共和国国民经济和社会发展第十三个五年规划纲要》
十二届全国人大四次会议通过的《中华人民共和国国民经济和社会发展第十三个五年规划纲要》要求："在重大关键项目上发挥市场经济条件下新型举国体制优势。"

2016年8月
《"十三五"国家科技创新规划》
国务院颁发的《"十三五"国家科技创新规划》提到："探索社会主义市场经济条件下科技创新的新型举国体制，完善重大项目组织模式，在战略必争领域抢占未来竞争制高点。"

2019年10月
《中共中央关于坚持和完善中国特色社会主义制度、推进国家治理体系和治理能力现代化若干重大问题的决定》
党的十九届四中全会决议通过的《中共中央关于坚持和完善中国特色社会主义制度、推进国家治理体系和治理能力现代化若干重大问题的决定》要求："弘扬科学精神和工匠精神，加快建设创新型国家，强化国家战略科技力量，健全国家实验室体系，构建社会主义市场经济条件下关键核心技术攻关新型举国体制。"

2020年2月
《中共中央 国务院关于新时代加快完善社会主义市场经济体制的意见》
中央全面深化改革委员会第十二次会议通过的《中共中央 国务院关于新时代加快完善社会主义市场经济体制的意见》重申："构建社会主义市场经济条件下关键核心技术攻关新型举国体制，使国家科研资源进一步聚焦重点领域、重点项目、重点单位。"

2020年10月
《中共中央关于制定国民经济和社会发展第十四个五年规划和二〇三五年远景目标的建议》
党的十九届五中全会通过的《中共中央关于制定国民经济和社会发展第十四个五年规划和二〇三五年远景目标的建议》要求："健全社会主义市场经济条件下新型举国体制，打好关键核心技术攻坚战。"

2021年11月
《中共中央关于党的百年奋斗重大成就和历史经验的决议》
党的十九届六中全会通过的《中共中央关于党的百年奋斗重大成就和历史经验的决议》提出："党坚持实施创新驱动发展战略，把科技自立自强作为国家发展的战略支撑，健全新型举国体制，强化国家战略科技力量，加强基础研究，推进关键核心技术攻关和自主创新，强化知识产权创造、保护、运用，加快建设创新型国家和世界科技强国。"

2022年9月
《关于健全社会主义市场经济条件下关键核心技术攻关新型举国体制的意见》
中央全面深化改革委员会第二十七次会议通过的《关于健全社会主义市场经济条件下关键核心技术攻关新型举国体制的意见》，要求"健全关键核心技术攻关新型举国体制，要把政府、市场、社会有机结合起来，科学统筹、集中力量、优化机制、协同攻关。"

2022年10月
党的二十大报告
党的二十大报告提出："完善党中央对科技工作统一领导的体制，健全新型举国体制，强化国家战略科技力量，优化配置创新资源，优化国家科研机构、高水平研究型大学、科技领军企业定位和布局，形成国家实验室体系，统筹推进国际科技创新中心、区域科技创新中心建设，加强科技基础能力建设，强化科技战略咨询，提升国家创新体系整体效能。"

图 4-10　"新型举国体制"历史脉络图

从而实现了从传统模式向更具创新性和协作性的模式的转变。这种转变不仅提高了资源配置的效率，也推动了产业升级和技术创新。这种全新的综合性国家治理体系将为中国的发展注入新的动力和活力，为构建和谐、开放和创新的社会奠定坚实基础。

三、技术赋能：技术创新、数据要素与人工智能

技术创新、数据要素和人工智能在中国经济发展中，各自发挥着至关重要的作用。在当前全球经济竞争愈发激烈的背景下，这三者相互促进、共同发展，为我国经济的持续增长、产业结构的优化升级以及国家竞争力的提升注入了强大的动力。

（一）技术创新为产业提供机遇

随着中国在全球创新领域的崛起，技术创新与政策制定之间的互动已成为推动国家进步的关键催化剂。中国创新战略的核心在于发挥颠覆性技术的关键作用，并致力于促进技术原创性和实质性进步。培养具备高度原创性和颠覆性技术进步的产业，已成为一项明确且具有深远战略意义的任务。

在新时代，战略性新兴产业和未来产业是新质生产力的重要组成部分，也是理解新质生产力概念的重要维度。习近平总书记强调的诸如新能源、新材料、先进制造和电子信息等战略性新兴产业，尽管产品形态和应用领域各异，但它们都具有一个显著的共性，即科技要素的复合作用。这一复合作用主要体现在以下几个方面：

一是新兴产业的系统产品依赖于不同技术领域的子系统高度集成来实现其创新功能，导致产品属性变得高度模糊。以汽车产业为例，当前的电动化、智能化和网联化趋势涉及电化学、微电子和无线通信等多个领域。这些技术领域的融合使得汽车产品的属性发生了深刻变化，动力电

池和智能驾驶功能已成为汽车产业的核心竞争点。

二是新兴产业的产品制造过程具有高精度和高纯度的要求，这导致了其与传统产业截然不同的工艺工装体系。以加工技术为例，传统机床主要基于力学原理进行切削和磨抛加工。然而，随着对产品性能要求的提高，传统制造工艺已无法满足需求。为了达到严格的表面缺陷检测标准，各种基于力、热、声、光、电等复合原理的新型工艺工装体系应运而生，并对传统产业产生了深远影响。例如，一体化压铸技术依赖于高精度伺服阀的应用，而高性能航空发动机的叶片则采用电解加工工艺，这一工艺甚至涉及家喻户晓的光刻设备。

总体而言，如果说传统产业主要对应于某一传统自然科学学科，侧重于对该学科内部知识体系的应用，那么，新兴产业之所以具有新质生产力的属性，是因为其科技要素具有跨领域、跨学科和跨阶段的复合特征。随着技术水平的不断提升和技术创新的持续赋能，新兴产业在更优质的"创新土壤"中茁壮成长，而新质生产力也在创新的滋养下迅速壮大。

（二）数据要素为新质生产力的创新加码

在理解新质生产力的概念时，我们不能仅仅局限于战略性新兴产业和未来产业。除了产品功能和性能等静态要素，生产要素之间的高效协同也是新质生产力的一个重要维度。在探索新质生产力的过程中，我们需要关注新兴产业在科技应用上与传统产业的质的差异，同时也要认识到挖掘产业链、供应链和价值链各环节之间协作效能的重要性。这种协作效能是新质生产力的必要组成部分，而要实现这一目标，对数据要素的充分挖掘是关键。

从 20 世纪 50 年代开始，美国作为世界制造业的领军者，率先掀起了数值控制的热潮，致力于通过信息技术大幅提高企业生产经营效率。经过几十年的探索，企业在信息化和生产自动化方面取得了丰硕的成果。为什么信息化能如此显著地提高生产力？这关键在于信息化实现了物理世界信息向数字比特信息的转换，从而在信息的世界里实现了在物理世

第四章
核心要素：把握新质生产力的科技创新"总航标"

界难以想象的加速迭代。例如，制造过程中的数据提取汇总到数据面板，流程中的阻塞点便一目了然，生产管理因此能够实现精准优化。在产品研发中，基于模型和参数的数值仿真能大幅节约实物仿真的成本和时间，甚至在一些特殊场景如核武器和高超音速飞行器设计中，数值仿真已经成为唯一手段。

在新时代，挖掘数据要素已成为生成新质生产力的重要路径，这需要技术和产业基础的支持。公众可能更熟悉挖掘数据要素的技术，如区块链、物联网和人工智能、大数据等，它们是构建行业级和区域级产业生态协作的基础。但同样重要的是产业微观生态的"丰度"，即产业内是否具备足够的资源和条件。例如，欧美国家虽然对产业数字化投入了大量热情，但由于实体经济的空心化，数字技术的应用受到了限制。相比之下，中国本土企业的创新实践，如希音等标杆企业对中小服装厂的改造，因地制宜地展现了巨大的生机。

然而，我们也应认识到，尽管当前中国产业界在挖掘和利用数据要素方面热情高涨，并已有许多成功案例，但这些成果还未能广泛惠及实体经济。在技术能力供给侧，中国数字经济商业模式正处在从C端消费向B端产业转型的探索阶段；而在技术能力需求侧，新的数字技术部署与应用存在脱节现象。许多大型企业集团实施了数十甚至上百个IT项目，但实际管理流程仍依赖于传统的Excel和微信等工具，企业管理风格的转型仍任重道远。

在新质生产力建设中，"硬科技"的攻坚克难和高端突破固然重要，但同时也应高度重视数字经济的发展并大力扶持产业链协同。例如，通过具有高度公信力的第三方机构作为产业链协同平台的建设主体，有助于解决当前制约供应链信息交互的信任问题。如今，数据要素作为新质生产力的核心变量，正通过不断创新为生产力注入新质。许多颠覆性技术源自外部学科领域的理论和技术跨学科、跨领域的交叉应用。特别是物质、能量、信息等领域的科学和技术突破具有强基础性和高通用性特点，能够广泛应用于经济社会各个领域。新一代信息技术，如云计算和人工智能等的应用范围越来越广、应用过程越来越复杂、迭代速度越来越快，正在重塑众多传统行业。

（三）人工智能驱动新质生产力的未来

在通用人工智能以前所未有的速度渗透到各行各业的同时，人工智能也催生了全新的生产力元素，为社会发展注入了强大的动力。这种新质的生产力，不仅提供了源源不断的发展动能，更为我们揭示了巨大的价值空间。通用人工智能逐渐成为引领时代变革的重要力量，其影响力和潜力正逐渐显现。习近平总书记多次对人工智能的重要性和发展前景作出重要论述。他指出，"人工智能是引领这一轮科技革命和产业变革的战略性技术，具有溢出带动性很强的'头雁'效应"，"加快发展新一代人工智能是我们赢得全球科技竞争主动权的重要战略抓手"。[1]

作为新产业变革的关键驱动力，人工智能已在研发设计、生产制造等领域展现出惊人的实力。据预测，到2030年，中国人工智能核心产业的规模可能突破1万亿元，并带动相关产业规模超过10万亿元。因此，积极推进人工智能与各行业的深度融合，以形成新的生产力，已成为当前最为紧要的任务。

在生产过程中，人工智能的应用对提升生产力起到了至关重要的作用。它通过自动化处理烦琐、重复的任务，显著提高了工作效率，释放了人力资源，为企业节省了大量成本。同时，人工智能的算法和模型能够快速分析大量数据，为企业提供精准的市场分析和预测，助力企业做出更明智的决策。此外，人工智能技术还能够实现更高水平的自动化和智能化，不仅可以替代很多传统的机械自动化，提高生产效率，而且还可以解决跨行业的复杂业务问题，为企业的持续发展提供了强有力的支撑。

从自动化到智能化，不仅是未来生产力的重要标志，更是文明形态跃

---

[1] 中共中央党史和文献研究院编：《习近平关于网络强国论述摘编》，中央文献出版社2021年版，第119、120页。

第四章
核心要素：把握新质生产力的科技创新"总航标"

迁的关键路径。马克思在《资本论》中指出，劳动资料不仅是人类劳动力发展的测量器，而且是劳动借以进行的社会关系的指示器。从蒸汽机到自动化生产的变革，重新塑造了人与自然、人与人以及人与自身的关系，释放出前所未有的生产力发展和社会变革的潜能。在近现代的一个多世纪里，自动化生产创造了比过去所有时代都要多的生产力，催生了数字时代的来临。尤其值得我们关注的是，人工智能作为模拟人类思维能力的技术，正在被更广泛地应用。例如，宁波博士团队在工业生产线上植入的"类人智能"，这种能够"比学赶超"的人工智能，可能会成为我们探索新质生产力的突破口。

2024年3月5日，国务院总理李强在十四届全国人大二次会议上做的政府工作报告中提出了要开展"人工智能+"行动。"人工智能+"行动，是基于深化人工智能的研发和应用，通过打造具有国际竞争力的数字产业集群，推动数字经济创新发展，最终赋能现代化产业体系建设的新质生产力代表。

通俗来说，"人工智能+"就是"人工智能+各个行业"，但这并不是简单的两者相加，而是利用人工智能技术以及互联网平台，让人工智能与传统行业、新型行业进行深度融合，创造新的发展生态。它代表一种新的社会形态，即充分发挥人工智能在社会中的作用，将人工智能的创新成果深度融合于经济、社会各领域之中，提升全社会的创新力和生产力，形成更广泛的以互联网为基础设施和实现工具的经济发展新形态。"人工智能+"是指将人工智能技术与不同行业深度融合，推动这些行业的智能化升级和创新发展。"人工智能+"的核心在于利用人工智能的强大能力，促进这些行业的数字化转型和智能化提升。

此外，大模型的发展为智能终端提供了强大的基础平台，有望开启"人工智能+"时代。国家政策也积极鼓励构建"人工智能+各个行业"应用繁荣生态，以促进人工智能在行业中的应用和发展。然而，人工智能的发展与应用并非没有挑战。如何确保人工智能的应用符合伦理标准，保护个人隐私和数据安全，以及如何处理人工智能可能带来的就业影响等问题，都是需要深入探讨和解决的问题。因此，"人工智能+"不仅是一个技术应用，更是一个涉及社会、经济、法律等多方面因素的复杂过程。

总的来说，"人工智能+"代表了一种趋势，即通过人工智能与各行各业的深度融合，推动这些行业的智能化升级和创新发展。这要求我们既要充分发挥人工智能技术的优势，又要妥善应对其带来的挑战，以实现可持续发展和社会进步。

四、关键战役：打赢科技创新"三大战役"

中国科技发展已经迈入了一个崭新的阶段，通过核心技术的升级与突破，我们正在迅速追赶世界科技强国。基于此背景，中国科技发展的"三大战役"正徐徐展开：从打好关键核心技术攻坚战到实现高水平科技自立自强，最终实现原创性、颠覆性科技创新。这为中国科技发展提供了更为鲜明的指导路径。

深入剖析这场科技发展的"三大战役"，我们可以看到，打好关键核心技术的攻坚战，不仅为国家安全和发展奠定了坚实基石，更为中国科技驱动产业的发展提供了坚实的支撑。这避免了我们在发展过程中遭遇"卡脖子"的困境，确保了我们在全球科技竞争中保持领先地位。

而拥有核心技术，才能使得高水平科技自立自强成为可能。这不仅为高质量发展提供了坚实的基础，更赋予了高水平科技自立自强以新的内涵。在这个过程中，我们不仅实现了科技的自主创新，更是在全球科技舞台上展现了中国的实力和影响力。

同时，只有在高水平科技自立自强的情况下，原创性、颠覆性科技创新才有了更多的机会涌现。这些创新不仅为中国在科技领域抢占制高点提供了更多可能，更为中国在全球科技创新领域的"弯道超车"创造了有利条件。当这些原创性、颠覆性的科技创新大量应用于产业时，它们

第四章
核心要素：把握新质生产力的科技创新"总航标"

就成为未来产业的关键核心技术。这不仅推动了产业的升级和发展，更为中国经济的持续增长注入了强大动力。

（一）第一战：打好关键核心技术攻坚战，奠定基础

打好关键核心技术攻坚战，是解决"卡脖子"问题，奠定科技强国基础的重要举措。历史教训深刻告诉我们，"落后就要挨打"。新中国成立以来，尤其在1959年失去苏联援助后，我们深刻认识到"自立自强"是唯一出路。在此背景下，中国科技发展历经风雨，但在政策和战略支持下展现出勃勃生机，坚定迈向科技强国之路。

习近平总书记在中国科学院第十九次院士大会、中国工程院第十四次院士大会上的讲话指出："要强化战略导向和目标引导，强化科技创新体系能力，加快构筑支撑高端引领的先发优势，加强对关系根本和全局的科学问题的研究部署，在关键领域、卡脖子的地方下大功夫，集合精锐力量，作出战略性安排，尽早取得突破，力争实现我国整体科技水平从跟跑向并行、领跑的战略性转变，在重要科技领域成为领跑者，在新兴前沿交叉领域成为开拓者，创造更多竞争优势。"[①]

近年来，中国在人工智能、数字经济、绿色技术等新兴领域取得显著进展。从电子产品到智能汽车，从IC芯片到无人机，中国的科技创新正在为国家经济和安全提供坚实支撑。这些成就不仅体现了对技术自主的坚定追求，也激发了企业和科研机构的创新热情。

面对国际竞争，特别是中美科技竞争的加剧，中国更加重视技术自给自足。在应对外部封锁的同时，中国致力于自主创新，加强国际合作，推动全球技术秩序的重塑。关键核心技术的突破，不仅是应对挑战的必要手段，也是中国实现高水平科技自立自强的基石。通过打好关键核心技术攻坚战，中国将在全球科技舞台上展现出更强的竞争力和影响力，

---

① 习近平：《论把握新发展阶段、贯彻新发展理念、构建新发展格局》，中央文献出版社2021年版，第272页。

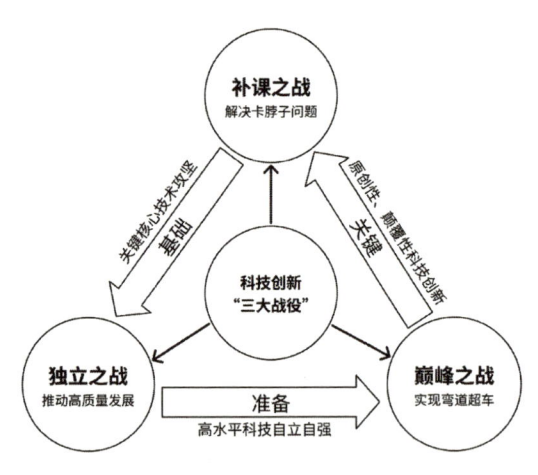

图 4-11 科技创新"三大战役"示意图

为建设科技强国奠定坚实基础。

打好关键核心技术攻坚战对于解决"卡脖子"问题至关重要，它直接关乎国家的经济自主性、安全和发展的可持续性。在全球化的经济环境中，技术创新成为各国竞争的焦点，尤其是在高端技术领域。掌握关键核心技术意味着能够在科技创新的前沿占据有利地位，减少对外部技术的依赖，有效应对外部压力和挑战。此外，关键核心技术的突破能够推动产业升级，优化经济结构，提高国家产业在全球价值链中的地位，从而为构建科技强国、实现高质量发展奠定坚实基础。因此，集中资源和力量攻克一系列"卡脖子"技术难题，不仅是提升国家综合国力的战略需要，也是实现科技自立自强的根本途径。

（二）第二战：实现高水平科技自立自强，重塑创新格局

在打好关键核心技术攻坚战的基础上，高水平科技自立自强才有可能成为现实。党的十八大以来，科技创新已被放置在国家发展全局的核心位置。国家对创新前瞻性的规划和系统性的部署，已经让我国的科技实力得到了显著的提升，创新体系也在逐步健全，并成功地使我国的创新能力迈上了新的台阶。与此同时，中国与世界前沿水平的差距也在不

断地缩小，这无疑影响了全球的创新格局。尽管已经取得了显著的成效，但仍然存在原始创新能力不强、科技生态需要进一步完善等问题。这些问题都亟须我们完善国家创新体系，加快建设科技强国，以实现高水平科技自立自强。

实现高水平的技术自立自强，对于我国的国家发展、战略支撑、增强发展动力以及在全球舞台上的强势地位都至关重要。在2023年2月21日的第三次政治局基础研究集体学习会上，习近平总书记强调了加强基础研究，是实现科技自立自强的迫切需要。会议强调，将基础研究纳入科技工作重要日程，优化基础学科建设布局，搭建高层次基础研究人才培养平台。

科技的自立自强不仅是国家强盛的基础、安全的保障，更是通过自主创新实现突破和维护安全的关键。同时，这也意味着我国需要全面提升自己的实力，实现引领的作用。到2022年，我国的高新技术企业数量已经达到了40万家，这些企业贡献了全国企业68%的研发投入。其中，有762家企业进入了全球企业研发投入2500强。这些数据无不表明，要想实现科技自立自强，企业是中坚力量。具体来说，需要健全关键核心技术攻关的新型举国体制，加强企业主导的产学研深度融合，强化企业在科技创新中的主体地位，发挥科技型骨干企业的引领和支撑作用。通过企业的驱动发展，为接下来实现原创性、颠覆性的科技创新提供更为充分的条件。

实现高水平科技自立自强对于高质量发展具有深远意义，它是推动国家战略能力提升和国际竞争力加强的基石。科技自立自强不仅关乎国家安全，更是经济社会发展的核心驱动力。在全球科技创新格局中占据有利地位，是国家发展战略的重要组成部分。

高水平的科技自立自强能够有效增强国家的战略能力，特别是在关键技术和产业领域实现突破，减少对外部的依赖，保障国家安全和经济独立性。通过提高原始创新能力，中国能够在全球科技竞争中拥有更多的话语权和影响力。科技创新是推动经济结构转型和产业升级的关键。通过强化科技创新，可以促进传统产业的技术改造和升级，同时培育发展新兴产业，推动经济增长方式由要素驱动向创新驱动转变。这对于实现经济的高质量发展至关重要。

高水平的科技自立自强能够激发市场活力和社会创造力。通过加强与企业、高校和研究机构的合作，形成产学研用紧密结合的创新体系，能够充分调动各方面的创新资源和潜力，促进科技成果的转化和应用。深圳大学腾讯云人工智能特色班学生利用人工智能助力农业养殖，就是计算机学科领域校企合作、产教融合的典型案例。深圳大学同学通过采集6000张照片，建立起含30万张鹅脸标注的数据库。经过数十次算法模型修改，他们开发出首个鹅疾病智能预警小程序，改变了广东地区300多年来鹅农只能依靠双手双眼识别病鹅的传统，使当地鹅养殖存活率提升30%。目前，该技术还被运用到了贵州赤水乌骨鸡养殖，深圳大学"腾班"学生在学院老师和腾讯云工程师指导下，依靠腾讯人工智能技术和云平台，及时识别"呆鸡""木鸡"，并第一时间收到野狗、黄鼠狼等野兽袭击鸡群的警报，有效避免疫病传播和财产损失。系统运行半年多来，养殖基地的乌骨鸡出栏率提升了30%，增产6万多只。除此之外，华为的"天才少年"、腾讯的"犀牛鸟计划"，均是由企业挖掘对科研有热情、有潜力的学生，助力科技人才培养，这是实现高水平科技自立自强的重要探索。很多"卡脖子"问题往往是在市场与产业的发展中最先显现的。高等教育要更好同产业需求对接，处理好前瞻性、探索性技术问题和市场应用之间的关系，加快提升国家创新体系整体效能。

在全球化背景下，科技创新能力是国家竞争力的关键。通过建立健全关键核心技术攻关的体制机制，加强企业在科技创新中的主导地位，中国可以在全球创新格局中占据更加主动的位置。科技创新还是实现可持续发展的重要手段。通过科技进步，可以有效解决资源约束、环境污染等问题，推动绿色低碳技术的发展和应用，为实现经济社会可持续发展提供强有力的技术支撑。

（三）第三战：原创性、颠覆性科技创新，弯道超车

习近平总书记指出："必须加强科技创新特别是原创性、颠覆性科技创新，加快实现高水平科技自立自强，打好关键核心技术攻坚战，使原创性、颠覆性科技创新成果竞相涌现，培育发展新质生产力的新动能。"[①] 在时代的大潮中，中国科技发展正不断书写新的篇章。无论是重塑格局，打造基础，还是从关键核心技术的打造到高水平科技自立自强的实现，都为原创性和颠覆性科技创新提供了肥沃的土壤。而原创性和颠覆性科技创新如同破晓的曙光，为中国科技发展开辟了新的道路。中国科技的发展也将在"三大战役"的助推下，进入良性循环的新局面。

原创性、颠覆性科技创新之所以被视为实现"弯道超车"乃至"换道超车"的关键因素，根本原因在于它们能够为科技发展和产业进步带来根本性变革。这类创新不仅能突破现有技术的局限，开辟全新的科技领域，还能重构产业链、供应链和价值链，推动经济结构的优化升级，为高质量发展注入新的动能。

原创性、颠覆性科技创新能够直接突破现有技术瓶颈，解决长期制约产业发展的"卡脖子"问题。通过在关键核心技术上取得突破，中国能够摆脱对外部技术的依赖，增强经济技术安全保障，从而在国际科技竞争中赢得主动权和话语权。

原创性、颠覆性科技创新是推动产业升级和经济结构调整的强大引擎。新技术的应用和推广能够带动传统产业的转型升级，同时孕育和发展新兴产业，形成新的经济增长点。特别是在人工智能、生物科技、清洁能源等领域的创新，不仅能够促进产业发展，还能应对环境变化、提高人民生活质量，推动可持续发展。

原创性、颠覆性科技创新有助于提升国家的国际竞争力。拥有领先的科技创新能力，意味着能够在新一轮全球产业竞争中占据有利地位，引

---

① 《习近平在中共中央政治局第十一次集体学习时强调 加快发展新质生产力 扎实推进高质量发展》，《人民日报》2024年2月2日。

领全球科技和经济发展潮流。

因此，加强原创性、颠覆性科技创新，不仅是提升国家科技实力、实现高水平科技自立自强的必由之路，也是推动高质量发展、重塑国际科技和产业竞争格局的关键所在。为此，需要集中国家力量，优化科技创新体系，激励创新人才，加大研发投入，构建开放合作的国际创新网络，推动科技创新与经济社会发展深度融合，共同开创中国特色社会主义事业新局面。

第五章

布局未来：撬动新质生产力的产业杠杆

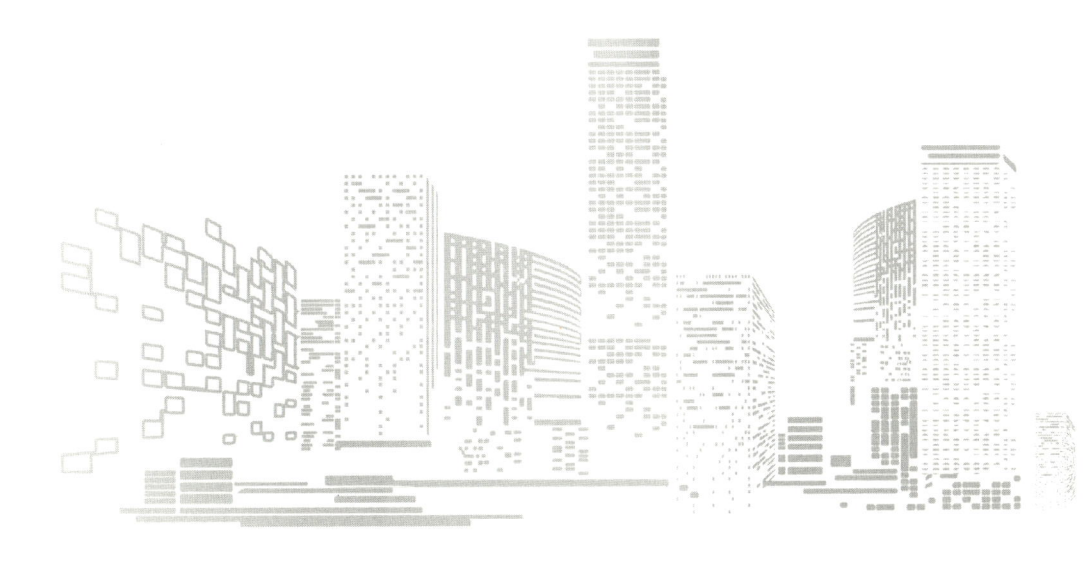

▶ 原文精读

　　要及时将科技创新成果应用到具体产业和产业链上，改造提升传统产业，培育壮大新兴产业，布局建设未来产业，完善现代化产业体系。要围绕发展新质生产力布局产业链，提升产业链供应链韧性和安全水平，保证产业体系自主可控、安全可靠。要围绕推进新型工业化和加快建设制造强国、质量强国、网络强国、数字中国和农业强国等战略任务，科学布局科技创新、产业创新。要大力发展数字经济，促进数字经济和实体经济深度融合，打造具有国际竞争力的数字产业集群。

　　——《习近平在中共中央政治局第十一次集体学习时强调 加快发展新质生产力 扎实推进高质量发展》，《人民日报》2024年2月2日。

科技创新在现代社会发展中发挥着日益重要的作用，其乘数效应使得科技革新成为推动生产力发展的关键因素。然而，我们必须清醒地认识到，科技创新若不能实际应用于产业与产业链中，其对生产力的推动作用便无从谈起。因此，将科技创新转化为实际生产力，实现产业升级和经济发展，是我国在新时代面临的重要任务。以科技创新为引擎、以新产业为主导、以产业升级为方向的新质生产力，通过互联网和数字技术等创新要素构建出平台经济和产业数字化、数字产业化等新的经济形态，加快推动了我国前沿创新产业的一体化进程。

2023年，中国新能源汽车产销量占全球总销量的比重超过60%，连续9年位居世界第一位，其中出口120.3万辆，同比增长77.2%，均创历史新高。中国的新能源汽车产业之所以能"跑"出"中国速度"，并在全球汽车产业中一枝独秀，是因为中国在面临全球产业变革时，始终坚持以科技创新为主导，尤其重视以人工智能为代表的通用技术驱动产业发展等，由此赋能产业创新，逐步构建起了系统完备、自主可控的全产业体系。

在全球汽车产业的舞台上，欧洲和日本曾一度引领着世界汽车工业的发展潮流。其在新能源技术的研发上起步较早，表现出较强的前瞻性。然而，在传统能源汽车产业的转型过程中，其并未充分开启新能源技术的更多可能性，导致汽车产销量逐渐被后来者赶上。

从中央重要会议中我们也可以看出国家对科技创新的重视。继2023年中央经济工作会议提出"以科技创新引领现代化产业体系建设"后，2024年，习近平总书记在二十届中央政治局第十一次集体学习时再次强调："科技创新能够催生新产业、新模式、新动能，是发展新质生产力的核心要素。"①

由此可见，科技创新在中国现代化建设中居于核心地位。科技作为第一生产力，是国家发展的战略支撑；创新作为第一动力，是提高国际竞争力的根本依靠。两者强强联合有助于中国实现关键核心技术突破，激发产业转型升级的发展潜能。

党的十八大以来，中国虽已跻身创新型国家行列，但较之西方发达国家，在科技创新与产业创新深度融合等方面仍存在诸多挑战。比如，工业"四基"即关键基础材料、核心基础零部件、先进基础工艺和产业基础如何实现产业创新仍亟待解决。与此同时，当今世界正经历百年未有之大变局，前有国际激烈的科技竞争，后有后发国家的产业追赶，在竞争与机遇并存的新国际环境背景下，特别是新一轮科技革命和产业变革将对中国的传统产业模式造成颠覆性影响。

作为世界上最大的制造业国家之一，中国在全球经济格局中的地位日益凸显。在国际竞争日益激烈的背景下，以科技创新为引擎，驱动现代化产业体系的升级和发展，对于中国重新确立国际地位的重要性不言而喻。中国急需以科技创新为"破局之刃"完成一场"产业破局"，以此推动建设现代化产业体系转变为重要的创新力量。这一过程让全球创新力量加速从西向东流动，成为全球产业链供应链和创新网络的关键节点。

一、产业三角：以创新引领现代化产业体系

从党的十八大提出"着力增强创新驱动发展新动力，着力构建现代产业发展新体系"，到党的十九大提出"创新是引领发展的第一动力，是建设现代化经济体系的战略支撑"，再到党的十九届五中全会提出"坚持创新在我国现代化建设全局中的核心地位"，以及党的二十大进一步

---

① 《习近平在中共中央政治局第十一次集体学习时强调 加快发展新质生产力 扎实推进高质量发展》，《人民日报》2024年2月2日。

第五章
布局未来：撬动新质生产力的产业杠杆

强调"科技是第一生产力、人才是第一资源、创新是第一动力"，可以明确看到，创新是完整、准确、全面贯彻新发展理念的内在要求。在战略布局层面，中国对创新的重要性认识不断深化；在产业发展层面，现代化产业体系的持续发展需要创新加以引领；在实践操作层面，中国逐步将创新和现代化经济体系建设和构建新发展格局紧密联系起来。要以创新引领现代化产业体系，就要实现三个"内化"。

必须把创新内化到社会再生产运动和经济发展过程中。发挥创新的带动作用以提高劳动效率、资本效率、土地效率、资源效率、环境效率，不断提高科技进步对经济增长的贡献率，不断提高全要素生产率，进而实现包括质量变革、效率变革、动力变革等不同维度和领域的革新。

必须把创新内化到新发展格局的构建之中。新发展格局最本质的特征是实现高水平自立自强，要通过技术创新，摆脱"两头在外、大进大出"的旧发展格局，提升我国在全球产业链供应链中的韧性和安全水平，以畅通的"内循环"带动"双循环"。

必须把创新内化到中国现实发展的国情中。"创新"作为"发展"的定语，既作为"手段"对发展的具体路径提出要求，也将本质聚焦于"发展"这一"主语"，以此避免出现"只创新不发展"，或者是脱离国情的"跃进式"的"创新"现象。

创新是实现传统产业、新兴产业和未来产业三者之间串联、转化与轮动的关键线索，这意味着，通过注入创新生产因素、引入创新技术和设置创新生产体系，可以提高传统产业的生产效率并促进其实现转型优化，也有助于深度开发和挖掘战略性新兴产业的潜力、产业规模并帮助其转化升级成未来产业，还可以依托产业集群、产业生态系统来助推未来产业实现跨界合作，构建出创新产业生态系统。值得注意的是，新兴产业可能会逐渐成熟而成为传统产业的一部分，而传统产业也可能借助创新技术的驱动进一步发展成为新兴产业或未来产业，同时，新兴产业可能因市场饱和或竞争压力而演化为传统产业。

中国提出以创新为引领，通过整合传统产业、战略性新兴产业和未来产业的资源和优势，廓清产业三角之间的联系及转化关系，并借助产业三角战略加速布局现代化产业体系，实现产业结构的优化升级、经济增长的提升和产业体系的完善。所谓产业三角战略，指的是以市场为培育力、创新资源为配置、执行力为抓手的战略，其内在逻辑主要聚焦于创新逻辑、产业逻辑和动能转化逻辑三个层面。一方面，其目的在于利用科技创新推进第一、第二和第三产业的融合发展，提高整体产业效率，并促进三大产业间的良性互动和融合。另一方面，统筹传统产业转型升

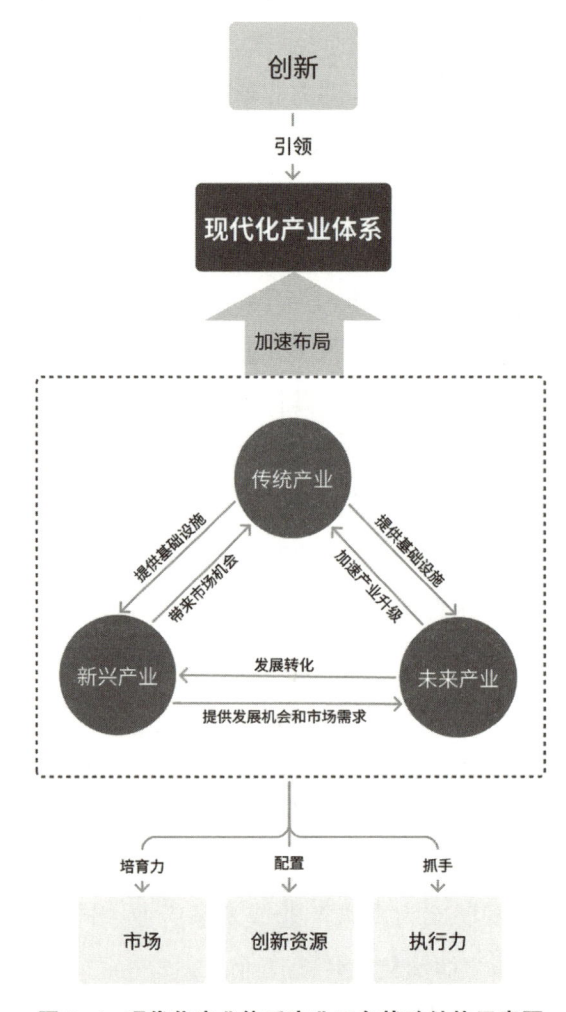

图 5-1 现代化产业体系产业三角战略结构示意图

级、壮大新兴产业和培育未来产业，避免经济空心化和新兴产业盲目扩张。2024 年 3 月 5 日，习近平总书记在参加他所在的十四届全国人大二次会议江苏代表团审议时强调，"面对新一轮科技革命和产业变革，我们必须抢抓机遇，加大创新力度，培育壮大新兴产业，超前布局建设未来产业，完善现代化产业体系。发展新质生产力不是忽视、放弃传统产业，要防止一哄而上、泡沫化，也不要搞一种模式"[1]。我们可以在上图中看出，传统产业本身是新质生产力产业三角的重要一环。一方面，传统产业通过创新驱动、优化要素配置等方式，可以转化为战略性新兴产业和未来产业；另一方面，战略性新兴产业和未来产业的发展也需要大规模的传统产业作为支撑。

（一）科技创新：产业发展"排头兵"

2023 年中央经济工作会议将以科技创新引领现代化产业体系建设作为重点议题之一。与历年中央经济工作会议相比，"推动高水平科技自立自强"这一表述出现在对经济工作的总体要求中。关于科技创新和产业创新的重要部署，为推动高质量发展、牢牢掌握发展主动权提供了行动指引。可见，构建符合完整性、先进性、安全性要求的现代化产业体系，离不开高质量发展和高水平安全的科技创新。

科技创新是新型工业化的根本动力，是引领发展的第一动力，新兴技术和颠覆性创新成为推动全球产业格局变化和产业链重构的主导力量。作为构建现代化产业体系的"排头兵"，旨在通过颠覆性和尖端技术促进工业发展，这不仅是实现产业全面升级的催化剂，也是实现产业链现代化的助推器。而要实现这种转变，则必须从规模扩张转向创新领先，即实施"点—线—面"的创新模式变革。

所谓"点"，指关键技术创新点的突破，"线"则指构建产业链的创

---

[1] 《习近平在参加江苏代表团审议时强调 因地制宜发展新质生产力》，《人民日报》2024 年 3 月 6 日。

新生态系统,"面"则是将产业链、供应链和创新链汇聚融合成面。一直以来,中国始终在尝试和实施新的技术经济范式,塑造新增长领域的轮廓,发展具有中国特色的国家创新体系。具体落点于对创新的关注,创新作为推动传统产业持续发展和转型升级的关键因素,技术创新是其中至关重要的一环。中国对高科技领域的押注,包括先进制造业、云计算和人工智能,重新定义了其在全球价值链(GVC)中的角色。

传统产业可以通过引入新技术、研发新产品和改进生产流程来实现技术创新,包括采用先进的生产设备和工艺、应用信息技术和数字化解决方案,以提高生产效率、产品质量和创新能力。例如,特斯拉通过引入自动驾驶技术,将传统汽车制造业转变为智能汽车制造业,开创了新的产业格局。基于激励国内创新的综合产业政策,中国力图与全球接轨以清除"技术发展瓶颈"并打造独立的工业技术体系。

科技创新对于推动中国战略性新兴产业发展起着"推手"作用,例如,在新一代信息技术领域,量子技术突破支撑我国成功实现了白天远距离自由空间量子密钥分发,高级超维场转换技术突破支撑我国在超硬屏幕领域取得重大进展,提升了中国显示产业在全球高端显示领域的竞争力。

战略性新兴产业代表着科技创新和产业发展的方向,诸如生物制造、商业航空、低空经济等都是新兴产业的典型代表。作为先进制造业的核心技术支撑,这些新兴产业是推动实体经济迈向高质量发展、提升中国产业体系现代化水平的关键力量。"十二五"初期,战略性新兴产业增加值占中国国内生产总值的比重不足5%,"十三五"末期,该占比就快速增长至15%。科技创新能够引进新的生产要素,开拓新的生产技术,形成战略性新兴产业,并扩大已有战略性新兴产业的规模。值得注意的是,中国促进战略性新兴产业发展的举措与对颠覆性技术的关注相契合,这也从一定程度上预示着全球经济增长将迎来新周期。受到国际经济动态和地缘政治压力的影响,现今战略性新兴产业已成为全球竞争力的重要驱动力,中国正从人工智能、机器人和绿色技术等领域的参与者迅速转变为先锋力量。

面对国际的紧张局势，包括"低端锁定"等风险的影响，进一步证明中国需要加快未来产业发展及未来产业朝新兴产业转化。通过推动产业链高级化，以"一链一策"推进强链补链稳链，突破价值链的"低端锁定"，提升产业链供应链的韧性，保障产业安全。而要做到持续性地蜕变与发展，还要利用科技创新促进包括量子、生命科学等在内的未来产业发展，并有意识战略性地完善工业增长、技术创新和相关劳动力培训三者相结合的政策，构建创新驱动的生态系统。

对此，中国需要出台一系列促进技术升级的适应性政策，以实现"国家研发能力"到"自我创新"。这不仅意味着要结合国内形势，还意味着要确保应对战略与国际变化始终保持同步。

（二）产业创新：新旧平衡"双驱动"

要打好这场面向未来的产业之战，中国提出以科技创新推动产业创新，并在此基础上发展新质生产力。在产业三角战略中，产业间彼此渗透、彼此联系，通过其内在互补和协同关系有助于实现产业结构的合理配置、资源的有效利用和价值的最大化，由此形成更为完整的产业生态系统。

中国将战略性新兴产业的动态需求与传统产业领域无缝融合，划分了先进产业的国际分工。同时，持续的细化政策也进一步增强了产业的韧性和安全性，提高了国家工业的安全程度，这对后续的变革提供了强有力支持。

作为国家制造业的支柱，传统产业具有相当程度的国际竞争力，就此而言，对该产业进行变革的实质性作用远胜于大规模的取而代之。换言之，中国应鼓励企业采用先进的实用技术，在顺应市场演变的同时提升其市场地位、开拓新的竞争优势，其目的在于规避抛弃既有的产业基础，转而在原有基础上引导产业转变，使其成为更适合新工业时代新工业格局的产业实体，形成旧与新的协同。

发展战略性新兴产业需要对产业扩张速度保持警惕，避免在盲目扩张进程中落入增长陷阱。一方面，这需要通过内部优化和外部合作实现产业链的延伸和价值链的提升，以促进产业升级与转型。另一方面，这需要促进和协调产业链上下游进行合作互动和资源整合，形成合力，共同开发市场。例如，在钢铁产业中，可以加强与原材料供应商、销售渠道商的合作，形成完整的产业链，实现资源优化配置和价值链的提升，通过促进旧有传统产业与新兴产业的融合发展，形成完整的产业生态系统。

而相较于传统产业和新兴产业，未来产业往往是交叉融合的产业，需要依托产业集群、产业生态系统来实现跨界合作、共享资源，从而形成新的产业价值链。例如，新能源汽车产业涉及汽车制造、电池技术、智能网联等多个领域的整合，进而形成完整的新能源汽车生态系统。凡此种种，皆需要建立与科技创新密切相关的产业布局和价值链，推动产业结构的优化和对未来趋势的引领。

此外，由于技术演进、市场饱和和竞争压力等因素，传统产业、新兴产业和未来产业三者之间也存在轮动关系。

一是随着科技创新与迭代，部分目前被认为是未来产业的领域可能会迅速成熟并广泛普及，新兴技术的应用与推广可能会使其逐渐成为标准化的生产方式，从而逐渐转变为传统产业的一部分。二是新兴产业可能因为市场饱和或者竞争加剧而放缓发展速度，相关产品和服务的同质化程度提高可能导致其发展路径逐渐趋于稳定，最终演变成传统产业。三是由于竞争加剧，新兴产业可能面临来自其他新兴产业或者传统产业的竞争压力，导致其市场地位逐渐下滑，部分新兴产业或未来产业在长期的发展过程中可能会失去竞争优势，逐渐演化为传统产业，而传统产业可能会借助创新技术的驱动而发展为新兴产业和未来产业。这种转变是产业发展过程中的正常现象，在经济发展的过程中，产业结构会随着技术创新、市场需求和竞争格局的变化而不断调整和演进。因此，企业和政府需要密切关注产业发展的动向，灵活应对市场变化，不断进行创新和升级，以保持竞争力和适应未来的发展趋势。

而将创新嵌入新旧产业的战略转型是多层次与多维度的，其中涉及对国家整个工业结构的重新设计，既要改造现有行业以满足当代标准，还要培养创新劳动力。借由这些努力，中国的愿景不仅是通过高质量的生产力来推动全球市场，还希望在塑造未来全球经济的过程中重新定义行业标准。归根结底，追求变革性的产业逻辑，需要在经久不衰的传统产业和新兴产业间取得平衡，这种平衡不仅对于促进国内经济增长至关重要，也能在全球范围内体现国家实力。

（三）动能转换：产业转型"主引擎"

2019年，习近平主席在二十国集团领导人峰会上提出："世界经济已经进入新旧动能转换期。我们要找准切入点，大力推进结构性改革，通过发展数字经济、促进互联互通、完善社会保障措施等，建设适应未来发展趋势的产业结构、政策框架、管理体系，提升经济运行效率和韧性，努力实现高质量发展。"[1]

中国目前正处于动能转换的重要时期，积极培育新动能，促进新旧动能接续转换，能够增加有效供给、加速产业发展并促进结构调整。"动能转换"中的"动能"，不只是物理意义上的能源和动力，在理解这一概念时应将其引申至包括推动新产业发展、新模式探索、新方向扩张的突破性、颠覆性技术，创新生产方式与交换方式的新推手，以及赋能具备新型劳动方式和就业方式的劳动者。

基于动能转换的逻辑链条思考产业三角体系，不难发现，通过动能转换，产业三角体系可以实现产业发展的跨越式提升、国民经济的快速增长和产业结构的全面升级。

而新质生产力可以进一步加速新旧动能转换并推动新型工业化。人工智能等新数据要素、新技术和新业态不断涌现，并且正在催生以大数据为基础、以更强大的算力为核心的战略性新兴产业和未来产业。数字技

---

[1] 《习近平外交演讲集》第二卷，中央文献出版社2022年版，第220页。

术对制造业的智能化发展有着重要推动作用，可以提升制造业的全要素生产率、产业链的平稳性和韧性。传统工业时代由于不注重数据的收集、反馈以及人工智能对数据的运用，容易造成数据资源的流失和浪费。而通过数字技术控制生产流程、生产与销售的过程，可以实现大范围内信息的精确匹配，优化生产流程、库存和物流管理，制造业可以更好地赋能自身，从而实现智能化发展。

传统产业、战略性新兴产业和未来产业之间存在资源共享和互补的关系。传统产业在长期发展中积累了丰富的经验、资金和市场渠道等资源，可以为战略性新兴产业和未来产业提供所需的基础设施、原材料和零部件等。战略性新兴产业则依托于技术创新、产业升级，为未来产业提供了新的发展机会和市场需求。此外，战略性新兴产业和未来产业通过技术迭代和转化，引入先进的生产技术、管理模式和商业模式，帮助传统产业向高附加值、高效率和高质量的方向发展，促使传统产业实现智能化、数字化和绿色化发展。同时，战略性新兴产业和未来产业的快速发展也为传统产业带来了新的增长点和市场机会。

从传统产业发展至未来产业，动能转换是中国打造经济增长新引擎、建设现代化产业体系的关键。当前，中国经济社会发展面临的资源环境约束趋紧，劳动力、土地等要素成本不断攀升，产业发展面临"高端突破""中低端分流"双向挤压，传统优势产业进一步智能化、绿色化、融合化转型成为破局关键。未来产业能够有效推动技术与技术、技术与产业、产业与产业融合，能够广泛渗透至产业链上下游各个环节，赋能千行万业催生新业态、新模式，是推动产业体系走向智能化、绿色化、融合化的重要动能。

产业三角构成了经济发展的连续链条，共同推动着经济结构的转型升级和社会进步。传统产业是经济发展的基础和支柱，包括传统制造业、原材料加工业等，为新兴产业提供了坚实的基础和丰富的经验。随着科技进步和全球化的深入发展，新兴产业如信息技术、生物技术、新能源等开始崭露头角，通过科技创新和对市场需求的引领推动着传统产业向更高附加值和更可持续的方向发展，成为经济增长的新动力。这些新兴产业对传统产业的改造和引领作用日益凸显，推动着产业结构的升级和优化。与此同时，未来产业则更多地聚焦于前沿科技和新兴趋势，如人工智能、生物医药、可再生能源等，它们代表着未来经济的方向和发展趋势，不仅为经济注入了新的活力，也给整个产业链带来了更多的创新机遇和发展空间。

因此，传统产业、新兴产业和未来产业之间并非简单的替代关系，而是一种相互融合、相互促进的关系。政府和企业应该合理规划产业布局，推动传统产业转型升级，培育和支持新兴产业，同时加大对未来产业的投入和扶持力度，以实现产业结构的优化和经济发展的可持续性。

二、战略三角：深度布局现代化产业体系

面对双循环新发展格局，在新型工业化中加快产业数字化转型无疑成为构建产业基础、提升产业链现代化程度与韧性的必然选择。在世界百年未有之大变局的背景下，通过将技术实力与战略远见相结合，实施科学产业链布局，是提升全球竞争力的关键举措。这一战略举措的核心就在于构建以"新质生产力+新型工业化+N个强国目标""产业链供应链""数字经济"为主要内容的战略三角，从而实现现代化产业体系的深度布局。

其中，"新质生产力+新型工业化+N个强国目标"可以概括为"2+N"战略。这一战略将以新质生产力和新型工业化为驱动力，协同实现强国目标，推动产业链现代化和数字经济深度融合，从而在创新驱动下实现高质量发展和经济可持续发展。具体来说，数字经济作为新经济形态，促进了产业链创新生态体系的构建。数字技术的应用降低了产业链上下游的合作成本和合作风险，并推动了产业链现代化发展。此外，数字经济还带来了新的商业模式和业务流程，也促进了传统产业向智能

化、信息化、自动化和绿色化转型。

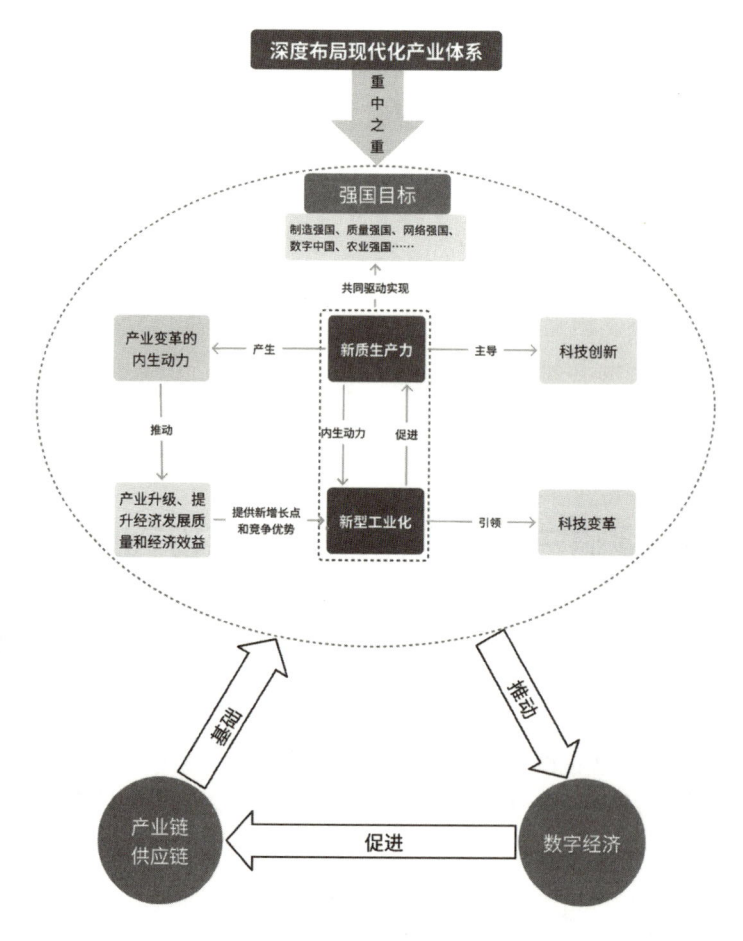

图 5-2 新质生产力产业战略目标结构示意图

为了实现以上目标，中国必须加快数字基础设施建设和数字技术研发，在人才培养、知识产权保护、数据治理等方面进行深入探索，打造数字经济的良好生态环境，从而推动产业链现代化和数字经济深度融合。

（一）双链安全：构建新发展格局

2022年，美国国家安全战略明确提出"'国家安全'是美国产业和贸易政策的'指示灯'"。2023年，欧盟委员会和欧盟外交与安全政策高

第五章
布局未来：撬动新质生产力的产业杠杆

级代表联合发布了"欧洲经济安全战略"，这也是欧盟自第二次世界大战后开启欧洲一体化以来着重提出经济安全战略，"安全"的重要性更加凸显。

就国际政治游戏所引发的安全风险而言，面对数字地缘政治的全球竞争，以美国为首的发达国家所采取的零和博弈思维将给双边、多边关系带来更为复杂严峻的安全挑战，中国只有做到在关系国家安全的领域和节点构建自主可控、安全可靠的国内生产供应体系，才能在关键时刻做到自我循环，确保在极端情况下经济正常运转，才能增强发展的平衡性、协调性、可持续性。此时，产业体系"稳"的重要性由此显现，这不仅是新征程上强国现代化产业体系应该具备的重要特征，还是中国应对美国的封锁与围堵的重要举措。

就国内产业链供应链所面临的风险而言，自改革开放以来，中国逐渐形成了"两头在外""大进大出"的产业链发展模式与供应链组织模式。鉴于大国竞争加剧与其他外部冲击，产业链供应链风险不断累积，具体表现为地理跨度较大导致供应链脆弱性较高，中间产品高度依赖进口使得产业链易受地缘政治影响，加之大型经济体"大进大出"模式加剧国际竞争与冲突等问题，双链安全问题已日益成为中国产业体系发展所面临的严峻挑战。不只是产业链发展模式，中国高度网络化的产业链本身也同样是风险根源。随着产业链不断扩展，供应链中各个节点的独立性和离散化决策，以及由此带来的偶然风险等因素，极易在网络的作用下被放大和触发震荡效应，尤其是处于主导地位的核心节点，其决策的随机性会加剧整个链条的风险暴露。

而构建新发展格局能够有效应对当前出现的产业链供应链风险加剧问题。新发展格局在增强发展的安全性和稳定性的同时，也对产业链供应链现代化水平提出了更高要求。要在构建新发展格局背景下提高产业链供应链的韧性与安全水平，企业生产布局需要从"效率优先"转向"战略优先"，即更为追求建立兼具韧性与稳健性的产业链，平衡好效率与安全带来的收益与损失之间的关系，从而化解极端情况带来的巨大损失。

维护产业链安全稳定运转，提升产业链抗冲击能力，降低产业链中断风险，不仅是产业链现代化的必然要求，也是保障国家安全的关键支撑。而要提升产业链供应链的安全性，不仅要通过国内循环提升国民经济体系正常运转的能力，还要提升中国在全球分工体系中的主动布局能力和对全球产业链供应链的整合控制能力。比如企业层面可以从追求即时反应转向防范极端风险，国家层面可以在对效率损失进行控制的前提下提高安全水平。

但一味追求安全性也可能导致产业链供应链中断等问题。要处理好全球布局与国内布局的关系，精准选择转向国内布局的产业链和产业链环节。在确保产业链安全稳定的前提下，积极参与全球产业链的分工与合作，实现产业链的优化升级，为我国经济的持续发展奠定坚实基础。

（二）"2+N"：战略协同实现强国目标

具体来说，所谓"2+N"是指以"新质生产力"为驱动的经济高质量发展的新动力，以"新型工业化"作为引领产业变革的重要抓手，两者共同驱动实现"制造强国""质量强国""网络强国""数字中国"和"农业强国"等 N 个强国目标，进一步助推"科学布局科技创新、产业创新"。

就新质生产力和新型工业化两者的关系来看，新质生产力是以科技创新为主导的生产力，即以新一轮科技产业革命带来的生产力跃迁，其关键是新科技，核心是新产业，载体是新要素。而新型工业化是以科技变革为引领的工业化，其特征是以新质生产力为驱动、以高质量发展为主题、用数字技术赋能、实现产业深度融合，更多强调以工业化驱动经济高质量发展。新质生产力以科技创新为主导，强调数字化、智能化、生态化和融合化等基本特征，与新型工业化在"时代特征"和"中国特色"上具有内在一致性。

第五章
布局未来：撬动新质生产力的产业杠杆

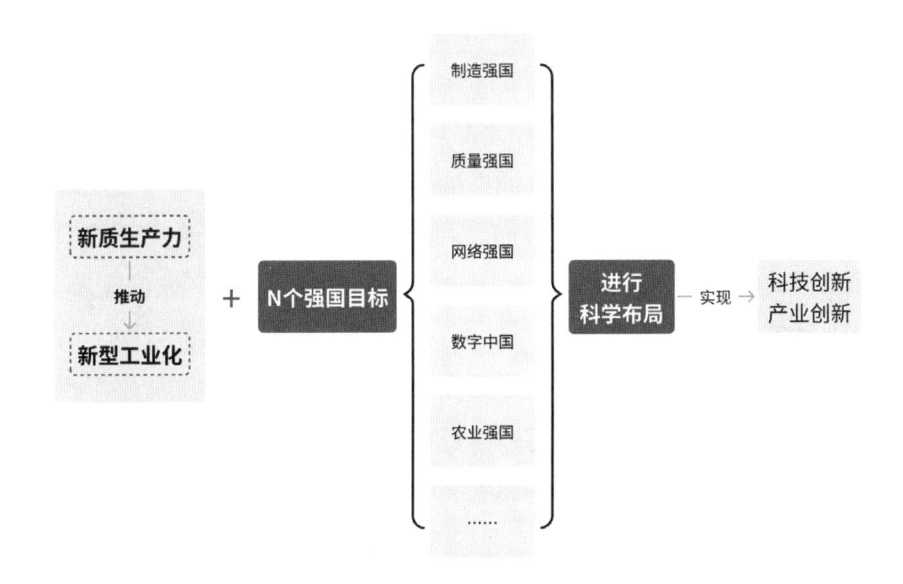

图 5-3 "2+N"：战略协同实现强国目标架构图

两者在概念和演进方向上虽存在一定的差异，但也能彼此互动、相互转化。具体而言，新质生产力能够产生产业变革的内生动力，进而推动产业升级、提升经济发展质量和经济效益，为新型工业化提供新的增长点和竞争优势，推动新型工业化的发展。新型工业化则以工业化驱动经济高质量发展，推动工业朝着数字化、智能化、绿色化等方向发展、演进与变革。

新质生产力是推动新型工业化的内生动力。作为科技产业革命激发的新动力，新质生产力是推动新型工业化的战略支撑，以新质生产力推进实现新型工业化，既是以科技创新推动产业创新，也是以产业升级构建新竞争优势，凭借产业创新推动动能转换。新质生产力能促进产业升级，提高经济发展质量和效益，为新型工业化提供新的增长点和竞争优势，推动新型工业化向前发展。

新型工业化将促进新质生产力产生。要发展新型工业化，则需要信息技术、新能源、新材料等领域的多个产业的支持和配合，新型工业化的发展也将带动这些相关产业和相关技术的发展，从而催生新质生产力。例如，通过智能制造等技术手段，可以有效地促进产业和资源要素的深度融合，形成以科技为引领的新质生产力，为制造业的高端化、智能化、绿色化发展提供有力支撑。

此外，新质生产力和新型工业化都具有融合性的特征。在新一轮科技产业革命中，两者可形成战略协同发展路径，通过双向驱动与良性互动来实现 N 个强国战略目标。一方面，两者协同驱动产业融合。例如，利用云计算、大数据、区块链、人工智能等数字技术与传统产业深度融合，提升产业体系整体质量和效率。另一方面，两者协同推动数字经济与工业经济融合。新型基础设施、新型应用模式和新型工业生态加快了产业数字化和数字产业化的进程，可以借此利用数字技术赋能传统产业转型升级，催生新产业、新业态、新模式，有助于进一步实现制造强国、质量强国、网络强国、数字中国和农业强国等战略目标。

（三）数字经济：发展的全新动能

在新质生产力和新型工业化战略协同推动 N 个强国目标实现的过程中，数字经济也为新型工业化注入了崭新的内涵、特征、要求和要素，驱动工业向智能化、绿色化和融合化方向迈进。

2023 年，国家互联网信息办公室发布的《数字中国发展报告（2022年）》显示，2022 年中国数字经济规模达 50.2 万亿元，仅次于美国，位居全球第二，占 GDP 比重提升至 41.5%。作为新一轮科技革命和产业变革的焦点领域，数字经济已成为推动中国工业提升生产效率、产品质量和核心竞争力的关键引擎。值得注意的是，在数字经济领域涌现并广泛应用了许多颠覆性技术，截至 2022 年底，中国数字经济核心产业专利存量已达 160 万余件，创新技术的不断演进和应用，成为新型工业化呈现新特征的重要推动力量。

而中国的数字经济得以快速发展，究其原因是自身的内在基础和发展动力。一是巨大的人口规模和低成本制造等天然优势，有利于相关企业快速建立规模庞大的用户基础，而用户的数字需求进一步促进相关企业完善数字基础设施，并通过提供数字产品来扩大市场规模和确立市场地位，由此又形成了新的数字经济增长点。例如，亚马逊、阿里巴巴等电商平台在为网店提供云计算的过程中也向其他行业销售算力，中国信通院发布的《2022年中国云计算发展指数》显示，中国云计算应用已从互联网拓展至传统行业，其中2022年工业用云量占比已达到11.6%。二是数字经济自身发展的内在优势。数字经济是以数字技术为基础的新型经济形态，它具有高信息完全性的内生特性，即数字经济中各经济主体对其经济活动或交易相关的信息了解程度更高。相较于发达国家，中国部分传统产业存在发展滞后、普及率低和转化效率较低等情况，当多样化的数字产品如人工智能、云计算、扫码支付出现后，消费者的接受度更高、转换成本更低、转换率更高，加之中国为数字企业的发展提供了包容宽松的环境，多方因素共同作用，提升了数字经济的发展效率。

除了内在发展驱动力，经济体制也有助于对外提高关键技术的创新上限，其中尤其聚焦于创新大型项目的组织方式、整合创新要素和资源、提升基础支持条件等方面。作为创新的驱动器，数字经济的推动将有助于中国构建产业链创新生态体系，其中关键在于充分发挥平台和网络效应，积极推动产业互联网的建设和应用，改变企业独立分散创新决策的状况，围绕产业互联网构建一体化的生态体系，逐步推动从生产分工向创新分工的演化，最终构建出有机的创新协同体系。

除此之外，数字技术在减少产业链的系统风险、提高产业链的安全性上起到双重作用。一方面，数字经济的发展可以促进"数据孤岛"的突破，使各个节点之间的安全信息共享，进而提高对网络攻击的早期预警能力。另一方面，利用工业互联网技术，对产业链中的物流信息进行高效整合，可以促进供应链中各节点间的协作决策，并在此基础上解决复杂情景下的多个节点间的能力协调和供需匹配问题。例如，在供应链管理的纵深领域，海智在线倾力构建的产业互联网平台巧妙地整合了互联网、大数据、人工智能等一系列新一代信息技术，通过精细化管理和精准对接，显著削减了非标零部件产业链条内部各个环节的交易成本。这一举措不仅重塑了该传统行业的运作模式，更为其注入了强劲的新时代

新质生产力 中国经济发展新动能

2007年10月 党的十七大

党的十七大提出，发展现代产业体系，大力推进信息化与工业化融合，促进工业由大变强，振兴装备制造业，淘汰落后生产能力；提升高新技术产业，发展信息、生物、新材料、航空航天、海洋等产业；发展现代服务业，提高服务业比重和水平；加强基础产业基础设施建设，加快发展现代能源产业和综合运输体系。确保产品质量和安全。鼓励发展具有国际竞争力的大企业集团。

2012年11月 党的十八大

党的十八大报告提出，要适应国内外经济形势新变化，加快形成新的经济发展方式，把推动发展的立足点转到提高质量和效益上来，着力激发各类市场主体发展新活力，着力增强创新驱动发展新动力，着力构建现代产业发展新体系，着力培育开放型经济发展新优势，使经济发展更多依靠内需特别是消费需求拉动，更多依靠现代服务业和战略性新兴产业带动，更多依靠科技进步、劳动者素质提高、管理创新驱动，更多依靠节约资源和循环经济推动，更多依靠城乡区域发展协调互动，不断增强长期发展后劲。

2017年10月 党的十九大

党的十九大报告提出，建设现代化经济体系，必须把发展经济的着力点放在实体经济上，把提高供给体系质量作为主攻方向，显著增强我国经济质量优势。加快建设创新型国家。创新是引领发展的第一动力，是建设现代化经济体系的战略支撑。要瞄准世界科技前沿，强化基础研究，实现前瞻性基础研究、引领性原创成果重大突破。加强应用基础研究，拓展实施国家重大科技项目，突出关键共性技术、前沿引领技术、现代工程技术、颠覆性技术创新，为建设科技强国、质量强国、航天强国、网络强国、交通强国、数字中国、智慧社会提供有力支撑。

2020年10月 党的十九届五中全会

全会提出，加快发展现代产业体系，推动经济体系优化升级。坚持把发展经济着力点放在实体经济上，坚定不移建设制造强国、质量强国、网络强国、数字中国，推进产业基础高级化、产业链现代化，提高经济质量效益和核心竞争力。

2022年10月 党的二十大

党的二十大报告首次提出了"现代化产业体系"这一概念和"建设现代化产业体系"的新任务。坚持把发展经济的着力点放在实体经济上，推进新型工业化，加快建设制造强国、质量强国、航天强国、交通强国、网络强国、数字中国。

2022年12月 中央经济工作会议

会议提出，加快建设现代化产业体系，推动"科技—产业—金融"良性循环。优化产业政策实施方式，狠抓传统产业改造升级和战略性新兴产业培育壮大，着力补强产业链薄弱环节，在落实碳达峰碳中和目标任务过程中锻造新的产业竞争优势。

2023年1月 二十届中央政治局第二次集体学习

习近平总书记强调，新发展格局以现代化产业体系为基础，经济循环畅通需要各产业有序链接、高效畅通。要继续把发展经济的着力点放在实体经济上，扎实推进新型工业化，加快建设制造强国、质量强国、网络强国、数字中国，打造具有国际竞争力的数字产业集群。

2023年5月 二十届中央财经委员会第一次会议

会议强调，加快建设以实体经济为支撑的现代化产业体系，关系我们在未来发展和国际竞争中赢得战略主动。要把握人工智能等新科技革命浪潮，适应人与自然和谐共生的要求，保持并增强产业体系完备和配套能力强的优势，高效集聚全球创新要素，推进产业智能化、绿色化、融合化，建设具有完整性、先进性、安全性的现代化产业体系。

2023年12月 中央经济工作会议

会议强调，以科技创新引领现代化产业体系建设。要通过科技创新推动产业创新，特别是以颠覆性技术和前沿技术催生新产业、新模式、新动能，发展新质生产力。

2024年1月 中共中央政治局第十一次集体学习

习近平总书记强调，要及时将科技创新成果应用到具体产业和产业链上，改造提升传统产业，培育壮大新兴产业，布局建设未来产业，完善现代化产业体系。

图 5-4 现代化产业体系政策脉络时间轴

第五章
布局未来：撬动新质生产力的产业杠杆

发展动能，使得原本分散孤立的小工厂能够高效聚合，共同参与全球产业链的竞争与协作，从而在保持其原有灵活性和韧性的同时，成功实现了向高科技、高效率、高质量新质生产力形态的华丽转身。通过海智在线的赋能，诸多中小企业得以摆脱传统发展模式的桎梏，充分发挥各自的生产优势，接入更广泛的国际市场，不仅提升了自身的产值和盈利能力，还在全球产业链重构和升级的过程中发挥了关键作用，有力地推动了中国乃至全球非标零部件行业的数字化、智能化转型与发展。由此可见，数字经济在产业链上的广泛应用可以推动创新链、产业链、资金链、人才链"四链"融合，促进中国产业链各经济主体间信息的互联互通，降低产业链上下游的合作成本与合作风险，促进产业链供应链上下游的协同合作与合理分工，从产业生态维度推进产业链现代化。就此而言，数字经济将有助于推动产业链布局跳出传统空间因素的制约，实现基于数字化的、更加符合安全诉求的空间布局优化。

不仅如此，一方面，数字经济与实体经济的深度融合不仅可为中国传统产业赋予新的生机，也可以通过数字经济与产业链现代化的正向循环机制提高产业链自生能力，以产业数字化提高产业链运转效率，提升产业链的韧性和安全水平，推进产业链现代化。当前，我国在产业数字化方面有华为、腾讯、移动、联通等各类型市场主体，共同构建了数字化转型升级的良好生态。要进一步通过全面普及数字化转型升级，促进传统产业和新兴产业提质增效，提高科技在产值方面的贡献，实现各行各业国际竞争力的提升。另一方面，数字经济与实体经济融合推动新型工业化是数字经济背景下中国新型工业化的实现方式。数字技术的快速发展为新型工业化注入了新的活力。数字经济与实体经济的融合发展为新型工业化提供了有利条件，为其转型发展提供了新的动力。在国家数字化转型能力建设的前提下，必须运用数字技术赋予工业生产力，形成新的生产力模式，从而实现效益型工业化。这种工业化模式将为数字经济的扩大再生产提供基础要素条件，最终形成数字化与工业化、数字经济与实体经济融合发展的新型工业化形式。

产业链供应链安全是保障数字经济和新型工业化发展的基础。在数字经济时代，产业链供应链的安全性直接影响着数字经济的可靠性和稳定性。只有确保产业链供应链的安全，才能有效防范各种网络攻击、数据泄露和信息安全等风险，保护企业和个人的利益。同时，数字经济和新型工业化的快速发展也对产业链供应链的安全性提出了更高的要求，亟待建立更为完善的安全保障机制和监管体系。数字经济为产业链供应链安全性问题提供了新的解决方案和技术手段。数字经济基于信息技术的快速发展，推动了产业链供应链的升级和转型。通过数字化、智能化和网络化的手段，可以实现对产业链供应链的全程可视化、追溯和监控，提高供应链的透明度和效率。

数字经济也提供了安全保障的技术手段，例如，区块链技术可以确保数据的不可篡改和安全传输，物联网技术可以实现设备的安全连接和管理。新型工业化为数字经济提供了实施的基础设施和支持。新型工业化以信息技术为核心，推动了传统产业向数字化、智能化和服务化的转型升级。通过新型工业化的推进，数字经济得以蓬勃发展，为产业链供应链的安全性提供了更广阔的应用场景和发展空间。同时，数字经济的发展也为新型工业化提供了创新动力和发展机会，数字化的生产和管理模式提高了工业生产的效率和质量。

战略三角相互依存、相互促进，只有通过加强产业链供应链的安全保障，推动数字经济的发展，实施新型工业化战略，才能实现经济的可持续发展，提高国家竞争力。

三、关键抓手：建设现代化产业体系

在当前的全球贸易视角下，"黑天鹅""灰犀牛"事件频发，贸易保护主义逐渐兴起，自由贸易受阻，全球产业链供应链面临脱钩断链的风险。尽管新冠疫情的全球大流行基本结束，但由此导致的逆全球化趋势却愈演愈烈，一些国家出台多种本土保护措施、对外贸易限制措施和供应链安全战略，以保护本国产业的经济政策。由此一来，不仅加剧了对全球价值链的冲击，制约了各个国家和地区之间产品与要素的流动，还极有可能导致各方贸易伙伴采取报复性措施，如限制自由贸易等，从而对消费者和全球经济造成负面影响。

随着世界经济格局的变化，由于"链主"国家的技术垄断，出现关键核心技术"卡脖子"问题，严重影响产业结构升级。同时，面临世界百年未有之大变局，国内经济循环也存在不少痛点、堵点、断点和难点，例如，产业体系布局不完备、生产制造链条较短、配套生产能力较差、自身具有高附加值特征的"高精尖"技术产业链时有断供等。此外，目前中国优势产品的国际影响力、国际市场开拓能力、国际要素整合能力还比较弱，需要强调系统思维，优化产业布局。

以习近平同志为核心的党中央提出了推动现代化产业体系战略，这是新时代中国国民经济实现高质量发展的内在要求和重要保障。由此观之，通过科学布局现代化产业体系来进一步建立自主可控、安全高效的产业链供应链，已然迫在眉睫。

（一）"现代化产业体系"概念的演进

"现代化产业体系"概念的演进，是对我国经济发展特征的不断变化和经济发展方式转变的深刻回应。在这个过程中，产业现代化的内涵随着历史时期的不同、面临的形势不同而不断发展、丰富和完善。

从党的十七大提出"现代产业体系"，到"现代产业发展新体系"，到"实体经济、科技创新、现代金融、人力资源协同发展的产业体系"，再到党的二十大提出"现代化产业体系"，现代产业体系相关概念呈现出持续演进与扩展的趋势，这反映了对产业结构转型升级的现实需要和客观要求。该演变过程不仅与中国经济发展实践相契合，将现代化产业体系定位为构建现代经济体系的核心要素，更彰显了现代化产业体系在推动经济发展中实现质量、效率和动力变革的重要战略地位。

新质生产力　中国经济发展新动能

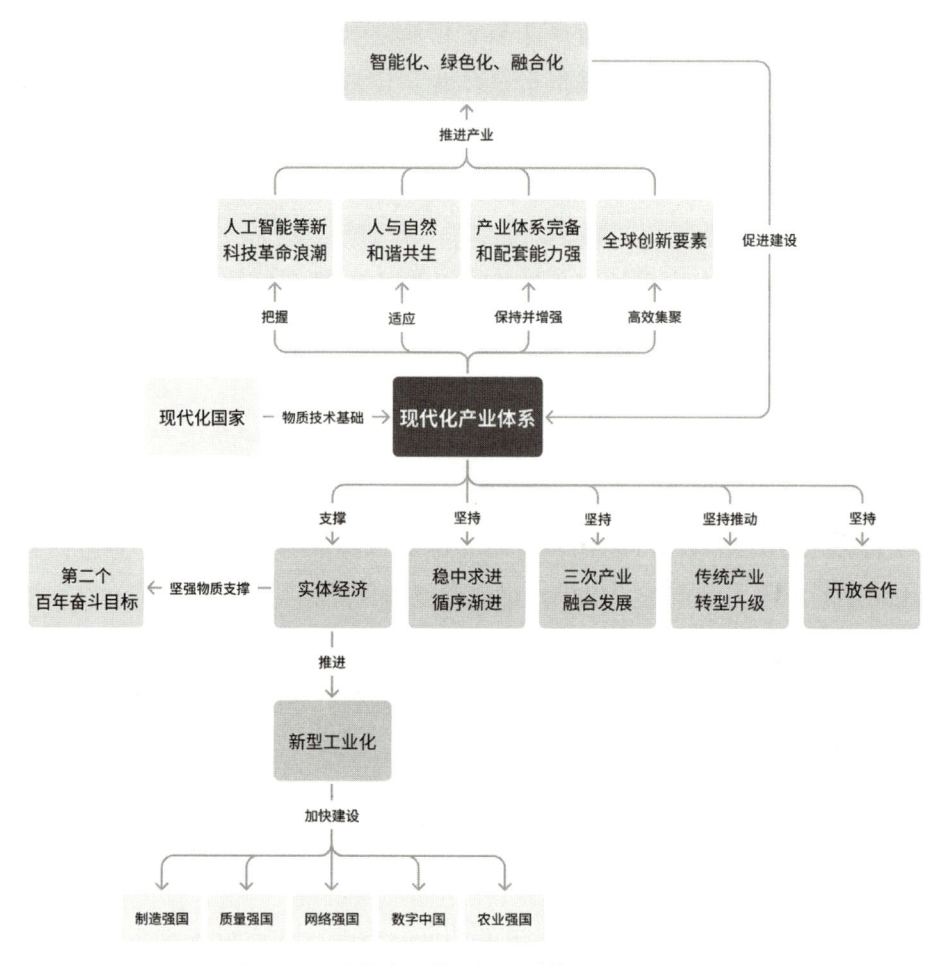

图 5-5　现代化产业体系核心政策信息思维导图

以上现代化产业体系的理论演进是基于现代化理论和实践基础之上的。如果我们仔细审视"现代产业体系"这个概念的演进历程，可以发现其中主要强调了四个关键方面。

其一是经济发展方式的转变。由重点依靠物质资源消耗向主要依靠科技进步、劳动者素质提高、管理创新转变。这体现了中国经济发展的理念转变和向创新驱动发展的转型。

其二是创新驱动。着重强调了创新的核心地位，提出"构建现代产业发展新体系""创新驱动发展新动力"等概念，表明对于通过加强科技创新和产业升级提高经济发展的质量和效益充满希望。

其三是实体经济的重要性。强调将发展经济的着力点放在实体经济上，加快建设制造强国、质量强国等。侧重于实体经济发展的重要性，并且要提高产业链现代化水平，提升经济核心竞争力。

其四是产业结构和产业链优化。重点强调推动产业结构优化升级、发展战略性新兴产业、优化产业链供应链现代化等任务。

从概念演变的表述来看，"现代产业体系"与"现代化产业体系"虽然只有一字之差，但它们的具体内涵和意旨却各有侧重。"现代"指产业的技术密集程度和先进性，侧重于"现代性"的特征表达；"现代化"是以科学和技术为推动力，由此促进结构变革和发展转型，其中产业变革为现代化奠定基础。"现代产业体系"主要强调产业的技术水平、先进程度和创新能力，侧重于推动产业结构的技术水平向现代化方向演进，追求高附加值、高技术含量、高效率和可持续发展，着眼于现代性特征的表达，包括信息技术、生物技术、新能源、高端制造业等领域，以提高经济的竞争力和发展质量。"现代化产业体系"则是现代化发展战略在产业维度上的体现，是当前社会经济中存在的各种产业活动和相关产业链的总称，涵盖了广泛的行业和领域的形态与发展阶段，其中包括传统产业、新兴产业和未来产业等，具有多样性和复杂性，着重强调产业体系内部各个产业之间的复杂联系和系统演化过程，并与全面建成社会主义现代化强国的总体目标相一致，其中要求产业体系保持动态变化、与时俱进，适应新的发展需求和挑战。

由此观之，前者更关注产业的现代性特征，后者则涵盖了更广泛的概念，强调产业间复杂的内在联系和系统演化过程，以及产业的转型升级和与国家整体发展目标的一致性。

总体而言，"现代化产业体系"是中国在推动经济转型升级过程中出现的重要概念，旨在实现经济发展方式的转变、推动创新驱动发展、提升实体经济发展水平、优化产业结构和产业链等。它反映了中国政府在经济发展中的战略思考和努力方向。推进建设现代化产业体系，是中国保持全球市场竞争优势的战略举措，重点在于推进智能、绿色、融合发展和自主技术创新，这不仅有望促使全球企业重新调整产品和市场策略、重塑全球产业格局，还有助于推动全球产业结构的再平衡。

（二）中国现代化产业体系对全球产业体系的影响

进入 21 世纪以来，全球产业分工格局既处于政治博弈和技术竞争的状态，也处在动态更迭和不断调整的进程中。全球贸易正不断分裂成若干"阵营"，尤其是地缘政治立场接近的经济体正寻求合作机会以相互"抱团"。此外，在传统产业、新兴产业和未来产业领域，国际竞争和贸易安全化趋势正在打破原有的全球生产利益结构分配。在全球范围内，不同国家和地区纷纷将创新技术和产业发展战略作为推动新一轮经济增长和经济社会发展的关键。在这个过程中，科技创新被普遍视为破解发展难题、实现可持续发展的突破口，成为新质生产力构建的核心。

而全球经济地理版图的塑造，长期以来主要依赖于跨国公司的投资决策。这些决策在很大程度上推动了各国之间的经济联系，形成了紧密的全球产业链和价值链。但是，随着政治手段逐渐取代经济手段，政治因素成为主导全球经济地理版图变化的关键因素。原本在经济领域占据主导地位的"货币"，正逐步让位于体现国家实力的"权力"，财富创造的价值也向政治力量低头。这种趋势下，全球化的发展呈现出互有交集、彼此拉扯的特点，各国之间的经济联系变得越来越复杂。在这个过程中，全球经济地理版图逐渐呈现出碎片化和割裂发展的态势。这种变化不仅对全球经济秩序产生了深刻影响，也给我国在全球产业链和价值链上的地位带来了严峻挑战。在此背景下，构建现代化产业体系，利用科技创新和产业创新推动新质生产力的发展，已成为应对全球经济变化和提升国家竞争力的关键。

从地缘政治的影响来看，2023 年 3 月，欧盟委员会主席冯德莱恩提出"去风险"概念后，相继推出的美国"新华盛顿共识"、七国集团《关于经济韧性和经济安全的声明》以及《欧洲经济安全战略》，在政策

第五章
布局未来：撬动新质生产力的产业杠杆

框架和主要内容上高度趋同，表明以"去风险"为手段、协调各方立场和利益、推动对华经贸政策安全化的尝试已取得初步成效。应该说，中国产业转移速度不断提高，产业海外投资布局受限，产品出口贸易承压，深度参与全球产业分工的开放性产业体系布局面临巨大压力，给有效提升参与国际循环的质量和水平带来更多挑战和不确定性，不利于实现中国产业的高质量发展。在这一点上，科技创新和产业策略的调整显得尤为重要，它们是构建现代化产业体系、促进新质生产力发展的核心。

就全球各国降低依赖和推进本土化的发展态势来看，国际贸易格局重构对全球产业链体系造成了巨大冲击。各国政府意识到现有的全球产业链分工模式存在较大风险，不断出台政策保护产业链以应对挑战。同时，以美国为首的西方发达国家通过泛化国家安全，打着"去风险"的幌子大搞"脱钩断链"、掌控"价值链"，来占据顶端价值"分配权"。自2021年以来，美国通过多项法案与提供经济补贴等方式，在半导体、电动车及电池、清洁能源等领域投资超过5000亿美元。德国早在2013年就提出了"工业4.0"战略，2019年再推出《国家工业战略2030》，主要将重心放置于未来工业上，将落点放在"实"和"精"上，即扎扎实实聚焦工业，并通过单点突破、培育单项冠军，做西方产业"价值链"上最闪耀的一环。此外，日本早在2017年就出台了《氢能基本战略》，在2019年发布《氢能利用进度表》，到了2021年，菅义伟内阁表明要在10年内投入3700亿日元，支持氢能源发展。然而，鉴于氢气的危险性和不稳定性，日本在未来产业战略布局上的失误亦为我们敲响了警钟，即在筹划未来产业发展时，"产业"为核心，追求"快速、稳定、准确"的发展目标至关重要，这既需要政策的引导，同时也必须尊重市场规律。在这一过程中，科技创新和产业创新再次被证明是推动产业升级和构建现代化产业体系的关键力量。

在全球经济一体化的背景下，跨国企业在全球范围内进行产业转移是一种常见的战略选择。然而，一些跨国企业采取"中国+1"或回撤供应链的方式，其中包括中低端技术制造业，这对中国产业的发展造成了影响，不仅可能导致中国面临技术流失的风险，还可能导致中国失去关键技术和创新能力。大量产业外移可能导致中国企业在全球价值链中的地位下降，进而减弱在全球产业链中的影响力，难以获得更高的话语权和利益。此外，产业转移还可能导致中国经济结构失衡，加大传统产业的衰退速度，而新兴产业尚未完全成熟，造成经济结构调整困难，影响中国现代化产业体系的建设进程。

由此可见，中国应始终抓住"科技创新"与"产业创新"这两把"破局之刃"，既始终秉持"海纳百川，博采众长"的学习态度，又坚持走"立足本土，发挥优势"的现代化产业体系建设道路，以驱动现代化产业体系日臻成熟，加速企业向高附加值和创新驱动型产业转型。通过促进科技创新和产业升级，构建现代化产业体系，不仅是应对全球经济变化的战略选择，更是推动新质生产力发展的关键一环，推动经济结构的优化和产业的高质量发展，为新质生产力提供了坚实的基础。

第六章

金融动脉：
畅通新质生产力的
"金融—科技—产业"循环

▶ **原文精读**

  高质量发展是全面建设社会主义现代化国家的首要任务，金融要为经济社会发展提供高质量服务。要着力营造良好的货币金融环境，切实加强对重大战略、重点领域和薄弱环节的优质金融服务。始终保持货币政策的稳健性，更加注重做好跨周期和逆周期调节，充实货币政策工具箱。优化资金供给结构，把更多金融资源用于促进科技创新、先进制造、绿色发展和中小微企业，大力支持实施创新驱动发展战略、区域协调发展战略，确保国家粮食和能源安全等。盘活被低效占用的金融资源，提高资金使用效率。做好科技金融、绿色金融、普惠金融、养老金融、数字金融五篇大文章。

  ——《中央金融工作会议在北京举行》，《人民日报》2023年11月1日。

金融、科技与产业的互动与融合已成为推动经济发展的关键要素。金融是经济的血脉，科技是第一生产力，产业是经济发展的基石，三者之间的有机融合对于新质生产力的培育和成长具有至关重要的作用。在新一轮科技革命的背景下，我国产业结构正在经历深刻的优化和调整。高科技产业的迅猛发展和传统产业的转型升级，共同构成了经济增长的新动力。科技创新成为推动产业升级的核心驱动力，催生了一大批具有国际竞争力的新兴产业，同时也促使传统产业实现绿色、低碳和智能化转型，提升产业整体附加值。面对新时代经济发展的挑战与机遇，金融、科技和产业三者之间的融合发展成为必然趋势，共同推进了新质生产力的发展。

一、理论背景：金融在新质生产力中的战略角色

新时代，我国经济发展已经进入新常态，新质生产力的发展成为推动经济增长的重要引擎。金融作为现代经济的核心，承担着资源配置、风险管理和激励创新等重要功能。如何更好地支持新型经济发展，畅通新质生产力的金融动脉，成为当前金融改革与发展的重要课题。

2023年10月30日到10月31日召开的中央金融工作会议提出"金融强国"的目标。这一战略目标的提出，彰显了金融在国家核心竞争力中的重要地位，同时也反映了国家对于金融工作的高度重视和期待。会议明确指出："优化资金供给结构，把更多金融资源用于促进科技创新、先进制造、绿色发展和中小微企业，大力支持实施创新驱动发展战略、区域协调发展战略，确保国家粮食和能源安全等。"[①] 这表明金融工作已经上升到国家战略选择的新高度，金融的作用已经不是仅提供资金支持，

---

① 《中央金融工作会议在北京举行》，《人民日报》2023年11月1日。

而是要全面参与到国家经济发展的各个领域中，发挥其作为重要资源配置工具的作用。

金融市场通过资金供需关系的调节，将资源配置到最具竞争力的领域，推动产业结构调整和优化。金融机构在评估企业信用和项目风险的基础上，为新质生产力的发展提供资金支持，促进具有创新能力、高附加值和高技术含量的产业蓬勃发展。同时，金融市场还为企业提供了并购、重组等手段，进一步优化资源配置，提升产业链整体竞争力。

金融市场为新质生产力创新提供了多元化的融资渠道和激励机制。科技创新是推动经济发展、提升国家核心竞争力的重要手段，而金融则是支撑科技创新的重要力量。金融强国战略目标的正式提出，则意味着金融工作已经进入了一个新的历史阶段，将进一步推动新质生产力的提升。在新的历史阶段下，如何构建支持科技创新的金融体系，促进实体产业与金融建设更紧密地结合，已经成为当前改革发展面临的突出问题。通过有效发挥金融的资源配置作用，更好促进金融链、创新链和产业链的融合，也成为落实科技与金融结合、实现金融强国战略最重要的切入点和着力点。

（一）历史研究的局限性

一直以来，不少人认为工业革命既是技术创新的结果，更是金融革命的结果。工业革命早期的技术创新大多在此之前已出现，而这种技术创新既没有引发经济持续增长，也未导致工业革命，一个重要原因是已存在的技术创新缺乏筹措大规模资金的金融环境。因此，工业革命不得不在金融革命开始之后才加速发生，这充分说明了金融是推动近现代工业化发展的重要因素。西方发达国家较早重视金融业的发展，并将提升本国金融竞争力作为国家战略。

从金融与科技、产业的关系来看，当前人工智能、区块链等新技术的运用深刻改变了金融行业的运作模式，据此，专家学者们一方面肯定了科技在促进金融产业转型发展、提质增效中的作用，提出了"金融科技"

的概念，另一方面也肯定了包括金融科技在内的金融产业对技术创新、产业发展所发挥的带动作用。

过去的研究扩展了我们对金融与科技发展的理解，但它们主要关注两者的相互作用，而不是从国家战略的视角全面审视一个国家的金融发展。特别对于中国这样的发展中国家，虽然这些研究旨在支持建设金融强国，但它们缺乏从国家战略角度进行的顶层设计思考。这些研究未能系统分析科技创新和产业在金融强国建设中的角色，也未充分阐释金融行业与国家间相互作用机制的重要性和迫切性。因此，从国家战略的角度上，系统地探讨科技、产业与金融强国之间的内在联系，以及三者之间如何助力新质生产力的发展就显得尤为重要。

（二）当代马克思主义金融理论的进步性

从 1997 年江泽民在中国共产党第十五次全国代表大会上的报告——《高举邓小平理论伟大旗帜，把建设有中国特色社会主义事业全面推向二十一世纪》中提出"到建党一百年时，使国民经济更加发展，各项制度更加完善；到世纪中叶建国一百年时，基本实现现代化，建成富强民主文明的社会主义国家"[1]，到党的二十大报告明确指出"从现在起，中国共产党的中心任务就是团结带领全国各族人民全面建成社会主义现代化强国、实现第二个百年奋斗目标，以中国式现代化全面推进中华民族伟大复兴"[2]，把中国建设成为一个强国，一直是中国共产党领导全国人民奋斗的目标。而自改革开放以来，强国目标也越来越清晰。2023 年的中央金融工作会议提出的"金融强国"目标，是继党的二十大提出十三个强国目标后又一重要发展战略。

"金融强国"目标的提出，是对马克思主义政治经济学关于金融理论

---

[1] 江泽民：《高举邓小平理论伟大旗帜，把建设有中国特色社会主义事业全面推向二十一世纪——在中国共产党第十五次全国代表大会上的报告》，人民出版社 1997 年版，第 4 页。
[2] 习近平：《高举中国特色社会主义伟大旗帜　为全面建设社会主义现代化国家而团结奋斗——在中国共产党第二十次全国代表大会上的报告》，人民出版社 2022 年版，第 21 页。

的继承与创新。马克思、恩格斯基于劳动价值论、剩余价值论等重要学说构建了包括货币、信用、银行、资本等范畴的金融理论，深刻揭示了金融的本质、运行规律和发展特点。首先，马克思、恩格斯认为货币具有价值尺度、流通手段和贮藏手段三种基本职能。货币是商品交换的一种普遍等价物，它的价值来源于商品交换中的劳动时间，而在经济中的作用是以其普遍等价物的形式参与到商品交换中，促进商品流通和价值转化。其次，信用是由商品交换中的账户记录和债权关系逐渐发展而来的。信用的产生是货币流通的必然结果，信用是货币流通和商品交换的重要手段。银行是资本主义社会中的特殊金融机构，其本质是为资本家提供融资和资金管理服务的机构。银行通过发行货币、储存货币、提供信用等方式参与到经济生活中，推动经济发展和资本积累。最后，资本是由劳动价值转化而来的剩余价值积累的产物。资本是资本家占有和支配的资本财富，资本家通过投资获取利润，实现资本扩张和积累。在资本主义社会中，资本的积累和集中越来越明显，导致了经济周期的波动和社会矛盾的激化。

在把马克思主义政治经济学基本原理同中国具体实际相结合的过程中，我们党不断深化对金融本质和发展规律的认识。因此在不同的历史时期，党根据实际赋予了"强国"概念不同的内涵，金融工作内容的侧重点也随之发生改变，从致力于建立健全高效的金融体系逐渐演变为将我国打造成一个高质量发展的金融强国。金融强国目标的提出不是偶然，而是顺应了全球经济金融发展的大趋势并立足于当前我国金融大国国情的内在要求。因此，在新质生产力成为信息时代最主要的发展目标的阶段，我们应将金融工作的整体目标同新质生产力相结合，在金融强国的战略高度上同新质生产力相协调，共同构建现代化经济体系，实现经济高质量发展。

（三）金融战略地位的演变进程

金融工作的目标随着我国经济发展和金融体系改革不断演变和发展，

第六章
金融动脉：畅通新质生产力的"金融—科技—产业"循环

大致可以分为以下四个阶段，并且与之相关的理论发展也在不同阶段得到了深化和完善。

初期改革阶段（1978—1992年）：20世纪七八十年代开始，中国启动了经济改革开放进程，逐渐实施市场化经济体制，并于20世纪90年代初建立了现代金融体系。在这一阶段，中国通过改革开放吸引了大量国内外资本流入，金融市场规模不断扩大，银行、证券和保险等金融机构逐渐发展壮大。金融工作主要关注的是解决计划经济体制下的金融问题，包括金融机构改革、储蓄存款利率调整、建立证券市场等。政府对金融体系的改革是为了推进国家的工业化进程和促进经济增长，实施金融市场的基础建设。与之相关的理论发展主要包括对中国金融市场改革的实践经验总结和国际金融发展理论的借鉴。

稳定发展阶段（1993—2000年）：随着改革开放带来的经济快速增长，中国金融工作的重心逐渐演变为着力打破传统的计划经济下的金融体制框架，推动金融体系的现代化改革。在这一阶段，中国政府采取了稳定发展的金融政策，以保持金融市场的平稳运行。通过引入市场化机制，培育和发展各类金融机构，提高金融服务水平，促进金融业对实体经济的支持作用，同时加强金融监管，防范金融风险，推动金融体系稳健运行。此时提出了"金融三化"理论，即金融机构的法人化、市场化和国际化。

全面深化改革阶段（2001—2010年）：2001年，中国加入世界贸易组织（WTO），这是中国融入全球经济体系的重要一步。这一举措为中国开启了更加开放的金融市场，是中国经济和金融发展的关键时期，金融工作也进入了着重推动金融体制的全面深化改革阶段。金融工作的开展开始注重鼓励金融机构创新产品和服务，推动金融科技的应用，提高金融业的技术水平和国际竞争力，并加强金融监管，提高金融体系的效率和稳定性，逐步开放金融市场。相关的理论发展也逐渐强调"金融创新""金融风险管理""资本市场建设"等方面的重要性，并在理论研究和政策制定中得到体现。

高质量发展阶段（2011年至今）：当前，面对新一轮科技革命和产业变革，金融工作的目标转向了高质量发展阶段，并于2023年提出了金融强国的战略性目标。除了继续强调金融市场规模、金融机构实力外，更加注重金融科技创新能力、国际化金融机构的建设、金融监管制度的完善。金融强国目标的主要目的是推动金融供给侧结构性改革，进一步提高金融服务实体经济的能力，尤其是服务战略性新兴产业和未来产业的能力。这些内容也反映在相关的理论发展中，比如金融科技与区块链技术在金融领域的应用、国际金融监管合作机制的探讨、绿色金融可持续发展等。

从金融工作目标的变化进程中我们可以看出，我国越来越重视金融在现代化强国建设中的作用，"金融强国"的提出是一个循序渐进且必然的过程。我国的金融体系经过多年的发展，已经具备了相对完备的机构和监管框架，对于维护金融稳定、促进经济发展起到了重要的作用。在保持稳定性的同时，金融强国战略也注重提高创新性。

随着科技的不断进步和金融市场的快速发展，新质生产力应运而生。为了进一步促使金融在新质生产力的发展过程中发挥更大的作用，金融强国战略鼓励金融机构积极探索新的业务模式和产品，以满足市场的需求，提高自身的竞争力和盈利能力。具体来说表现在以下几个方面：

在保持金融稳定性方面，金融强国战略致力于完善金融机构的治理结构、维护金融市场稳定以及提升金融机构的风险管理水平。通过加强对金融机构的监管，建立健全风险管理和内部控制机制，防范市场波动和风险事件的发生，提高金融机构的抗风险能力和稳健性，保障金融市场的稳定运行和金融体系的安全发展。

在发展金融创新方面，金融强国战略注重鼓励金融机构开展创新业务、完善金融创新的支持体系以及推动金融机构与科技企业的合作。通过政策引导和市场机制的激励，推动金融机构开展创新业务，包括金融科技、绿色金融、普惠金融等，提高金融机构的创新能力和市场竞争力。通过加强知识产权保护、优化审批流程、提供政策支持等措施，为金融创新提供良好的环境和支持体系。同时，通过与科技企业合作，共同研发新的金融产品和服务模式，提高金融机构的数字化水平和创新能力。

二、核心动力："科技—金融"的双向驱动

在 21 世纪这个充满活力和挑战的时代，科技与金融的深度融合已成为推动新质生产力发展的核心动力。科技作为第一生产力，正在以前所未有的速度推动着社会经济的快速发展。金融作为经济的血脉，为科技创新提供了充足的资金和资源保障。在科技与金融的双向驱动下，新质生产力得到了前所未有的发展，也为我国经济的转型升级注入了强大动力。

（一）金融强国是科技创新的有力支撑

创新驱动是推动经济社会发展的新动力，其核心在于开拓和利用新的理念、技术和模式等资源，以创新促进经济转型升级、增强社会生产力和提高人民生活质量。然而，创新过程充满风险和不确定性，尤其在当前科技大国竞争的背景下，成熟的科技强国可能对新兴市场国家实施科技封锁，这加剧了科技博弈。此外，随着新技术、新产品和新商业模式的不断涌现，不同领域间的融合已成趋势，进一步增加了创新的不确定性。

而金融本质上是管理和把控风险的一种资源和工具。为了应对创新风险所带来的资源浪费和市场机制不平衡等问题，金融需要更好地发挥资源配置的作用，金融市场要具备高度的敏感性和应变能力，以及高水平的开放性和包容性，能够接纳不同领域的技术和商业模式。我国虽然已经成为"金融大国"，但"金融大国"的根基还不足以完全应对创新风险所带来的一系列问题。

截至 2023 年 6 月底，中国金融业机构总资产为 449.21 万亿元，拥有全球最大的银行市场，股票市场、债券市场和保险市场规模均居全球第

二。这些数据无不表明我国拥有匹配于自身的巨大经济规模,同时拥有巨大的金融活动总量,是当之无愧的"金融大国"。但今天中国市场的外部投资者,大约只占4.5%,还很难达到强国金融的标准。

只有通过有效的变革,建立健全的金融市场体系、高效的金融机构、专业的金融人才以及创新的金融产品和服务,才能适应不断变化的内外部环境和突出的风险问题。因此,推动金融领域的变革成为应对创新风险不可或缺的关键环节。与此同时,金融变革又是推动我国将"金融大国"建设成为"金融强国"的必要前提。

从历次金融工作会议的内容可以看出我国金融变革的发展历程及建立金融监管体系以应对风险的重要性(见表6-1)。

表6-1 历次全国金融工作会议改革重点对比表

会议名称及时间	关键词	改革重点
第一次全国金融工作会议（1997年11月）	规范	1.进一步做好金融工作,保证金融安全、高效、稳健运行,必须按照建立社会主义市场经济体制的方向,深化和加快金融改革。 2.进一步整顿和规范金融秩序,切实加强金融法治和金融监管,大力运用现代信息技术管理手段,建立健全符合我国国情的现代金融体系和金融制度,引导金融业健康发展。
第二次全国金融工作会议（2002年2月）	巩固	1.推动国有银行股改上市,增强我国金融业的竞争力,交通银行、建设银行、中国银行、工商银行先后完成上市。 2.在证监会和保监会的基础上成立银监会,"一行三会"的监管格局初步形成。
第三次全国金融工作会议（2007年1月）	均衡	1.继续深化国有银行改革,农业银行成功上市,推进政策性银行改革。 2.完善金融分业监管体制机制,加强监管协调配合。

第六章
金融动脉：畅通新质生产力的"金融—科技—产业"循环

续表

会议名称及时间	关键词	改革重点
第四次全国金融工作会议（2012年1月）	改革	1. 坚持金融服务实体经济的本质要求，确保资金投向实体经济，有效解决实体经济融资难、融资贵问题。 2. 加强和改进金融监管，切实防范系统性金融风险，银行业要建立全面审慎的风险监管体系。
第五次全国金融工作会议（2017年7月）	纠偏	1. 明确"服务实体经济、防控金融风险、深化金融改革"三项任务。 2. 强调"回归本源、优化结构、强化监管、市场导向"四大原则。 3. 成立国务院金融稳定发展委员会、银保监会，形成"一委一行两会＋地方监管局"的监管格局。
第六次中央金融工作会议（2023年10月）	金融强国	1. 加快建设中国特色现代金融体系。 2. 金融要为经济社会发展提供高质量服务。 3. 着力打造现代金融机构和市场体系。 4. 着力推进金融高水平开放。 5. 全面加强金融监管。 6. 有效防范化解金融风险。 7. 完善房地产金融宏观审慎管理。

（二）科技创新是建设金融强国的核心动力

科技创新作为创新驱动的核心内容，不仅是推动构建新质生产力的关键因素，也为转变金融行业的创新发展提供了核心动力。金融行业的健康发展对于金融强国的建设具有重要意义，传统的金融行业受到许多限制，包括地理位置、时间、效率等方面的问题。然而，随着科技的不断创新与进步，尤其是金融科技的发展，金融行业逐渐摆脱了这些束缚，变得更加高效、便捷和智能化。

截至2023年4月底，全国共有77项资本市场金融科技创新试点项目，项目类型覆盖金融服务、业务辅助、合规风控、监管科技、行业平台、行业基础设施等各个领域。其中涉及金融服务的就有34项，在所有业务中的出现频率最高，达到 44.16%。由此可见，金融服务成为金融科技创新的主要领域，主要体现在以下几个方面：

科技创新改变了金融行业的服务模式。随着大数据、云计算、人工智能等技术的不断发展和应用，金融行业在服务模式上发生了巨大的变化。

在大数据方面，金融机构能够更全面地了解客户的行为和需求，从而提供更加个性化的产品和服务。通过对客户消费行为、投资偏好、信用状况等数据的分析，金融机构可以推出更符合客户需求的信用卡、贷款等产品。同时，大数据技术还可以帮助金融机构更好地管理风险，提高信贷决策的准确性和效率。云计算则被广泛应用于政府、金融、教育、医疗、能源、制造、交通、物流等多个领域。其中，金融行业是云计算应用的主要领域，占到了约 15% 的市场份额。云计算的应用让金融机构能够更高效地处理海量数据和复杂计算。通过云端存储和计算资源，金融机构可以快速地处理客户信息、交易数据等，提高服务效率和质量。同时，云计算还为金融机构提供了灵活的扩展空间，能够更好地应对业务增长和峰值期的需求。人工智能技术的发展和应用，更是为金融行业带来了革命性的变革。尤其是在智能客服领域，有 86% 的金融机构都采用了人工智能技术。这一比例相较于往年同期有了显著的提高。其中，智能投顾、智能客服以及智能风控系统的应用比例较高。智能投顾可以根据客户的投资目标和风险承受能力，为客户提供定制化的投资建议和服务；智能客服则能够快速地回答客户的问题和解决投诉，提高客户满意度；智能风控系统则可以通过对客户信息和交易数据的分析，有效识别恶意刷单等恶意行为，保障金融机构的利益。

科技创新同时也推动了金融行业的业务拓展。在区块链技术的推动下，金融行业开始涉足数字货币、供应链金融等领域。这些新兴领域的拓展为金融机构带来了新的业务增长点，也为金融强国的发展注入了新的活力。中国人民银行数据显示，截至 2021 年 12 月 31 日，我国数字人民币试点场景已超过 808.51 万个，覆盖生活缴费、餐饮服务、交通出行、购物消费、政务服务等领域。这意味着，数字人民币正在逐渐融入人们

第六章
金融动脉：畅通新质生产力的"金融—科技—产业"循环

的日常生活，使得金融机构能够为客户提供更加便捷、安全的支付方式，同时也为金融行业的创新提供了更多的可能性。

供应链金融的兴起则为中小企业提供了更加可靠的融资渠道。据统计，自从供应链金融模式被广泛应用以来，中小企业的融资难问题得到了显著的缓解。随着国家对供应链金融关注度逐步提高，普惠金融的力度增大，金融机构对企业贷款的支持力度逐年上升，特别是普惠型小微企业贷款发展迅猛。与此同时，中小微企业融资的成本逐步降低。我国发放的普惠型小微企业贷款利率2018年全年为7.34%；2019年全年为6.7%，较2018年下降0.64%；2020全年为5.88%，较2019年下降0.82%；2021年全年为5.69%，较2020年下降0.19%；2022年上半年全国发放普惠型小微企业贷款利率为5.35%，较2021年全年下降0.35%。

科技创新扩大了金融行业的服务范围。传统的金融服务主要集中在城市和经济发达地区，然而，随着科技创新的不断进步，金融服务的覆盖面已经越来越广，逐渐延伸到了偏远地区和农村地区，打破了地域的限制。在科技创新的推动下，移动支付和互联网理财等新型金融模式应运而生，这些新型金融模式的发展，使得偏远地区和农村地区的居民也能够享受到便捷的金融服务，这无疑为人们的生活带来了极大的便利。统计数据显示，偏远地区和农村地区的移动支付和互联网理财用户数量正在快速增长。截至2021年底，农村手机网民规模达2.48亿，在移动应用的使用率上，社交网络、金融理财、视频直播、移动购物及旅游出行为农村用户使用最广泛的App类型，农村用户规模均超过2.5亿，这无疑为偏远地区和农村地区的金融发展提供了新的机会。

三、内在逻辑："产业—金融"的融合发展

产业与金融的融合发展，不仅能够为产业升级提供强大的金融支持，还能够推动金融行业的不断创新，进而为新质生产力的发展创造良好的

环境。通过金融手段，可以将资源引导到最具竞争力的产业领域，推动产业结构的优化升级。同时，产业的稳健发展也为金融资本提供了广阔的投资空间，使得金融资源能够更好地服务于实体经济，实现产业与金融的良性互动。在这一过程中，数据作为新时代的宝贵资源，正在深度融入产业与金融的发展过程。它不仅能够提高产业与金融的融合程度，还能够为双方提供更为精准的业务决策依据。随着大数据、云计算、人工智能等技术的不断成熟，数据已经从传统的信息载体转变为具有强大驱动力的新生产要素。

（一）实体产业是关键落脚点

习近平总书记在党的二十大报告中指出，要"建设现代化产业体系，坚持把发展经济的着力点放在实体经济上"①。实体经济是构建现代化产业体系的重要支撑。只有通过支持实体产业的发展，将金融资本与科技资源相结合，引领资源和要素汇聚于新兴产业，成为带动传统产业转型升级的关键力量，才能更好实现金融强国的目标。

根据2023年《国务院关于金融工作情况的报告》，2023年金融系统坚决贯彻落实党中央、国务院决策部署，进一步提升对实体经济的服务质效，为经济回升向好营造良好的货币金融环境。截至2023年9月末，制造业中长期贷款余额12.09万亿元，同比增长38.2%；科技型中小企业贷款余额2.42万亿元，同比增长22.6%。发挥科创板、创业板和北京证券交易所服务"硬科技"、科技创新、专精特新企业的作用。支持超大特大城市"平急两用"公共基础设施建设、城中村改造和保障性住房建设。同时，大力发展普惠金融，支持民营企业和小微企业发展，截至2023年9月末，普惠小微贷款余额28.74万亿元，同比增长24.1%；授信户数超过6107万户，同比增长13.3%。同时，2023年中央金融工作会议

---

① 习近平:《高举中国特色社会主义伟大旗帜　为全面建设社会主义现代化国家而团结奋斗——在中国共产党第二十次全国代表大会上的报告》，人民出版社2022年版，第30页。

指出，要着力打造现代金融机构和市场体系，疏通资金进入实体经济的渠道。

（二）数据驱动助力产融结合

随着数字经济时代的到来，新产业、新业态、新模式不断涌现，其中 2022 年的新兴产业增加值占 GDP 比重超过了 17%。这一现象反映了新质生产力在推动经济结构转型、优化产业布局中的关键作用。《"十四五"数字经济发展规划》指出，数字经济"是以数据资源为关键要素"，数据要素已成为催生新产业、新业态、新模式的重要因素。而大数据项目主要集中在具体行业的运用层面，金融、医疗、应急、城市大脑应用的项目最多，占比 21.5%。由此可见，数据要素也是助力金融强国发展的新动能之一。2022 年《金融业数据流通交易市场研究报告》显示："近五年来，金融业数据要素采购项目数量复合年均增长率达 40%，远超金融业采购总项目数量复合年均增长率 26%。"根据相关统计数据，截至 2022 年，我国大数据在互联网金融电信等领域的应用占比超过 77.6%。此外，数据要素的应用范围也得到了进一步扩大，涉及银行、证券、保险等多个领域。

数据要素对金融业形态的改造及融合发展主要体现在数字技术的发展上。大数据、云计算的应用相较于互联网技术的应用，最显著的特征在于海量数据的存储，极大地提升了金融服务的效率。数据从低质量、碎片化的原始状态转变为可衡量的数据资产和可流动的数据资本，数据价值化和资源配置的过程，增强了金融服务的普惠性。随着移动互联网技术发展到区块链与人工智能技术阶段，区块链与人工智能的应用对金融领域的正向影响正在开启全新的时代。

大数据与区块链技术是数字技术发展的不同阶段，区块链技术对金融的改造不仅在于加强金融数据的安全透明，更在于算法的变化，区块链技术是一种分布式账本，在根本上改变商业银行等金融机构的运作方式，较之于大数据阶段，将更颠覆性地改变金融的传统业态模式。

此外，积极发挥金融资本在数据要素产业链中优化资源配置的正向作用，对引导数据要素标准化发展、顺应宏观政策的调控方向具有重要意义。金融资本通过投资和贷款等方式，将资金引导到数据要素产业链上的创新企业和研究项目中，使得具有发展潜力的企业和项目得以获得足够的资金支持，进而推动整个数据要素产业链的发展。同时，金融资本也能够为科技创新提供充足的资金保障，让数据要素在不断创新中充分"流动"，带来生产效率的提升、产品质量的改进或者新的商业模式，从而为实体产业的转型升级带来更多的资金支持。在这个过程中，数据、科技、资本三大要素共同构成了推动实体产业变革的驱动力。数据的深度应用释放了资本要素的生产力，技术的不断创新提升了金融服务的效率和质量，而资本的流动和优化配置则为产业升级和转型提供了充足的动力。这种数据与科技驱动的模式不仅加速了生产力和生产关系的重大变革，也推动了整个经济社会的总体发展，进一步为金融强国目标的实现提供了有力的基础支撑。

四、实践路径：畅通新质生产力的金融动脉

金融作为现代经济的核心，其重要性在新质生产力的培育与发展中进一步凸显。金融资源配置的优化，有助于推动资本向具有创新能力和高附加值的产业和企业集聚，进而加速新质生产力的发展。而金融体系的改革和完善不仅增强了金融服务实体经济的能力，还为新质生产力的培育提供了制度保障。新质生产力的快速发展，也对金融产业提出了新的挑战和要求。随着新质生产力的崛起，金融市场需要不断创新和完善，以满足多元化的融资需求和风险管理需求。同时，新质生产力的发展也推动了金融科技的进步，使得金融服务更加便捷、高效和个性化。因此，关于如何畅通新质生产力的金融动脉，需要从两大方面阐释，一是"金融—科技—产业"如何对经济进行三维赋能，二是金融强国战略如何从

第六章
金融动脉：畅通新质生产力的"金融—科技—产业"循环

多个维度助推新质生产力的发展。

（一）"金融—科技—产业"的三维赋能

科技创新是产业发展和经济增长的源泉，也是构建"金融—科技—产业"良性循环的基础。创新驱动理论认为，科技创新可以推动产业结构升级和优化，提高生产效率和产品质量，从而促进经济的持续增长。科技创新需要得到资金支持，而金融机构在支持科技创新的同时也可以获得投资回报，形成了良性循环。产业金融理论强调了产业和金融之间的密切联系。产业的发展需要金融服务的支持，金融机构通过为产业提供融资、投资和风险管理等服务参与产业发展，并从中获取回报。产业的发展水平和产业结构的变化也会影响金融机构的运营和服务需求。这种相互依存的关系促成了金融、科技、产业之间的良性循环。金融创新理论则认为，金融创新可以提高资源配置的效率，提高金融服务的多样性和可及性，同时也为产业发展提供了更多的融资渠道和风险管理工具。金融创新可以激发产业创新活力，推动产业的发展和升级，从而促进"金融—科技—产业"的良性循环。

中央金融工作会议提出，做好科技金融、绿色金融、普惠金融、养老金融、数字金融"五篇大文章"，为金融强国建设指明方向。作为"五篇大文章"之首篇，"科技金融"的提出，既体现出中央层面对科技的高度重视，也赋予了金融服务科技新的历史使命。要加强产学研资深度结合，让科技成果及时产业化，发挥金融对科技创新和产业进步的支持作用，并为金融发展提供坚实的实体经济支持，从而把科技创新、产业进步和金融发展有机结合起来。因此，找准科技和金融的结合点，提升金融服务科技质效，推动"金融—科技—产业"良性循环，是做好金融强国文章的关键着力点。

科技与金融的结合主要体现在科技金融领域。科技金融是运用金融创新手段，提供高效服务于科技创新创业的金融业态、金融产品和金融服务。其核心是以金融支持科技创新，将科技资源与金融资本有效对接，推动科技创新成果转化为现实生产力。①而我国金融工作的一个重要方向，就是引导金融资本更多地投入科技创新领域，加快形成新质生产力，并作用于战略性新兴产业和未来产业，不断为实体产业注入新动能，最终推动建成金融强国。

图 6-1 "金融—科技—产业"三元结构示意图

"金融强国"的概念深刻蕴含了两大核心内容：一是金融风险的有效控制，二是通过金融手段促进经济发展。在风险控制方面，强调的是建立和完善金融监管体系，确保金融市场的稳定和健康。在发展促进方面，重点在于如何利用金融工具和机制，支持实体经济特别是新兴产业的发展，从而推动经济结构的优化和升级。

（二）金融强国战略的多维发力

1. 全面深化金融体制机制改革：构建高效透明的金融体系

全面深化金融体制机制改革是构建高效透明的金融体系的核心任务。首先，优化金融市场结构和推动市场多元化是关键，包括从传统的银行

---

① 参见李翀、曲艺：《美日德产融结合模式比较分析及对中国的启示》，《南京社会科学》2012年第5期。

第六章
金融动脉：畅通新质生产力的"金融—科技—产业"循环

信贷体系到债券市场、股票市场及私募股权和创业投资市场的广泛领域。债券市场的发展能够提供更多样化的融资渠道，增强市场流动性，而股票市场和创业投资市场的完善则直接支持创新型企业和中小企业的成长，从而促进经济结构的优化。其次，加强金融创新与科技融合，利用大数据、区块链、人工智能等技术创新金融产品和服务，不仅提升了金融服务效率，而且优化了信贷流程和风险评估，能更好地服务于实体经济。最后，建立和完善符合国际标准的金融监管体系。包括加强对金融机构的监管，确保其运营透明和合规，同时有效防范系统性金融风险。通过跨市场、跨行业的监管协调统一银行、证券、保险等不同金融领域的监管政策，确保整个金融体系的协调性和一致性。这些改革举措将共同构建一个更稳健、灵活且包容的现代金融体系，为金融强国战略的实施奠定坚实基础，并为中国经济的高质量发展、加快形成新质生产力提供有力的金融支持。

2. 创新金融产品和服务：以科技赋能金融发展

创新金融产品和服务在推动金融强国战略实施中起着至关重要的作用。这种创新不仅要求传统金融机构与科技企业紧密合作，共同研发新型金融产品，如绿色金融产品和普惠金融服务；还强调在金融服务中融入大数据、人工智能等尖端技术，以提升服务效率和质量，实现更精准的风险控制和信贷决策。通过这些举措，金融业能够更敏捷地响应国家战略和市场需求，为金融强国战略的实施提供有力支撑。这种技术与金融的融合不仅为传统金融服务带来了创新，还有助于开拓金融服务的新领域，如通过数字货币和区块链技术探索金融服务的新模式，这些新兴技术的发展不仅提高了金融体系的透明度和安全性，也为金融业的长远发展注入了新的活力。

在这一过程中，金融机构需要不断探索和适应新技术的发展，使其服务更加贴近市场和客户需求。例如，绿色金融产品的推广有助于引导资本流向环保项目，促进可持续发展；而普惠金融服务的发展则可确保金融服务的广泛覆盖。同时，金融科技如大数据分析、人工智能等的应用，不仅可以提升金融服务的效率和准确性，还能够使人们更好地理解和预测市场趋势，优化资源配置。这些创新举措将为金融强国战略的实施提供坚实的支持，推动中国金融业的转型升级，同时也为全球金融创新提供宝贵的经验和参考。

3. 加强产学研用的深度融合：实现金融与实体经济的协同发展

推动产业的转型升级和创新发展是全面建成社会主义现代化强国的重要路径。加强产学研用的深度融合是金融强国建设的另一个关键方向，必须着眼于促进金融与实体经济的协同发展。为了推动科技成果的转化和产业化，金融机构需要与科技公司、高校和研究机构建立更为紧密的合作关系。这些机构将为科技创新提供必要的资金支持，并通过参与投资决策和风险管理，直接促进产业的发展和升级。这种合作模式将确保科技创新得到充分的资金支持，并降低投资风险，从而加速科技成果的商业化进程，推动整个产业的持续发展和升级。这种合作模式有助于将研究成果快速转化为实际的产业应用，推动经济结构的优化和产业升级。

此外，为了确保金融市场的稳定运行和实体经济的健康发展，加强金融监管至关重要。这包括完善金融监管体系，强化对金融市场的监控和审查，有效预防和控制系统性金融风险。通过这些措施，不仅可以保障金融市场的稳定，还能确保金融资源有效地流向实体经济的关键领域，特别是那些具有高成长潜力的新兴产业和科技创新领域。如此，金融和实体经济之间可以形成更加紧密、协调的发展关系，共同推动经济的高质量发展，加快新质生产力的发展和新型工业化的进程。

第七章

数实融合：
重塑新质生产力演变的底层逻辑

▶原文精读

要站在统筹中华民族伟大复兴战略全局和世界百年未有之大变局的高度，统筹国内国际两个大局、发展安全两件大事，充分发挥海量数据和丰富应用场景优势，促进数字技术与实体经济深度融合，赋能传统产业转型升级，催生新产业新业态新模式，不断做强做优做大我国数字经济。

——《习近平在中共中央政治局第三十四次集体学习时强调 把握数字经济发展趋势和规律 推动我国数字经济健康发展》，《人民日报》2021年10月20日。

新时代以来，我国数字经济发展迅速，对经济增长的贡献率不断提高。为了进一步推动数字经济高质量发展，二十届中央政治局第十一次集体学习聚焦数字经济领域。习近平总书记强调："要大力发展数字经济，促进数字经济和实体经济深度融合，打造具有国际竞争力的数字产业集群。"①

这一举措旨在深化对数字经济发展的理解，明确其发展方向，推动数字经济和实体经济的深度融合。产业作为连接数字经济与实体经济的桥梁，不仅在推动创新发展方面展现出无可替代的价值，更在促进数字与实体经济的深度融合中扮演了举足轻重的角色。产业与数据的结合将为新质生产力的发展提供强大的动力。因此，在探索数字与实体经济融合的路径上，如何让产业与数据的结合发挥最大的效益，已成为当前我国经济发展的重要研究课题。

一、本体重构：重新理解新质生产力演变过程中的"虚"与"实"

在当代经济和技术发展的脉络中，"本体重构"这一概念成为理解和揭示数实融合深远影响的关键。随着数字化、互联网、人工智能等前沿技术的迅猛发展，我们对于经济体系中虚拟与实体的界限和相互作用的传统理解正面临前所未有的挑战。

"本体重构"一词源于哲学，本体论（ontology）关注的是事物存在的本质和基础构成。在数实融合的语境中，"本体重构"指的是重新理解和定义数字经济和实体经济之间的界限及相互关系。这一概念的提出，

---

① 《习近平在中共中央政治局第十一次集体学习时强调 加快发展新质生产力 扎实推进高质量发展》，《人民日报》2024年2月2日。

旨在反映出在数字化浪潮下，经济活动的基础框架和运作逻辑正在经历根本性的变化。

20世纪末至21世纪初，随着互联网和信息通信技术的快速发展，数字经济开始兴起。传统观点认为，数字经济主要涉及虚拟商品和服务的生产、交换和消费，是一种辅助实体经济的虚拟经济。相比之下，制造业、农业等被认为是实体经济的核心部分，是经济增长和发展的基础。然而，随着技术革命的深入推进，这一传统划分方法的局限性日益显现。数字技术不仅在经济中发挥着越来越核心的作用，而且还在深刻改变实体经济的生产、分配、交换和消费方式。

数实融合是指数字技术与实体经济的深度融合，这一过程涉及生产力的本体重构。首先，从生产方式看，数字技术的应用使得生产过程更加智能化、灵活化和个性化，生产要素之间的组合更为紧密和高效。其次，企业组织结构和市场运作方式也随之发生变化，数字平台和网络生态成为新的组织形式，数据成为关键的生产要素。最后，消费模式的变化也反映了数实融合的影响，数字内容和服务成为消费者日常生活中不可或缺的一部分。

"本体重构"不仅是经济领域的变革，还包含着人们对技术发展和社会变迁的深刻理解。一方面，技术革命促进了经济活动的数字化转型，加速了信息、资本、商品和服务的全球流动。这种转型提高了生产效率和经济增长的潜力，但也带来了新的社会问题和挑战，如数字鸿沟、数据安全和隐私保护等。另一方面，数实融合推动了社会治理和文化交流的变革。随着数字技术和实体经济的深度融合，"本体重构"成为解释和指导当前经济和社会发展的关键概念。通过重新定义经济活动的虚拟与实体维度，我们不仅能够更准确地把握经济发展的新趋势和特征，而且也能够更好地理解技术进步对社会结构和人类行为的影响。因此，深入研究数实融合下的本体重构，不仅对于经济学理论的发展具有重要意义，而且对于指导实践、促进经济社会可持续发展也具有重要的现实价值。

第七章
数实融合：重塑新质生产力演变的底层逻辑

（一）经济发展的范式转移

在探讨数实融合对新质生产力演变的影响时，传统观点与现实的转变成了一个不可或缺的讨论主题。传统经济学将经济体系划分为数字经济和实体经济两大部分，其中数字经济被视为一种相对边缘的、虚拟的经济形态，而实体经济则被认为是支撑经济发展的基石。然而，随着技术革命的深入推进，尤其是信息技术的广泛应用，这种传统的划分方式以及对两者的理解正面临着前所未有的挑战。

20世纪末至21世纪初，数字经济开始作为一个新兴领域进入人们的视野。在此期间，经济学家和政策制定者普遍将数字经济视作一种虚拟的经济形态，其主要特征是基于信息技术的商品和服务的生产、交换和消费。相比之下，实体经济包括制造业、农业等传统行业，被认为是国家经济发展和社会稳定的基础。在这种传统观点下，数字经济往往被视为对实体经济起辅助作用的经济活动，而非独立的、核心的经济增长动力。

随着技术革命的不断深入，特别是数字化技术的广泛应用，这种传统的经济划分方式及其背后的理念正遭受挑战。以互联网、大数据、人工智能和物联网等为代表的数字技术，不仅在数字经济领域发挥着越来越重要的作用，而且正在深刻地改变着实体经济的运作模式。这一现象标志着数字经济与实体经济之间的界限日益模糊，两者之间的相互作用和融合也变得越来越紧密。

数实融合意味着数字技术与实体经济的深度融合，这一过程对经济体系产生了广泛而深远的影响。首先，数字技术的应用极大提升了生产效率，使得产品和服务的生产更加灵活和高效。例如，智能制造和精准农业的发展利用了大数据和人工智能技术，提升了传统制造业和农业的生产力。其次，数字技术还促进了新业态和新模式的出现，如电子商务、共享经济和平台经济，这些新业态和新模式不仅改变了消费者的消费习惯，也为经济增长提供了新的动力。最后，数字技术在促进资源优化配置、提升供应链管理效率等方面也发挥了重要作用。

数实融合对传统经济学理论和政策制定提出了新的挑战。传统经济学理论在很大程度上基于对实体经济的分析，而对数字经济的影响和潜力考虑不足。在数实融合的背景下，需要重新评估经济增长的驱动因素，探索数字技术如何影响经济结构、就业、生产率和创新等。同时，政策制定者也需要考虑如何制定有效的政策来促进数字技术与实体经济的融合，以及如何应对这一过程中可能出现的问题，如数字鸿沟、数据安全和隐私保护等。

随着技术革命的不断推进，数实融合已经成为当代经济发展的重要特征。这一过程不仅深刻影响了经济的运作模式和增长路径，也对传统的经济理论和政策制定提出了新的挑战。面对数实融合带来的机遇和挑战，需要我们从理论和实践两个层面深入理解和把握数字技术与实体经济融合的内在逻辑，以便更好地促进经济的可持续发展和社会的全面进步。

（二）技术革命的催化作用

在数实融合的过程中，技术革命不仅是一种催化剂，更是深刻改变经济本质和生产力演变逻辑的根本力量。技术革命模糊了虚拟（数码）与实体（物理）间的界限，并重构了生产力发展的本质，从而对传统经济理论和实践产生了深远的影响，发挥了数实融合在新质生产力理论中的关键作用。

技术革命，特别是以信息技术为核心的第四次工业革命，以其突破性的技术创新和应用，正在重新定义经济和社会的运作方式。互联网技术的广泛应用、人工智能的快速发展、大数据技术的成熟，以及物联网、云计算等技术的融合使用，共同构成了这一时代的技术革命核心。这些技术不仅提高了信息处理和传递的效率，也创造了新的业务模式，推动了经济活动的数字化转型。

传统上，经济活动可以清晰地被划分为虚拟经济和实体经济两个领域。然而，技术革命尤其是数字化技术的发展，正在模糊这两个领域之间的界限。一方面，数字化技术使得虚拟经济的范围和影响力扩大，数字产品和服务成为日常经济活动中不可或缺的一部分。另一方面，实体经济也在逐渐数字化，从生产、运营到销售的每一个环节都开始深度依赖数字技术。这种趋势不仅改变了产品和服务的生产和消费方式，也重新定义了价值创造的过程。

技术革命促进了数实融合，不仅模糊了经济活动的界限，更重要的是正在重构生产力发展的本质。在这一过程中，数据成为新的生产要素，与传统的土地、劳动、资本并列。人工智能、大数据分析等技术的应用，使得数据的价值得以最大化，进而推动了生产效率的提升和经济的增长。同时，技术革命还促进了生产方式的变革，智能制造、数字化供应链管理等新模式逐渐成为主流，这些都是生产力本体重构的表现。

技术革命所引发的数实融合和生产力的本体重构，对传统经济理论和实践提出了新的挑战。首先，经济增长理论需要重新考虑数据等非传统生产要素的作用，以及技术创新在推动经济发展中的核心地位。其次，就业和劳动市场理论面临着由自动化和智能化引起的结构性变化的问题，需要探讨如何在新的技术环境下促进就业和提升劳动力技能。最后，经济政策制定也需要适应这一变革，如何利用技术推动经济增长、提高社会福利水平，同时解决技术发展带来的社会问题，成为政策制定者面临的新课题。

（三）数智供应链技术创新推动现代化产业体系构建

现代化产业体系的构建，急需以科技创新为引领，通过打造自主可控、安全可靠、竞争力强的产业体系，及时将科技成果转化为实际生产力，从而改造提升传统产业，培育壮大新兴产业，布局未来产业。其中，数智供应链以其特有的数实融合功能，已成为稳增长、促转型、推动高质量发展的关键引擎。

数智供应链技术在推动实体经济与数字经济深度融合的过程中，不仅能够大幅提升产业运行效率，降低生产和流通成本，而且还能通过与产业链供应链的深度融合提升整个系统的韧性和安全性。这种深度融合有助于打造高效先进的现代供应链体系，从而为实体经济高质量发展提供强劲动力，增强国内市场大循环的内生动力和可靠性。

数智供应链作为新质生产力的重要体现形式，在现代化产业体系建设中扮演着举足轻重的角色。以京东为例，作为创新型企业的代表，其在数智供应链领域的实践为理论研究提供了丰富的素材。实践中，依托人工智能、大数据、云计算等前沿技术，持续深化全产业链的数智化升级，通过构建数智化社会供应链，连接消费互联网与产业互联网，实现供需两端的精准对接和高效运作。京东的实践充分印证了数智供应链技术创新对于推进产业数字化转型升级、提升产业链供应链效能的积极作用。

在数智供应链技术的研发与应用过程中，京东坚持技术创新源于产业、服务于产业的原则，不断优化基础设施建设，减少流通环节，提升流通效率，切实帮助产业伙伴实现降本增效。京东云作为承载技术创新的重要平台，构建了国产化新一代数字基础设施，通过云原生、容器化、分布式的新型算力底座，保障了数智供应链的安全可靠，并有效促进了产业的协同发展。

更为重要的是，其在技术创新过程中注重承担产业和社会责任，强调技术追求不仅止步于商业价值，更要关注对产业和社会的实质性贡献。而在人工智能领域的探索，更凸显出"基础研究"与"产业应用"的双轮驱动模式，确保了技术创新与产业需求紧密结合，实现了技术成果的快速转化与应用，有力推动了新质生产力的发展。数智供应链技术创新实践为现代化产业体系建设提供了有力的支持，通过理论与实践的结合，揭示了数智供应链技术如何在推动产业转型升级、培育发展新动能、打造新经济增长点等方面发挥了决定性的作用。这为我们理解新质生产力在构建现代化产业体系中的功能与价值提供了鲜活的案例参考。

二、数据驱动：新型生产要素的全局性乘数效应

当今时代，数据已经成为一种新型的、至关重要的生产要素，成为推动新质生产力发展的关键驱动力。其对经济活动的影响可与传统的生产要素——土地、劳动、资本相媲美。这一转变不仅标志着我们进入了一个全新的经济发展阶段，而且对传统的经济理论和实践提出了挑战，要求我们重新审视数据的角色和价值。

数据之所以能够成为新型的生产要素，根本在于其独特的属性和提供的价值。不同于土地、劳动、资本等传统生产要素，数据具有非排他性和可复制性。非排他性意味着数据可共享和流通，不会像土地、劳动和资本那样，一旦被使用就会减少其本身的数量。相反，数据在经过处理和分析之后，能够为各类主体提供洞察和知识，从而实现其价值的最大化。这种可复制和再利用的特点，使得数据成为一种具有无限潜力的资源。然而，数据的原始形态并不能直接为其创造价值。它的价值在于通过专业的分析和处理，从海量信息中提炼出有用的洞察和知识，这使得数据成为驱动创新和优化决策的关键资源。正是基于这种特性，数据在新质生产力体系中扮演着不可或缺的角色，成为创新和发展的新引擎。

数据与土地、劳动、资本等传统生产要素之间的互动，为我们的生产方式带来深刻的变革。这种互动不仅提高了传统生产要素的价值，也推动了生产效率和创新能力的提升。例如，在农业领域，农民过去主要依靠经验和技术来种植作物，往往存在很大的不确定性。但现在，通过对土壤、气候等数据的深入分析，农民可以实现"精准农业"，制订出最合适的种植方案。这不仅提高了土地的产出效率，也使得农业生产的稳定性得到了保障。在制造业，通过收集和分析生产线上的海量数据，企业可以实现智能制造，对生产过程进行精细化管理。例如，通过预测性维护，企业可以提前预知设备的故障，从而减少停机时间，提高生产效率。再如，通过优化生产流程，企业可以提高劳动生产率，降低成本，

进一步提升竞争力。

此外，数据还能够增强资本的效用。在金融领域，大数据分析的应用为金融机构提供了前所未有的机遇，使风险评估、金融产品定制以及资本配置的效率等得到了显著提升。在这一过程中，数据不仅作为单独的生产要素发挥作用，更重要的是通过与传统生产要素的结合，创造出新的价值。这种价值创造的过程可以视为一种"数据化"的过程，即通过数据驱动的方式提高生产效率、优化资源配置，进而推动经济增长。

随着全球经济进一步向数字化、智能化转型，数据的战略地位愈发凸显。中国正积极布局新质生产力发展战略，通过加强数据收集、处理和应用能力，推动数字经济的发展，为实现高水平科技自立自强和经济社会全面现代化提供坚实支撑。数据不仅是推动经济增长的新动力，更是促进社会进步和提升国家竞争力的关键资源。

（一）新质生产力背景下数据驱动的全局性乘数效应

在探索数据如何激发全局性的新质生产力乘数效应时，我们应深入挖掘数据的价值。不仅要挖掘它作为一种全新的生产要素的价值，更要挖掘它是如何凭借独特的属性与应用，推动经济活动的效率提升和创新发展，进而产生广泛而深远的影响。

作为新型生产要素，数据对经济增长的推动作用主要体现在三个方面：

首先，数据能够显著提高生产效率。具体表现为，在数据驱动的决策过程和优化算法上，能够显著提高生产线和服务流程的效率。在大数据、云计算和人工智能等技术的支持下，数据已经成为企业优化生产流程、提高资源配置效率的关键因素。通过数据驱动的智能化生产方式，企业可以降低生产成本、提升产品质量，进一步增强市场竞争力。在制造业这一领域，通过收集和分析机器运行数据，企业不仅可以实时监控设备状态，还能预测维护需求，从而减少意外停机时间。这不仅提高了生产连续性，同时也提升了生产效率。此外，在物流和供应链管理方面，数

第七章
数实融合：重塑新质生产力演变的底层逻辑

据分析同样发挥着重要作用。通过对海量数据的挖掘和分析，企业能够更加精确地掌握市场需求，进而优化库存管理。这种方法可以有效减少产品过剩或短缺的风险，确保物流流程的顺畅进行。在此基础上，企业还可以通过数据分析降低成本，提高供应链的整体效益。

其次，数据能够促进产品和服务的创新。具体表现在数据的深入分析和应用方面，在数据丰富的时代背景下，企业可以通过收集和分析用户数据深入了解消费者需求，实现精准营销和产品创新。数据不仅为企业提供了丰富的灵感来源，还助力企业开发出更具竞争力的新产品和新服务，抢占市场先机。在金融服务行业，大数据和人工智能技术的广泛应用，使得金融机构能够实现服务模式的转型升级，提供更加个性化、精准化的服务。具体来说，金融机构可以运用大数据技术对海量客户数据进行挖掘和分析，从中获取有价值的信息，以实现对客户行为的深入了解。同样，在健康医疗领域，大数据技术的应用也正在改变着传统医疗服务模式。医疗服务提供者可以利用大数据技术对患者数据和医疗记录进行深入分析，从而为患者提供更为精准的治疗方案和预防措施。这不仅有助于提高治疗效果，降低医疗风险，还能有效缓解医疗资源分配不均的问题。此外，大数据技术在医疗领域还可以应用于药物研发、医疗保险等方面，为整个医疗行业带来革新。

最后，数据能够优化资源分配。作为一种具有广泛应用价值的资源，数据可以帮助政府和企业实现资源的合理配置。通过大数据分析，政府可以实时掌握国民经济运行情况，制定科学的政策、措施，引导资源向优势产业和领域集中。企业也可以借助数据手段优化供应链、物流等环节，降低运营成本，实现资源的合理配置。例如，在能源行业，通过分析消费数据和天气预报，能源供应商可以更准确地预测能源需求，优化发电和分配计划，减少能源浪费。在城市管理中，智能数据分析可以帮助政府部门优化交通流量，提高公共服务的覆盖率和效率。

在全球范围内，数据的流动对国际贸易和投资也产生了深远的影响。在当前的数字化时代，数据跨境流动已经成为推动全球化的关键力量。

数据流动为企业打开了新的市场大门，打破了地理界限，使企业能够与国际合作伙伴建立紧密的联系。通过互联网和数字平台，小型企业甚至能够直接参与全球市场竞争，实现产品和服务的国际化。同时，数据的全球流动也吸引了大量的跨国投资，特别是在数据密集型行业，如信息技术、电子商务和金融服务等领域。此外，数据流动对全球供应链管理的影响表现在提高透明度和响应速度上。通过跨国的数据共享，企业能够实时监控供应链中每个环节的状态，及时应对供需变化，降低运营风险。数据分析还能发现供应链中的潜在效率问题和成本节约机会，推动全球供应链的优化和重组。因此，数据的全球流动对于国际贸易和投资具有重要的意义，对全球经济产生了深远的影响。

数据作为新型生产要素，在推动生产力提升和实现全球性乘数效应方面发挥了至关重要的作用。通过提高生产效率、促进产品和服务创新以及优化资源分配，数据驱动的经济活动逐渐成为推动全球经济增长的关键因素。同时，数据流动的全球化也深刻影响了国际贸易、投资和全球供应链管理，进一步促进了经济的全球一体化。因此，理解和利用数据的潜力，对于企业、政府和国际组织而言，是实现可持续发展和提升竞争优势的关键。

（二）数据共享与流通的创新效用

在数字化时代，数据共享与流通成为推动经济增长和技术创新的重要力量，具有两大优势：一是促进创新的机制和提高信息透明度与传播效率，二是揭示它们如何为经济活动带来根本性的改变。

数据共享在推动创新方面具有举足轻重的地位。数据共享通过提供丰富的信息资源，激发企业和研究机构的新思维和创意，降低创新门槛，加速科技进步。在这一过程中，数据的价值被最大化利用，推动了新质生产力的快速发展。特别是在高新技术产业中，数据共享促进了新模式、新业态的涌现，加速了新质生产力在各产业领域的深度融合。例如，开放科学数据平台的出现，为全球科研人员提供了一个高效、便捷地获取

第七章
数实融合：重塑新质生产力演变的底层逻辑

研究资源和成果的途径。在这个平台上，研究人员可以轻松获取全球科研机构的研究成果和数据集，从而极大地加速了科学研究的进程。

数据共享还打破了行业和领域之间的界限，促进了跨行业和跨界的合作。不同领域的组织可以通过共享数据池发现共同的研究兴趣和商业机会，携手开发新的产品和服务。例如，汽车行业与信息技术行业的深度融合，通过共享数据和技术，共同推动了智能驾驶技术的发展。在这一过程中，汽车企业可以借助信息技术企业的数据分析能力，优化汽车设计和制造过程，提高生产效率。同时，信息技术企业也可以借助汽车企业的数据资源，研发出更加符合用户需求的驾驶辅助系统。这种跨界合作，实现了双方的优势互补，共同推动了产业的发展。

数据流通则在推动创新方面发挥了重要作用。它不仅加速了各领域间的信息交流，还为企业和研究机构提供了丰富的数据资源。这些数据资源有助于加深对市场趋势、消费者需求和行业发展的理解，从而为企业决策提供有力支持。此外，数据流通还有助于发现潜在的商业机会，为创业和创新提供新的思路。

一方面，数据流通使得市场信息更加透明和易于获取，有效减少了信息不对称问题。在金融市场，实时的交易数据、公司财报和市场分析的广泛应用，使得投资者能够基于更全面和及时的信息做出决策，提高了市场的效率和公平性。在消费市场，消费者通过访问产品评价和比较价格的数据，能够做出更加明智的购买选择，促进了市场竞争和消费者权益的保护。在供应链管理中，数据共享使得供应商、制造商和零售商之间的信息流动更加畅通，能够实时调整生产和库存计划，应对市场需求的变化，从而减少库存积压和供应短缺的风险，提升整个供应链的响应速度和效率。

另一方面，数据的流通和共享促进了资源的最优配置，提高了整个经济体的运行效率。通过数据分析，政府和企业可以更准确地预测市场趋势，制定更有效的政策和商业策略。此外，数据驱动的决策过程减少了基于直觉或不完整信息做出决策的风险，提高了决策的质量和执行的效果。

总之，数据共享与流通不仅促进了创新合作、降低了创新成本、提高了市场透明度以及减少了信息不对称问题，更显著提升了经济活动的效率和创新能力，这些都是新质生产力发展的关键驱动因素。在全球经济一体化的背景下，建立健全的数据共享机制和流通体系，对于推动科技进步、经济增长和新质生产力的形成至关重要，也是增进社会整体福祉的关键途径。新质生产力的培育和发展，依赖数据的广泛应用和流通，它通过促进以高科技、高效能、高质量为特征的先进生产力质态的形成，为经济提供了新的增长点和发展方向。

（三）数实融合的中国实践

在数实融合的中国实践中，京雄高速（北京段）的智慧高速公路项目和中移香港的 5G 无人机应用项目是两个典型案例，展现了 5G 技术在推动交通和城市管理现代化方面的巨大潜力。

案例一：京雄高速（北京段）的智慧高速公路项目

京雄高速（北京段）的建设在国内具有重要意义，它被视为我国首条全线车路协同的智慧高速公路。这一突破性的项目，不仅展示了我国在智慧交通建设方面的决心，更预示着我国未来高速公路运营的智能化、高效化发展趋势。该项目由北京移动与中国中铁集团等单位共同合作，充分利用了各方资源，确保了项目的顺利进行。其中，5G 专网的全面覆盖，为高速公路的智能化提供了强有力的技术支持。通过 5G 技术，高速公路的运营将更加精准、实时，从而提高整体运营效率。同时，车路协同系统的安装调试，更是将人工智能技术融入高速公路运营的重要举措。车路协同系统通过车辆与道路设施之间的信息交互，能够实现对交通流的实时调控，进一步优化交通秩序，降低交通事故发生率，提升道路通行能力。

京雄高速（北京段）全线覆盖移动 5G 专网，无疑是该项目的技术核心。这一核心技术的应用，通过建设并开通 45 个 5G 基站，实现了平均每 600 米就有一个基站的目标。这种高密度的基站建设，使得 5G 专网能够有效地降低业务时延，满足智慧高速的多样化需求。在智慧高速的场景中，实时信息发布的重要性不言而喻。通过 5G 专网的高效传输，实时信息发布的及时性和准确性得到了有力保障。这种高效的信息传输，不仅能够提高高速公路管理的效率，更能为驾驶者提供实时的交通信息，有助于减少交通拥堵，提高道路通行效率。同时，这种高密度的网络覆盖也确保了数据传输的高速和稳定，对于车路协同系统的运行至关重要。车路协同系统是一种基于物联网、大数据、人工智能等先进技术构建的新型交通系统。它需要大量的实时数据作为决策依据，而 5G 专网的高速度和稳定性，为这种系统的运行提供了强有力的网络支撑。

车路协同系统将人、车、路、网、云融为一体，通过 5G 网络实现智能管理决策、路网调度、出行服务和应急救援等功能。这一系统的应用使得京雄高速（北京段）能够实现科学的流量管理和应急响应，进一步提升道路的安全性和通行效率。在此之前，这些问题往往依赖于人工管理，效率低下且容易出错。而现在，车路协同系统就像一位智能的交通指挥官，全天候监控并调控交通状况，确保道路的畅通和安全。此外，车路协同系统还内嵌了"车内标牌提示"服务和个性化行车信息服务等贴心功能。这些服务就像是一位贴心的私人助手，随时为驾驶员提供所需信息，如路况、天气、交通法规等。这样一来，驾驶员在行车过程中能够更加专注于驾驶，大大提高了行车安全。

案例二：中移香港的 5G 无人机应用项目

作为中国香港地区领先的通信服务提供商，中移香港一直致力于推动科技创新和智慧城市建设。其中，5G 无人机应用项目被视为香港建设智慧城市的重要一环。该项目通过将 5G 技术与无人机相结合，为大湾区智慧城市群的建设和发展注入强大动力。

在传统 4G 技术的基础上，5G 无人机实现了突破性的进展，提供了更高速的数据传输、更广阔的操作范围和更稳定的网络连接。这使得无人机在各项应用中具备了更强的性能和可靠性。中移香港引进的"哈勃一号"5G无人机机载终端和中移凌云无人机飞控平台,为无人机实现远程、精准和自动化操控,提供了可靠的网络承载和智能信息处理能力。

在中移香港的5G无人机产品中,多项应用已经取得了显著的成果。例如,在工地勘察、工程监控、基站检查、太阳能板巡检等领域,5G无人机都发挥了重要作用。特别是在大型基建工程中,5G无人机通过实时高清视频传输和数据反馈优化了工作流程,降低了安全风险,提高了工作效率。此外,该项目还推动了交通信息系统国产化迭代,为实现中国式现代化贡献了力量。

这两个案例展示了中国在数实融合方面的实践与创新,不仅推动了相关技术和产业的发展,也为构建现代化经济体系提供了有力支撑。通过5G技术的应用,智慧交通和智慧城市建设取得了显著进展,展现了数字经济与实体经济深度融合的巨大潜力和前景,无疑为新质生产力进一步的发展提供了广阔的空间。

三、融合共生:促进数字经济和实体经济深度融合的路径

促进数字经济和实体经济的深度融合,是新质生产力发展的必然要求。随着科技的不断进步,数字经济正成为全球范围内的重要发展趋势,它以互联网、大数据、人工智能等新兴科技为基础,通过信息的高效传递和数据的深度挖掘,优化资源配置,提高生产效率。实体经济则是国家经济发展的基石,涵盖了制造业、农业、建筑业等传统产业,为社会创造了财富。

因此促进数字经济和实体经济深度融合是一项系统工程,我们需要从多个层面和维度出发系统性地推进。在这一过程中,技术驱动和基础设施建设无疑是关键,产业升级和生态构建则是数字经济与实体经济深度融合的核心。这不仅意味着在传统产业中应用数字技术,提高生产效率,

更意味着通过数字技术推动产业升级和转型，实现产业的数字化、智能化。通过深度融合，数字经济和实体经济能够相互促进，共同发展。数字经济能够为实体经济提供强大的技术支持和创新动力，而实体经济则能够为数字经济提供应用场景和市场需求。

（一）技术驱动与基础设施建设

在当今世界，数字经济与实体经济的融合已成为推动国家发展的重要力量。这一过程不仅依赖于关键技术的快速发展，如5G、人工智能、大数据、云计算等，还需加强数字基础设施的建设，如宽带网络、数据中心和智能物流系统。然而，技术的发展和基础设施的建设不是孤立发生的，它们需要国家和市场的共同努力和紧密配合，以创造出有利于数字经济和实体经济深度融合的环境。

首先，政府在推动关键技术研发和基础设施建设中扮演着至关重要的角色。政府不仅可以提供研发资金支持，还能通过制定相应的政策和标准，为技术发展和基础设施建设创造良好的环境。例如，政府可以通过财政补贴和税收优惠政策，激励企业投入更多资源到5G网络和人工智能等关键技术的研发中。此外，政府还可以通过立法保护知识产权，鼓励技术创新，同时确保企业公平竞争，防止市场垄断。在基础设施建设方面，政府需要投入大量资金建设宽带网络和数据中心等，特别是在偏远地区，确保数字服务的普及和可获取性，缩小数字鸿沟。

其次，市场在技术发展和基础设施建设中也起到了不可或缺的作用。市场的竞争可以促进技术创新，提高服务质量，降低成本。在数字经济快速发展的今天，许多私营企业在5G、人工智能等领域取得了突破性进展，推动了新产品和新服务的开发。同时，市场对基础设施的需求也促使企业投资建设数据中心和智能物流系统，提高了整个社会的数字化水平。然而，市场在推动技术发展和基础设施建设的过程中也面临着资金、技术和人才等方面的挑战。

因此，国家和市场的紧密配合成为推动新质生产力、技术发展和基础设施建设的关键。一方面，政府需要通过制定合理的政策和提供必要的支持，引导市场资源向关键技术研发和基础设施建设倾斜，同时保护市场公平竞争，促进技术创新和应用。另一方面，私营企业和研究机构应积极响应政府政策，加大技术研发投入，推动基础设施的建设和升级，通过技术创新提高竞争力。

在这一过程中，平衡发展和安全尤为关键，尤其是在新质生产力关键领域，如数据中心和智能物流系统等基础设施的建设中，需要确保数据安全和用户隐私得到充分保护。同时，平衡创新和监管也至关重要，政府需制定灵活的监管机制，这种监管机制既能激发新质生产力的技术创新和市场竞争，又能有效预防技术滥用和市场失序。此外，平衡效率和公平也是推动新质生产力发展的重要因素，确保数字经济的发展惠及全社会，缩小数字鸿沟，实现经济包容性增长。

总而言之，通过国家和市场的共同努力和紧密配合，加之对新质生产力的深度理解和有效支持，可以有效推动关键技术的研发和新型基础设施的建设，促进数字经济与实体经济的深度融合，为经济发展注入新的活力，为社会进步开辟新的路径。

（二）产业升级与生态构建

在数字经济时代，产业数字化升级与生态构建已成为推动经济发展的关键路径。通过将数字技术深度融入传统产业，不仅可以实现产业的转型升级，还能促进新型业态的发展，构建一个开放合作的数字经济生态系统。

产业数字化升级是指利用数字技术，如人工智能、大数据、云计算等，推动传统产业优化升级，提高产业的智能化、网络化、服务化水平，从而实现产业结构的优化和产值的增加。

智能制造是产业数字化升级的重要方向之一。通过引入智能化的生产设备、自动化控制系统、生产管理信息系统等，传统制造业可以实现生产过程的智能化，提高生产效率和产品质量，降低生产成本。例如，使用机器人自动化生产线不仅可以提高生产效率,还可以在高危环境下替代人工作业,保障员工安全。同时,通过实时数据采集和分析,企业可以实时监控生产过程,快速响应市场变化,实现按需生产。

数字技术的应用同样推动了农业领域的转型升级。通过利用物联网技术实现农田的智能监控,农户可以实时了解土壤湿度、光照强度、气温等信息,科学灌溉和施肥,提高农作物的产量和品质。同时,利用大数据分析技术,可以对农产品市场进行预测分析,帮助农户制定更加科学的种植和销售策略,增加农业收入。

在服务业领域,数字技术的应用使得服务模式发生了根本性的变化。通过建立在线服务平台,企业可以突破时间和空间的限制,为消费者提供更加便捷、高效的服务。例如,远程医疗服务可以让患者在家中就能享受专家的诊疗服务;在线教育平台打破了地域限制,让优质的教育资源更广泛地分享。

数字经济生态构建是指在数字技术支撑下,通过促进数字平台、数字服务等新型业态的发展,形成一个开放、协作、共享的经济运行体系。

数字平台作为连接供需双方的重要载体,在数字经济生态中占据着核心地位。政府和企业应积极推动数字平台的发展,通过平台汇聚各方资源,实现资源的高效配置和流动。例如,电子商务平台可以聚集大量的商家和消费者,形成庞大的交易市场;产业互联网平台可以连接产业链上下游企业,促进产业链的协同优化和高效运作。

在数字经济生态的构建过程中,开放合作不仅是促进各方共赢的关键,更是推动新质生产力发展的重要途径。企业、政府、研究机构和社会组织应基于相互尊重和平等互利的原则,建立紧密的合作机制,共同推动新质生产力的培育和发展。通过数据、技术和资源的共享,各方能在数字经济生态中找到自己的位置,充分发挥各自优势,实现价值最大化。政府在这一过程中扮演着至关重要的角色,通过出台相关政策和规范,不仅保障了数据安全和用户隐私,还营造了一个公平竞争的市场环境,为创新和创业提供了强有力的支撑。

产业数字化升级和数字经济生态的构建是新质生产力发展的关键。通过将数字技术与传统产业深度融合，我们不仅能实现产业的转型升级，还能促进新型业态的兴起。构建一个开放合作的数字经济生态系统，对于促进经济的高质量发展至关重要。这一过程需要政府、市场和社会各界共同努力，通过创新驱动、政策支持和资源整合，推动数字经济与实体经济的深度融合。这种融合不仅为实现可持续发展目标提供了新的动力，也为新质生产力的发展创造了良好的环境和条件，能够确保新质生产力不断发展，为社会进步和经济繁荣贡献更大的力量。

（三）数实融合实践：数字化技术对实体经济的深层赋能与新质生产力塑造

在推动数字经济与实体经济深度融合的进程中，我们可以从一些具体的成功实践案例中窥见一条有效路径。海智在线是国内一家非标零部件领域专业服务平台，以数字技术赋能帮助国内中小零部件加工企业对接全球采购资源，满足传统零部件制造企业的订单和产能需求。通过搭建工业中间品的数字化交易平台，巧妙地将互联网、大数据、人工智能等前沿技术植入实体制造业，尤其是小型工厂领域，成功实现了产业资源的优化配置和生产力的深度变革。

对小工厂来说，几个好的订单就能让生存状态得到明显的改善，也能让厂里的工人及其家属生活得更好一点。但是，这些只会闷头搞生产的小工厂自己主动开发新订单的能力却很弱。他们的订单要么依赖少数大客户，获取毛利低、账期长的订单；要么依靠贸易公司，被中间商赚取高额佣金。因此，与市面上大多数创业公司不同，海智在线平台通过集成化、智能化的工具，如"以图搜图"功能、自动报价系统和在线图纸协作工具等，极大地简化了供需匹配过程，消除了信息不对称，降低了交易成本，使得实体工厂高效对接全球市场需求，从而提升了生产效率和创新能力。这一过程不仅促进了实体工厂内部的智能化升级，还推动了整个产业链条的重构和优化。运用数字化技术解决产业链中的交易难题，通过其自研的智能化工具，可以实现对产业链中各环节的深度优化，提高各环节间的协同效率与能力。此外，海智在线平台自研的供应链智能组织系统，可以智能地把一些不同类型的订单集中匹配到同一个工厂或相近几个工厂，有效解决创新产品落地难的问题，缩短创新产品的研发迭代周期，提高创新成果的市场化和产业化水平。海智在线自研的"以图搜图""以图找厂"等创新工具，也是帮助工厂实现行业跃迁、接到创新企业订单的重要途径。这些工具不仅为工厂提供了更多的市场机会，还降低了市场风险，使其能更便捷快速地融入全球科技创新领域中。

深圳市熠昇科技有限公司的老板曾勇在海智在线的帮助下，让"100万产值小作坊"成功拿下了一家市值近300亿元、全球领先的新能源巨头的千万元订单，并持续合作至今。他在加入海智在线的短短四年内，就实现了工厂产值从100万元到3000万元的飞跃。

海智在线的实践案例提供了数字经济与实体经济融合的有益启示：借助于数字技术的赋能，实体产业可以在保持原有优势的基础上，实现生产方式的创新和生产力的升级，形成新质生产力。这一过程要求我们在政策引导、技术研发、市场培育等多个层面上共同发力，推动数字经济与实体经济的有机融合，实现经济的高质量发展。通过深度挖掘和发挥数字技术的潜能，实体产业将在变革中孕育出全新的发展模式，展现出更加高效、智能、可持续的新质生产力特质。

第八章

绿色生产力：未来发展范式的关键变革

▶原文精读

　　绿色发展是高质量发展的底色，新质生产力本身就是绿色生产力。必须加快发展方式绿色转型，助力碳达峰碳中和。牢固树立和践行绿水青山就是金山银山的理念，坚定不移走生态优先、绿色发展之路。加快绿色科技创新和先进绿色技术推广应用，做强绿色制造业，发展绿色服务业，壮大绿色能源产业，发展绿色低碳产业和供应链，构建绿色低碳循环经济体系。持续优化支持绿色低碳发展的经济政策工具箱，发挥绿色金融的牵引作用，打造高效生态绿色产业集群。同时，在全社会大力倡导绿色健康生活方式。

　　——《习近平在中共中央政治局第十一次集体学习时强调 加快发展新质生产力 扎实推进高质量发展》，《人民日报》2024年2月2日。

绿色发展作为高质量发展的基础，是新质生产力的核心组成部分。习近平总书记明确指出，"绿色发展是高质量发展的底色，新质生产力本身就是绿色生产力"①。这一论述，既指明了我国未来发展的方向，也强调了绿色发展在新时代的重要地位。绿色发展理念已经深入人心，并在产业和新技术领域得到了广泛的应用和实践。

在新一轮科技革命和产业变革迅猛发展的大背景下，全球创新版图以及经济结构正在被重塑。自21世纪以来，经过二十多年的发展，中国为全球的绿色发展模式提供了一种全新的范式。由此可见，绿色发展已成为新质生产力未来发展的一个新的重要方向，绿色生产力也成为我国未来发展范式的关键变革因素之一。

一、格局之变：绿色发展中的中国角色

随着工业革命的兴起，早在19世纪中叶，西方一些国家就已经认识到了绿色发展的重要性。然而随着科技革命的兴起，西方一些国家在绿色发展领域的重心逐渐偏移。为了保持自身的领跑地位，西方一些国家通过制定和实施绿色贸易标准，限制其他国家的产品和服务进入其市场。这些标准通常基于西方的环保法规和标准，要求其他国家达到同样的环保要求，否则将被排除在国际贸易体系之外。这种制约方式对发展中国家的影响尤为显著，因为一些发展中国家往往缺乏足够的资源和技术来达到西方的环保标准。

其中较为明显的是利用碳排放限制作为贸易壁垒，来限制其他国家的发展权。例如，设立严格的碳排放标准，要求进口产品符合这些标准。

---

① 《习近平在中共中央政治局第十一次集体学习时强调 加快发展新质生产力 扎实推进高质量发展》，《人民日报》2024年2月2日。

这可能导致其他国家的出口产品在碳排放方面无法达标，进而影响其发展。此外，对高碳排放的产品征收碳关税，也会增加其他国家产品的成本，降低其在国际市场上的竞争力。

在全球绿色发展的浪潮中，中国的角色定位正经历着前所未有的转变：从过去的"世界工厂"，逐渐转变成引领全球环保潮流的重要力量。这种转变兼顾了内外双重因素，尤其是在新质生产力大力发展的阶段将面临前所未有的重大窗口期，这将为中国的发展带来巨大的机遇。

（一）中国角色定位的改变

过去的中国，凭借其坚实的制造业基础，成为全球许多产品的生产中心，被誉为"世界工厂"。然而，这种快速工业化也带来了严重的环境问题。空气污染、水污染和土壤污染等问题日益凸显，给人们的健康和生活带来了巨大威胁。面对这一严峻挑战，中国政府开始深刻反思，并逐步转变发展观念。

如今的中国，正在大力推动绿色发展理念，逐渐转变为全球绿色发展的中心。这源于我国在绿色技术方面的显著进步和多管齐下的政策推动。这些政策涵盖了积极的政府领导、对可再生能源基础设施的重大投资，使得我国在全球绿色革命的前沿占据一席之地。追溯到早期的"中国制造2025"等倡议，这些政策的实施推动国家主导尖端产业，如可再生能源设备和新能源汽车的发展。此举不仅助力我国在绿色发展领域实现突破，更引领全球绿色转型的潮流。

我国在绿色发展领域的贡献并非局限于国内，而是通过"一带一路"倡议等将绿色技术融入全球基础设施项目。同时，我国积极参与国际协议，如签署《巴黎协定》，展示了对应对气候变化的集体努力的坚定承诺。此外，我国在绿色发展领域的知识共享和资源贡献，彰显出从全球舞台的被动参与者到强调环境可持续性的积极倡导者的历史性转变。尤其是在2021年以后，我国在风电和光伏发电等领域取得的全球领先地位，是在绿色技术产出方面取得显著成果的佐证。

第八章
绿色生产力：未来发展范式的关键变革

然而，绿色发展的历史背景并非一维的。在我国发展成为绿色技术引领者的同时，全球范围内的其他国家也日益认识到应对气候变化的紧迫性，随之而来的是国际可持续发展转变。这些全球变化为绿色技术创造了一个广阔的市场，同时也为我国提供了实践环境。

中国在绿色发展领域取得的显著成果日益受到国际关注，一些西方国家对中国在全球绿色发展中的地位转变产生了质疑，试图无视中国在环保事业中所做出的努力。事实上，中国在绿色发展道路上的探索，不仅有利于本国生态环境的改善，也为全球绿色发展提供了可借鉴的经验。

（二）绿色发展迎来重大窗口期

中国作为世界上最大的发展中国家，正处在经济结构调整的关键期。传统产业面临着巨大的转型升级压力，新兴产业和服务业正在迅速崛起。面对这一挑战，我国必须进行深刻的转型，走向绿色发展。这意味着要从传统的产业和生产关系中解脱出来，转向低碳、环保、高效的可持续发展模式。在这个过程中，绿色发展成为推动经济可持续发展的重要力量。在"双碳"目标的指导下，我国正全面推动经济社会的绿色转型。这一过程不仅涉及产业结构的调整，还包括能源结构、交通方式、生活方式等方面的深刻变革。这一关键时期，我国需要在保持经济稳定增长的同时，确保绿色转型的顺利进行。

但是，国际绿色转型的推动并不容易。相比之下，西方国家在绿色发展方面虽然起步较早，但仍面临着很大的局限性。欧美等发达国家在传统产业和生产关系方面拥有较大优势，但这些优势同时也成了绿色发展的阻力。尽管欧美国家在技术研发和环保法规方面取得了一定的成果，但在实际操作中，仍然面临着诸多困难和挑战。一些国家在绿色发展方面采取了较为保守的立场，甚至在某些方面出现了"逆绿色化"的趋势，导致其在全球绿色发展领域的地位和影响力相对下降。与此同时，发展中国家在绿色发展方面也面临着诸多挑战。这些挑战包括将可持续发展理念与现有经济结构有机结合、克服传统产业所形成的制约、解决人才技能短缺问题并消除绿色技术投资的财务障碍等。

（三）世界需要新的发展范式

在全球经济转型的背景下，世界需要新的绿色发展范式。这一范式不应仅限于欧美等发达国家的经验，而应充分借鉴包括我国在内的发展中国家的实践。这是因为发展中国家的经济发展阶段、资源禀赋、人口结构、文化传统等与欧美国家有很大不同。欧美国家在经济高速发展阶段，曾经走过很多消耗资源、污染环境的弯路。而发展中国家在追求经济增长的同时，必须充分考虑资源环境的承载能力，走绿色、低碳、循环的发展道路。因此，简单地照搬欧美的绿色发展范式并不符合发展中国家的实际需求。

长期以来，我国经济发展依赖于传统的资源消耗型模式，这种模式在很大程度上推动了我国的高速成长，但同时也带来了资源枯竭、环境污染等一系列问题。绿色发展理念的提出，为我国提供了一个摆脱传统发展模式、实现弯道超车的机会。这一新型发展模式将环保、可持续发展作为核心，既有利于提高资源利用效率，又有利于减少环境污染。

此外，中国通过绿色发展将进一步倒逼国内产业转型。通过绿色转型，我国产业将逐步摆脱对资源的过度依赖，转向以技术创新、环境保护、人才培养等为核心的新竞争优势，包括绿色能源、绿色交通、绿色建筑等领域。这意味着传统产业需要突破原有的发展模式，将环保、低碳、高效的理念贯穿于生产、消费、回收等各个环节。通过技术创新和结构调整，实现产业升级，培育出新兴产业，从而促进产业结构优化。

二、范式之变：人与自然和谐共生的绿色生产力生态

在我国经济社会发展过程中，生产力始终是推动各项事业发展的核心动力。然而，传统生产力在很大程度上依赖于资源能源的高消耗和生态

第八章
绿色生产力：未来发展范式的关键变革

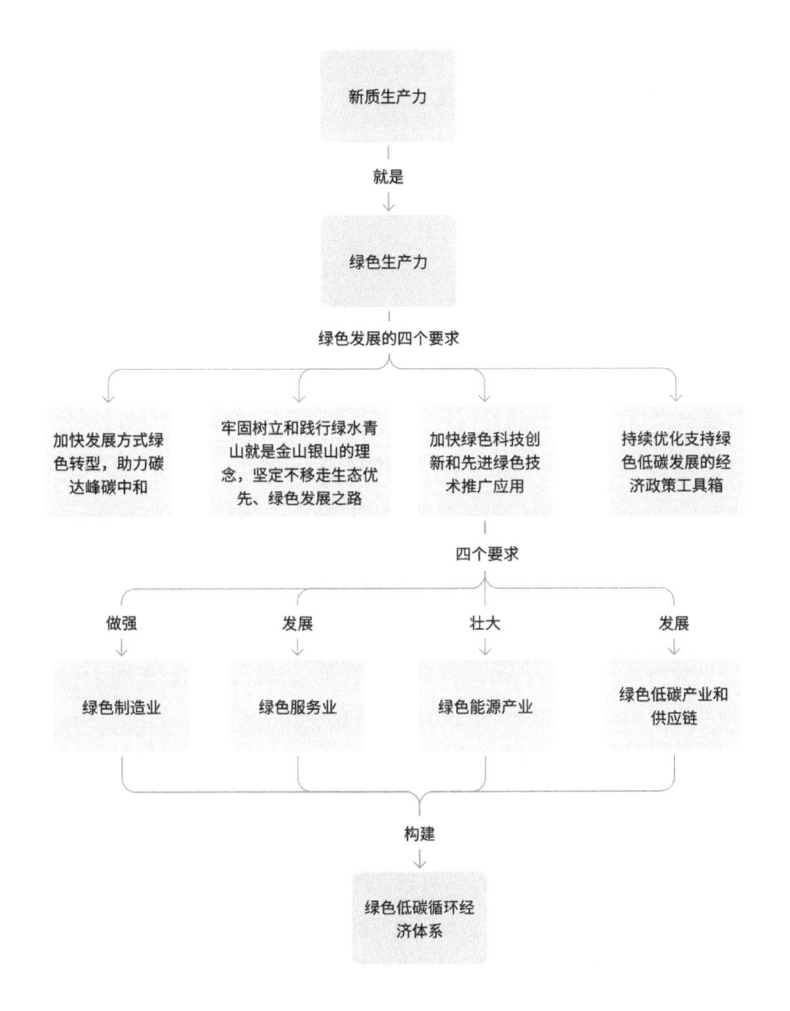

图 8-1 新质生产力—绿色生产力思维导图

环境的高污染。这种生产力实质上是一种破坏力，它不仅对资源能源造成巨大浪费，同时也对生态环境造成严重破坏。随着科技的进步和人类对生态环境的认识加深，必须构建一个充满活力、高效环保的生产力新生态体系。在此基础上，新质生产力逐渐崛起，绿色发展成为世界发展的潮流。这种新质生产力符合新发展理念，跳出了原有发展模式，致力于摆脱传统经济增长方式、生产力发展路径，成为一种绿色生产力。

绿色生产力是一种可持续生产力，它将生产力的生态化和生态化的生产力统一起来，实现了经济发展与生态环境保护的和谐共生。这种统一不是简单的叠加或折中，而是在更高层次上的融合和统一，是未来发展范式的核心逻辑。

（一）绿色生产力的演变路径

人类社会从原始社会到现代的演变过程，其实也是生产力不同形态的演变过程。总体来说，学术界将生产力可以分为三种历史形态，即白色生产力、灰色生产力、绿色生产力。

农业文明时期，人类只能使用简单的工具生产，生产力低下，对自然环境无威胁，经济结构以农业和手工业为主。由于没有对生态环境造成破坏和污染，这一时期的生产力称为"白色生产力"，这种生产力形态在人类历史上持续了几千年。经过漫长的发展过程，人类进入了工业文明时期。工业化时代的发展，虽然带来了生产力的显著提升，但这一过程却是以牺牲环境、破坏生态平衡以及资源的过度开采消耗为代价的。这种以征服自然、利用自然为主的生产力称为"灰色生产力"。

灰色生产力的发展在使人类物质财富不断增长的同时也使人类陷入危机四伏的生存环境中。1972年，《增长的极限》一书对这种危机意识进行了深刻分析。该书作者德内拉·梅多斯等人向世人发出警告：在有限的资源枯竭之前，经济就会停滞。这一警世忠言宣告了灰色生产力时代的终结，绿色生产力时代的大幕正式拉开。

在信息文明时期，绿色生产力主要是指一种以科技驱动为主的生产力，它实现了从要素投入为主向科技投入为主的转变。这种转变是对传统生产方式的颠覆，也是对科技发展路径的重新定义。在这个过程中，以牛顿机械力学为范式的科技逐渐退居幕后。这种科技观关注的是单一的、线性的因果关系，认为通过科学技术的进步，人类可以无限度地开发和利用自然资源，实现社会经济的增长。而绿色科技则是一种以复杂性、非线性为特征和范式的科技，它以生态学为范式，强调人与自然的和谐共生。绿色科技关注的是生态系统的整体性和多样性，认为科技发

第八章
绿色生产力：未来发展范式的关键变革

展应当遵循自然规律，尊重生态平衡，实现人与自然的和谐共生。在这个过程中，绿色科技将有助于推动生产力的可持续发展。

从劳动对象的角度看，绿色生产力将信息等可持续资源作为主要的劳动对象。作为一种新兴的生产力形态，绿色生产力具有明显的时代特征和可持续发展理念。传统的生产力主要依赖自然资源，如土地、矿产等，而绿色生产力则在此基础上进行了积极的转变。这意味着，在绿色生产力的推动下，生产活动不再过度依赖有限的自然资源，而是转向更为可持续、环保的资源，如信息、知识等。这些资源具有可再生、可循环利用的特点，有助于减轻生产过程中的环境负担。

从劳动资料的角度看，绿色生产力以数智手段为主要工具，对传统生产方式进行了深刻变革。智能化和自动化成为生产过程的主导趋势，从而实现了生产效率的提升和生产成本的降低。通过引入先进的信息化技术和物联网设备，生产过程中的各个环节得以紧密衔接，大大提高了生产效率。同时，智能化生产过程对资源的消耗相对较低，有助于实现绿色环保的目标。在生产过程中，大量采用自动化设备和机器人替代传统人工，不仅提高了生产速度和精度，还降低了人为因素带来的不稳定性和安全隐患。此外，自动化生产过程可以更好地控制资源消耗和环境污染，符合绿色发展理念。

在此基础上，数智手段还有助于实现资源的优化配置。通过大数据、云计算等技术的运用，企业可以对生产过程中的数据进行实时分析和处理，为决策者提供有力支持。这使得企业能够更加精准地把握市场需求，优化生产布局，进一步提高绿色生产力的竞争力。此外，数智手段在绿色生产力的应用过程中，还可以促进产业链的整合和升级。通过数字化、网络化的手段，企业可以与上下游产业链伙伴实现信息共享、协同创新，推动产业链向高端发展。这将有助于提高绿色生产力在整个产业体系中的地位和影响力。

从劳动主体的角度看，绿色生产力代表了一代新人，他们以全新的生态文明观念武装自己，致力于绿色生产力的创新和发展。绿色生产力

| 新质生产力 | 中国经济发展新动能

的发展要求劳动者具备专业的技能和知识，这是基础。但在基础上，更重要的是具备全面的素质，其中包括环保意识、创新能力等。环保意识是绿色生产力发展的核心，它让劳动者明白，生产不仅要追求经济效益，还要关注对生态环境的保护，实现可持续发展。创新能力则是绿色生产力发展的动力，它推动着生产方式的改革，促使企业不断探索绿色、环保、高效的生产技术和管理方法。

具备全面的素质的劳动者，是绿色生产力发展的关键。他们不仅能够适应绿色生产的要求，还能够推动绿色生产的深入进行，为实现我国生态文明建设和绿色发展目标作出贡献。此外，这些劳动者还需要具备较强的团队合作精神，以便绿色生产过程的各个环节能够协同配合，共同推进绿色生产力的发展。

在绿色科技的基础上，对生产力要素的生态化重塑极大地提升了生产力的可持续发展水平。这不仅有助于实现生态效益，降低生产对环境的负面影响，还能实现经济效益和社会效益的有机结合。在这个过程中，绿色生产力展现了强大的生命力和竞争力，成为推动我国经济高质量发展的重要引擎。

（二）新质生产力的绿色底层逻辑

践行绿水青山就是金山银山的理念，是实现美丽中国建设目标的基本原则，也是培育新质生产力的底层逻辑之一。从根本上来看，生产力的三个基本要素最初全都源自自然界。自然界为我们提供了劳动对象和劳动资料，甚至作为生产主体的人类，在起源上也离不开自然。换句话说，人类最初也是作为自然存在物而存在的。生产力的发展过程，实际上就是人类将自身的自然力量调动起来，并作用于外部自然界的过程。在这个过程中，人类不仅改造了自然，也改变了自身。这是一个双向的过程，一方面，人类通过劳动改变了自然界的物质形态，创造了新的生产力；另一方面，人类也在劳动中不断发展自身，提升了自身的生产力。然而，这一切都建立在尊重自然、遵循自然规律的基础之上。

第八章
绿色生产力：未来发展范式的关键变革

2012年11月

党的十八大

党的十八大把生态文明建设纳入"五位一体"总体布局，要求把生态文明建设放在突出地位，融入经济建设、政治建设、文化建设、社会建设各方面和全过程，努力建设美丽中国，实现中华民族永续发展。
"美丽中国"首次作为执政理念和执政目标提出。

2015年10月

党的十八届五中全会

"美丽中国"写入《中共中央关于制定国民经济和社会发展第十三个五年规划的建议》。

2016年3月

十二届全国人大四次会议

通过"十三五"规划，**"美丽中国"首次纳入五年计划。**

2017年10月

党的十九大

习近平总书记在党的十九大报告中指出，加快生态文明体制改革，建设美丽中国，到2035年，生态环境根本好转，美丽中国目标基本实现。
"美丽中国"明确成为现代化强国战略目标。

2018年5月

全国生态环境保护大会

习近平总书记在全国生态环境保护大会上发表重要讲话，要求确保到2035年美丽中国目标基本实现，到本世纪中叶建成美丽中国。

2018年6月

《中共中央 国务院关于全面加强生态环境保护坚决打好污染防治攻坚战的意见》

坚持建设美丽中国全民行动。美丽中国是人民群众共同参与共同建设共同享有的事业。必须加强生态文明宣传教育，牢固树立生态文明价值观念和行为准则，把建设美丽中国化为全民自觉行动。

2019年7月

习近平总书记在内蒙古考察

习近平总书记在内蒙古考察时强调，要努力打造青山常在、绿水长流、空气常新的美丽中国。

2019年10月

党的十九届四中全会

党的十九届四中全会强调，必须践行绿水青山就是金山银山的理念，坚定走生产发展、生活富裕、生态良好的文明发展道路，建设美丽中国。

2020年2月

《美丽中国建设评估指标体系及实施方案》

面向2035年"美丽中国目标基本实现"的愿景，按照体现通用性、阶段性、不同区域特性的要求，聚焦生态环境良好、人居环境整洁等方面，构建评估指标体系，结合实际分阶段提出全国及各地区预期目标，由第三方机构开展美丽中国建设进程评估，引导各地区加快推进美丽中国建设。

2020年3月

《关于构建现代环境治理体系的指导意见》

以坚持党的集中统一领导为统领，以强化政府主导作用为关键，以深化企业主体作用为根本，以更好动员社会组织和公众共同参与为支撑，实现政府治理和社会调节、企业自治良性互动，完善体制机制，强化源头治理，形成工作合力，为推动生态环境根本好转、建设生态文明和美丽中国提供有力制度保障。

2020年10月

党的十九届五中全会

习近平总书记就全会通过的《中共中央关于制定国民经济和社会发展第十四个五年规划和二〇三五年远景目标的建议》作出说明，提出到2035年广泛形成绿色生产生活方式，碳排放达峰后稳中有降，生态环境根本好转，美丽中国建设目标基本实现。

2021年3月

《中华人民共和国国民经济和社会发展第十四个五年规划和2035年远景目标纲要》

"十四五"国民经济与社会发展规划纲要进一步明确重要要求，丰富了美丽中国内涵，为生态文明建设和人与自然和谐共生的现代化描绘了美好蓝图。美丽中国的目标要求更加丰富完善。

2021年11月

《中共中央 国务院关于深入打好污染防治攻坚战的意见》

良好生态环境是实现中华民族永续发展的内在要求，是增进民生福祉的优先领域，是建设美丽中国的重要基础。
到2035年，广泛形成绿色生产生活方式，碳排放达峰后稳中有降，生态环境根本好转，美丽中国建设目标基本实现。

2023年7月

全国生态环境保护大会

习近平总书记出席会议并发表重要讲话强调，今后5年是美丽中国建设的重要时期，要深入贯彻新时代中国特色社会主义生态文明思想，坚持以人民为中心，牢固树立和践行绿水青山就是金山银山的理念，把建设美丽中国摆在强国建设、民族复兴的突出位置，推动城乡人居环境明显改善、美丽中国建设取得显著成效，以高品质生态环境支撑高质量发展，加快推进人与自然和谐共生的现代化。

2023年7月

国务院新闻办就"加强生态环境保护，全面推进美丽中国建设"举行发布会

未来5年是美丽中国建设的关键时期，我们要持续深入打好污染防治攻坚战，加快推动发展方式的绿色低碳转型，着力提升生态系统的多样性、稳定性、持续性，积极稳妥推进碳达峰碳中和，守牢美丽中国建设安全底线，健全美丽中国建设保障体系。

2023年11月

中央全面深化改革委员会第三次会议

习近平总书记在主持会议时强调，建设美丽中国是全面建设社会主义现代化国家的重要目标，要锚定2035年美丽中国目标基本实现，持续深入推进污染防治攻坚，加快发展方式绿色转型，提升生态系统多样性、稳定性、持续性，守牢安全底线，健全保障体系，推动实现生态环境根本好转。

2023年12月

《中共中央 国务院关于全面推进美丽中国建设的意见》

建设美丽中国是全面建设社会主义现代化国家的重要目标，是实现中华民族伟大复兴中国梦的重要内容。新征程上，必须把美丽中国建设摆在强国建设、民族复兴的突出位置，保持加强生态文明建设的战略定力，坚定不移走生产发展、生活富裕、生态良好的文明发展道路，建设天蓝、地绿、水清的美好家园。

图 8-2 "美丽中国" 发展脉络图

如果人类在改造自然的过程中超过了自然环境的承载能力，违反了自然规律，那么，就必然会遭受自然界的反击和惩罚。因此，在生产力发展的过程中，我们必须始终坚持人与自然的和谐统一。这意味着，人类在征服自然、改造自然的同时，也要注重保护自然、爱护自然，将这两者有机地统一起来，以确保人与自然之间的物质变换有序进行。由此可见，保持人与自然的和谐共生，即保持绿色的生态环境，是生产力正常发展的基本条件。在这个意义上，我们可以这样说：破坏生态环境就是破坏生产力，保护生态环境就是发展生产力。

进一步来看，人类在发展生产力的过程中，必须始终坚守绿色发展理念。这种理念要求我们在经济发展的各个领域，都要把环保、节能、低碳作为核心目标。在这个背景下，新质生产力以其独特的优势有效地实现了可持续发展。新质生产力并非偶然出现，而是通过对生产力要素的生态化重塑，将绿色、智能、泛在的技术革命性突破成果用于生产力要素创新性配置的过程，从而使新质生产力得以诞生和发展。在这一过程中，新质生产力逐渐成为推动社会进步的重要力量，引领着传统生产力向绿色生产力的转型。

（三）绿色发展成为未来趋势

新质生产力和绿色生产力的发展特性使得两者在可持续发展方面具有共同的目标和方向，只是在实施方式和侧重点上略有不同。将新质生产力和绿色生产力相结合，可以形成更加高效、环保的生产方式，推动经济社会的可持续发展。此外，新质生产力和绿色生产力的辩证统一关系还为政策制定者提供了重要的理论依据，有助于引导我国经济转型升级，实现高质量发展。

在21世纪的今天，绿色发展已经成为新质生产力未来发展的一个新的重要方向。随着全球对环境问题的关注日益增多，绿色发展作为一种可持续的发展模式，受到了越来越多国家和地区的认可和推动。这一趋势不仅体现了人类对生态环境的尊重与关爱，更体现了一种发展理念的转变，旨在构建人与自然和谐共生的美丽世界。具体来说，绿色发展能够成为新质生产力的未来发展趋势，主要有以下几点原因：

一是环境问题的全球性挑战。全球范围内，人们对环境污染、气候变化等问题的认识越来越深刻，环保意识逐渐增强。环境问题已成为制约人类发展的瓶颈，涉及全球各个国家和地区。面对这一严峻挑战，政府、企业和社会各界都开始意识到，传统的高耗能、高排放的生产模式已经不再适应未来发展的需求，而需要转向绿色、低碳、可持续的发展道路。

二是非可再生资源的制约。传统生产方式所依赖的资源如煤炭、石油等属于非可再生资源，面临着日益严重的资源约束和巨大的供给压力。绿色发展可以帮助有效利用资源，减少浪费，提高资源利用效率，从而缓解资源压力。通过绿色发展的路径，我们可以更好地实现资源的可持续利用，为人类社会的长远发展提供保障。

三是科技创新的驱动作用。随着科技的不断进步，新能源、清洁生产技术、循环利用技术等新兴技术不断涌现，为绿色发展提供了更多可能性。这些新技术可以实现对传统生产方式的改造和升级，从而推动经济向绿色、智能、高效的方向发展。科技创新是绿色发展的重要驱动力，也是实现可持续发展的关键。

四是国际合作的日益加强。全球范围内，越来越多的国家和地区意识到了其共同面临的环境挑战，加强了在环保、气候变化等领域的合作。这种国际合作和共识为推动绿色发展提供了更为有利的外部环境。通过加强国际合作，共同应对环境挑战，人类可以共同迈向绿色、可持续的发展未来。

绿色发展已成为新时代生产力的全新发展方向，得到了全球范围内的广泛认同。在环保意识不断增强、科技创新不断推进、国际合作不断加强的背景下，我们有理由相信，绿色发展将为人类社会带来更加美好的未来。

三、体系之变：绿色低碳循环经济的四面体结构

国务院《关于加快建立健全绿色低碳循环发展经济体系的指导意见》指出，"建立健全绿色低碳循环发展经济体系，促进经济社会发展全面绿色转型，是解决我国资源环境生态问题的基础之策"。习近平总书记在二十届中央政治局第十一次集体学习时强调了绿色发展的四大要求，其中一项重要内容是"加快绿色科技创新和先进绿色技术推广应用，做强绿色制造业，发展绿色服务业，壮大绿色能源产业，发展绿色低碳产业和供应链，构建绿色低碳循环经济体系"。这一要求明确指出了我国在推进绿色发展过程中需要关注的重点领域和方向。其中，"绿色制造业—绿色服务业—绿色能源产业—绿色低碳产业和供应链"共同构成了绿色低碳循环经济体系的四面体结构。

在国家现代化进程中，产业体系的发展和转型升级显得尤为重要。现代化产业体系强调传统产业的转型升级、战略性新兴产业的培育壮大以及未来产业的布局与发展。这与绿色低碳循环经济体系相互映射、共同作用，助推我国经济高质量发展。

（一）四面体结构的本质内涵

绿色低碳循环发展由绿色发展、低碳发展和循环发展这三个概念复合而成。在推进经济社会发展的过程中，绿色发展侧重解决生态环境保护及其质量问题，低碳发展侧重解决节能减碳问题，循环发展侧重解决资源保护与高效利用问题。而绿色制造业、绿色服务业、绿色能源产业、绿色低碳产业和供应链是我国绿色低碳循环经济体系的重要组成部分。这四个方面相互促进，共同构成了一个四面体结构，这个结构旨在实现经济发展与环境保护的和谐共生。

绿色制造业作为绿色低碳循环经济体系的基础，承担着将传统制造业转型升级为绿色制造业的重任。在我国积极推动绿色发展的背景下，绿

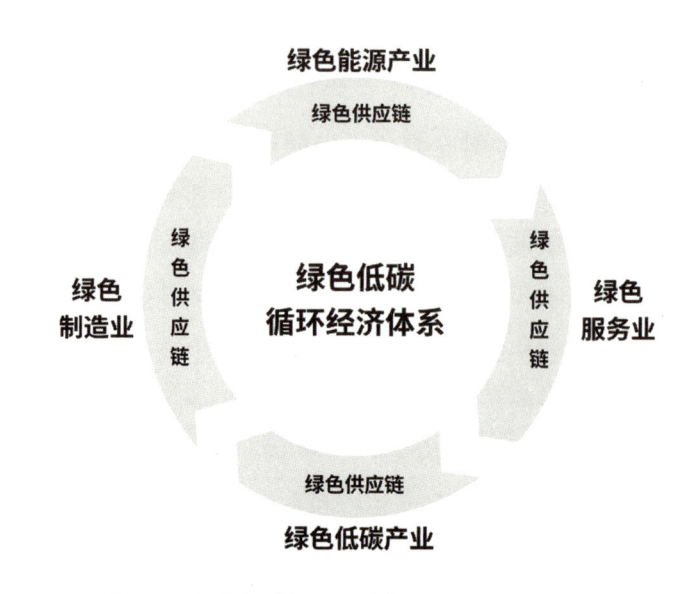

图 8-3 绿色低碳循环经济体系的四面体结构示意图

色制造业的发展至关重要。传统制造业在生产过程中往往产生大量的废弃物和污染物，对环境造成沉重负担。而绿色制造业以环保、低碳、高效为核心，通过技术创新和产业升级，实现生产过程中的资源节约和环境友好。

绿色服务业作为绿色低碳循环经济体系的重要组成部分，旨在为社会提供绿色、低碳、环保的服务。在现代社会，服务业已经成为国民经济的重要支柱。绿色服务业的发展不仅可以满足人们日益增长的绿色消费需求，还可以推动产业结构的优化升级，促进经济社会的可持续发展。通过推广绿色服务理念，提高服务质量和效率，绿色服务业将为我国绿色发展贡献力量。

绿色能源产业是推动能源结构优化、实现能源供给清洁化的关键。我国能源消费量巨大，传统能源产业的环境污染和碳排放问题严重。发展绿色能源产业，对于调整能源结构、减少碳排放、保护生态环境具有重要意义。绿色能源产业包括太阳能、风能、水能等可再生能源，以及智能电网、储能等先进技术。通过技术创新和政策扶持，绿色能源产业将逐步替代传统能源产业，成为我国能源供给清洁化的主导力量。

绿色低碳产业和供应链是实现绿色发展的有力支撑。在全球产业链重构的背景下，发展绿色低碳产业和供应链有助于提高我国产业链的竞争力。通过推广绿色生产、绿色消费、绿色物流等理念，构建绿色供应链体系，实现产业链的绿色化发展。这将有助于降低企业成本、提高产品质量，进一步提升我国在全球产业链中的地位。同时，绿色低碳产业和供应链的发展还将创造更多绿色就业机会，助力绿色发展目标的实现。

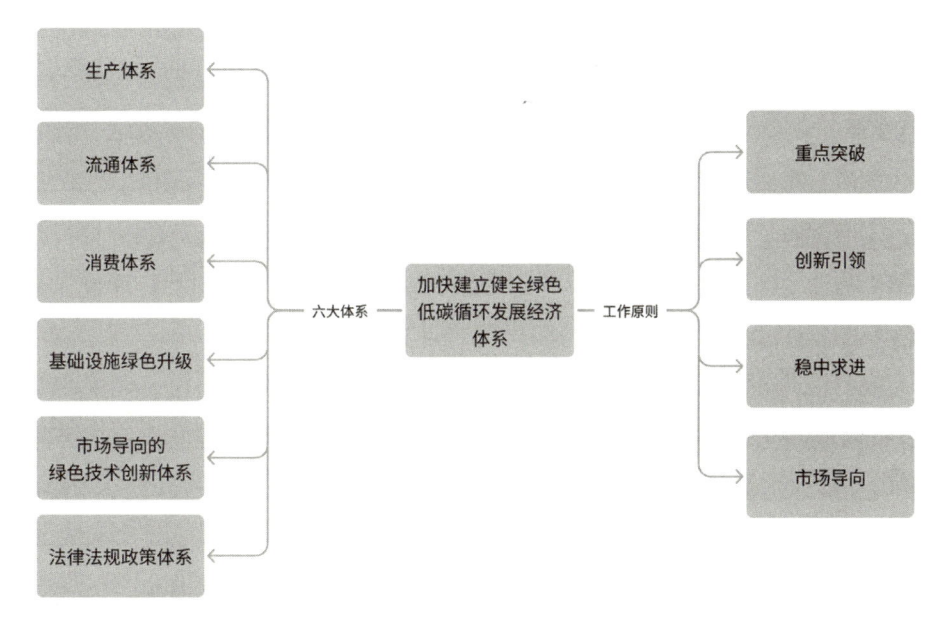

*制图依据：
《关于加快建立健全绿色低碳循环发展经济体系的指导意见》

图 8-4 绿色低碳循环发展经济体系的六大体系与工作原则

（二）绿色低碳循环经济体系与现代化产业体系的互动和相互影响

在实际应用中，绿色低碳循环经济体系的发展离不开现代化产业体系三角，即"传统产业—战略性新兴产业—未来产业"，这三者之间的协同作用在推动绿色低碳循环经济体系发展的过程中起到了关键性的作用，它们之间的互动和影响共同塑造了一个更加全面、可持续的发展体系。

其中，传统产业的转型变得尤为关键，其与绿色经济的协同发展成为推动我国工业现代化的重要引擎。

在传统产业转型升级的过程中，循环经济理念发挥着基础性作用，它强调经济增长要与环境保护协调一致，构建一个可再生、低投入、低浪费、低排放和低能源泄漏的系统。这种革命性的思维方式将线性生产模式转变为循环生产模式，不仅涉及减少、再利用和回收，而且拓展到更全面的恢复性和再生性工业经济。作为现代工业体系的内在特质，循环经济需要多元化的战略布局，包括产品的维护、维修、再制造和回收。

随着传统产业逐渐适应这些循环原则，它们有助于推动低碳经济的稳健发展。例如，我国正通过国家层面的规划，积极调整工业基础，倡导兼具生态效益和经济优势的绿色技术和系统。工业系统向绿色实践的转型不仅带来了环境效益，还创造了经济机遇，并可能形成竞争优势。这种转型的实施体现在绿色工厂的建设和绿色供应链的推广上，确保了产品从设计到回收的整个生命周期均具有可持续性。

此外，现代化产业体系需要适应和应对市场的快速变化，同时保持高效和竞争力。在绿色低碳循环经济的框架下，这意味着产业需要不断采用新技术、新工艺，提高资源利用效率，降低能耗和减少排放。例如，智能制造、物联网、大数据等先进技术的应用，可以帮助企业实现生产过程的智能化、精细化，既提高了效率，又降低了对环境的影响。

同时，绿色低碳循环经济体系要求产业体系实现循环发展。这意味着产业需要从传统的"资源—产品—废弃物"的单向流动模式，转变为"资源—产品—再生资源"的循环模式。这需要产业体系中的各个环节，如产品设计、生产、流通、消费等，都要贯彻循环经济的理念。例如，产品的设计和生产环节需要考虑如何便于回收和再利用，流通环节需要构建有效的回收体系，消费环节需要引导消费者进行绿色消费等。

总之，现代化产业体系的建设涉及绿色与传统产业的战略融合、循环经济原则的整合以及可持续的低碳经济的构建。通过实施这种综合发展模式，现代工业正在为更具弹性、资源高效和环境友好的经济格局树立典范。在未来，我国应继续加大对循环经济和绿色技术的支持力度，推动传统产业转型升级，实现经济发展与环保的双重目标，为全球可持续发展作出贡献。

四、"Green ×"：绿色发展的关键引擎

全面发挥绿色生产力的乘数效应，是实现绿色发展的关键引擎。绿色生产力乘数效应，是指在绿色经济发展进程中，通过优化资源配置、提高生产效率、减少污染排放等手段，实现绿色生产力的放大、叠加、倍增效果。同时，绿色生产力乘数效应还强调绿色产业间的关联效应，推动产业链上下游企业的绿色转型升级，进一步扩大绿色生产力的发展成果。这对于推动绿色经济的高质量发展具有重要的战略意义。

（一）绿色乘数效应的内涵

绿色发展与新发展理念的协调统一是实现绿色生产力乘数效应的重要前提。新发展理念包括创新、协调、绿色、开放、共享五个方面，是关系我国发展全局的一场深刻变革。其中，绿色发展理念是新发展理念的重要组成部分，它与生产力之间存在着密切的内在联系。

绿色发展的实质是以效率、质量和效益为标志的高质量发展，它要求生产力的解放和发展必须建立在资源高效利用和生态环境有效保护的基础上。只有推动经济发展方式的转变，实现绿色发展和生产力发展的良性互动，才能不断满足人民群众对美好生活的需要，进而形成生产力发展的强大动力。

在经济发展过程中，绿色发展要求我们坚持生态优先、保护环境，实现经济、社会和环境的协调可持续发展。这不仅有利于推动经济结构的优化升级，更有助于提高经济发展的质量和效益。因此，只有将绿色发展与新发展理念紧密结合，才能充分发挥绿色生产力乘数效应，推动经济社会的可持续发展。

绿色发展推动各类产业协调发展是实现绿色生产力乘数效应的关键所在。在传统的发展模式下，各产业之间往往存在着资源争夺、利益冲突等问题，这不仅制约了各产业的健康发展，更影响了整个经济社会的稳定发展。而绿色发展则强调各类产业的协调发展，通过优化资源配置、调整产业结构等方式，推动各产业之间的良性互动和协同发展。这样不仅可以充分发挥各产业的比较优势和竞争优势，更有助于形成完整的产业链和产业集群，进一步提高整个经济的竞争力和可持续发展能力。

而在连接传统产业与新兴绿色经济方面，绿色技术创新的作用不可忽视。绿色产业兴起这一趋势在中国工业格局中尤为突出。传统制造业与绿色产业的协同作用增强了经济发展的可持续性和韧性，这一转变的关键在于对绿色技术的采纳与整合，不仅能提升传统产业的环境绩效，还能促进经济现代化和增强全球竞争力。从中国制造业的视角出发，绿色技术创新已成为产业升级和推动低碳经济的关键力量。特别是在装备制造子行业，绿色技术创新对全球价值链升级起到了重要作用。然而，尽管绿色技术创新在全球价值链升级方面带来了短期利益，但对其长期影响需进行深入研究，因为不同子行业根据其独特的增值能力和生产条件，对这种创新的接受程度存在差异。

推动中国传统制造业的绿色创新不仅有助于提高中国在全球绿色市场的地位，还有助于突破并消除发达经济体设置的绿色贸易壁垒。这一战略策略通过激励环境友好型技术的整合得以实施，进而促进中国的出口贸易和产业升级。因此，绿色技术的发展与应用成为传统制造业发展并与现代可持续发展标准相符的途径，有助于实现经济发展与生态保护的共生。

（二）绿色乘数效应的作用路径

绿色生产力乘数效应可以分为直接乘数效应和间接乘数效应。这两种效应相互促进，共同推动绿色生产力水平的提升。

直接乘数效应通过运用先进的绿色生产技术和设备，提升绿色生产力水平。这种效应的核心在于，通过技术创新和设备升级，使得企业在生产过程中能够更加环保、高效地利用资源，从而降低生产成本，提高生产效率。这种效应不仅有助于企业实现可持续发展，而且有助于提高企业的市场竞争力。

间接乘数效应是一种绿色产业间的关联效应，旨在推动产业链上下游企业的绿色转型升级，进一步扩大绿色生产力的发展。这种效应主要体现在产业链上下游企业之间的互动和协同上。一方面，绿色产业的上游企业可以通过提供绿色、环保的原材料和设备，推动下游企业的绿色生产；另一方面，下游企业对上游企业的绿色产品和服务需求也会反过来推动上游企业的绿色转型。这种相互促进、协同发展的模式有助于整个产业链的绿色升级，从而进一步扩大绿色生产力的发展效应。

在直接乘数效应和间接乘数效应的共同作用下，企业可以实现绿色生产力的持续提升，从而为我国绿色经济发展贡献力量。为了更好地发挥这两种效应，我国政府和企业应加大对绿色技术和设备的研发和推广力度，加强产业链上下游企业之间的协同创新，共同推动绿色产业的快速发展。

（三）绿色乘数效应的提升举措

绿色生产力乘数效应在实践中受到多种因素的制约，要想充分挖掘和发挥其潜力，我们需要从技术水平、政策环境、市场机制和企业绿色发展意识等多个方面着手。

技术水平的提升是关键。绿色生产力的提升空间在很大程度上取决于我们的技术实力。虽然我国在绿色技术研发和创新方面取得了一定的成绩，但与发达国家相比，仍存在一定的差距。这不仅限制了绿色生产力的提升速度，也给环境保护和可持续发展带来了困难。因此，我们必须加大对绿色技术研发和创新的支持力度，提高技术水平和创新能力，为绿色生产力的发展奠定坚实的基础。

政策环境对绿色产业的发展具有举足轻重的作用。政府在绿色产业发展过程中应充分发挥引导和推动作用，通过制定和实施一系列绿色政策，为企业提供明确的发展方向和激励机制，促使企业积极投身于绿色产业的发展。政府还应加强对绿色产业的政策扶持，如税收优惠、融资支持等，为企业创造良好的发展环境。

市场机制的完善程度也会对绿色生产力乘数效应产生重要影响。我们应建立健全市场机制，优化绿色产品市场供需结构，促进绿色生产要素的合理流动，从而为绿色生产力的发展创造良好的市场环境。此外，建立绿色产品认证制度和绿色标识制度，有助于提高绿色产品的市场竞争力，推动绿色产业的发展。

企业的绿色发展意识是实现绿色生产力倍增的决定性因素。政府和企业应共同努力，加强企业绿色发展培训，增强企业的环保意识和责任感，引导企业自觉践行绿色发展理念，将绿色生产融入企业发展的方方面面。企业还应积极探索绿色生产方式，引进先进的绿色生产技术，提高资源利用效率，减少环境污染。

绿色生产力乘数效应的发挥是一个系统工程，需要我们从技术、政策、市场和企业等多个层面协同发力。在未来的发展中，我们还需继续加大对绿色技术研发和创新的支持，完善绿色政策体系，优化市场机制，强化企业绿色发展培训，以实现绿色生产力的倍增。只有这样，我们才能充分挖掘绿色生产力的潜力，为推动我国绿色发展和可持续发展注入源源不断的动力。

第九章

范式重塑：
形成适应新质生产力的新型生产关系

▶ 原文精读

　　生产关系必须与生产力发展要求相适应。发展新质生产力，必须进一步全面深化改革，形成与之相适应的新型生产关系。要深化经济体制、科技体制等改革，着力打通束缚新质生产力发展的堵点卡点，建立高标准市场体系，创新生产要素配置方式，让各类先进优质生产要素向发展新质生产力顺畅流动。同时，要扩大高水平对外开放，为发展新质生产力营造良好国际环境。

　　——《习近平在中共中央政治局第十一次集体学习时强调 加快发展新质生产力 扎实推进高质量发展》，《人民日报》2024年2月2日。

2024年2月，习近平总书记在中共中央政治局第十一次集体学习时强调，生产关系必须与生产力发展要求相适应。发展新质生产力，必须进一步全面深化改革，形成与之相适应的新型生产关系。要深化经济体制、科技体制等改革，着力打通束缚新质生产力发展的堵点卡点，建立高标准市场体系，创新生产要素配置方式，让各类先进优质生产要素向发展新质生产力顺畅流动。同时，要扩大高水平对外开放，为发展新质生产力营造良好国际环境。在当代经济发展的背景下，理解生产力与生产关系的基本概念及其相互关系，对于促进新质生产力的发展和实现经济社会的高质量发展具有重要意义。本章旨在深入探讨如何变革生产关系以适应并促进新质生产力的发展。

生产力是指人类在生产过程中通过劳动以及与自然界的相互作用，所能达到的改造自然和社会环境的能力。它包括劳动者的物质和精神条件、生产工具、技术知识等因素。生产力的发展和变革是社会发展的根本动力和源泉。生产关系则是指在生产过程中人与人之间的经济关系，包括所有权关系、人们在生产过程中的地位和角色分配，以及产品的分配和交换方式等。生产关系必须适应生产力的发展水平，促进生产力的进一步发展。生产力与生产关系之间存在着密切的内在联系和动态的相互作用。生产力的发展推动生产关系的变革，而生产关系的变革又为生产力的发展创造更加有利的条件。这种相互作用和相互影响，形成了社会发展的基本动力机制。

新质生产力代表了科技进步和创新发展的最前沿，其核心在于科技创新和技术革命性突破。新质生产力的发展，特别强调了关键核心技术的自主创新能力，以及通过科技创新推动产业创新和模式创新的能力。

当今世界正处于百年未有之大变局，科技创新和产业革命以前所未有的速度发展，带来经济格局和社会生活的深刻变革。在这一背景下，新质生产力的发展不仅需要持续的技术创新和研发投入，还需要构建一个促进创新的生产关系体系,包括市场导向的创新机制、企业主导的研发体系及产学研用深度融合的创新生态。在当前全球经济新旧动能转换的关键时期,新质生产力的发展成为推动经济增长的核心力量。这种生产力的特点是以信息技术为代表的科技创新,其发展对生产关系提出了新的要求。变革生产关系不仅是适应新质生产力发展的必要条件,更是促进经济社会全面进步和高质量发展的关键。

第一,新质生产力的发展突破了传统生产方式,对生产关系的组织形式、管理模式及其内在机制提出了新的挑战。传统的生产关系可能阻碍新技术的应用和推广,限制创新活动的发展空间。因此,变革生产关系,打破旧有束缚,成为适应和促进新质生产力发展的必要条件。

第二,新质生产力的核心在于创新。创新需要一个开放、灵活、协同的生产关系环境。旧有的生产关系可能不利于知识的共享、技术的传播和创新成果的快速转化。通过变革生产关系,构建一个促进创新、保护知识产权、鼓励风险投资的体系,是支持新质生产力发展的必要措施。巩固和发展新型举国体制,是加快技术创新和产业化应用的关键。

第三,新质生产力的发展要求生产关系能够促进资源的高效配置和利用。在新质生产力推动下,生产方式、经营管理、市场需求发生了深刻变化,需要生产关系灵活调整和优化,以实现资源配置的最优化,提高经济效益和竞争力。

第四,适应并促进新质生产力的发展,要求建立更加公平、合理的分配关系。新质生产力的快速发展带来了财富积累和分配的新问题,变革生产关系,推动实现更加公平合理的收益分配,对于维护社会稳定、促进社会公正和谐具有重要意义。

变革生产关系以适应并促进新质生产力的发展,是推动经济社会高质量发展的必然要求。这一过程要求我们深刻理解新质生产力的特性和要求,积极推进生产关系的变革,以更好地适应科技创新和经济发展的新趋势,为实现经济社会的全面进步和高质量发展提供坚实基础。

第九章
范式重塑：形成适应新质生产力的新型生产关系

一、突破束缚：发展新质生产力和全面深化改革

新型生产关系是指与新质生产力的发展要求相适应的生产关系，它强调生产关系的创新和改革，以促进生产力的快速发展。习近平总书记强调，发展新质生产力，必须进一步全面深化改革。这包括经济体制、科技体制等领域的改革，以清除束缚新质生产力发展的各种障碍。这意味着要建立一个高标准的市场体系，创新生产要素的配置方式，确保各类先进优质的生产要素能够顺畅流动，支持新质生产力的发展。扩大高水平的对外开放也是关键，它有助于为发展新质生产力营造一个良好的国际环境。总体而言，发展新型生产关系要求中国不断创新和改革，以确保生产关系与时俱进，满足新时代生产力发展的要求。

（一）深化经济体制改革

在新时代经济发展的大背景下，深化经济体制改革成为推动新质生产力发展的关键。当前经济体制中存在一系列制约新质生产力发展的因素，这些因素包括但不限于僵化的市场准入制度、繁复的行政审批流程以及低效率的资源配置等。这些问题不仅阻碍了新兴产业的快速成长，也限制了传统产业的升级转型，从而降低了经济的整体创新能力和竞争力。

为了摆脱这些问题，经济体制改革的方向应当聚焦于提高市场在资源配置中的决定性作用和优化宏观调控。市场机制的有效运作是激发经济活力和创新动力的关键，确保资源能够流向最能产生价值的领域。此外，宏观调控的优化可以为新质生产力的发展创造一个更为稳定、健康的外部环境，通过科学的政策引导和支持，促进经济结构的优化升级和新旧动能的转换。

具体到打通束缚新质生产力发展的堵点卡点，一系列措施亟待实施。首先，降低市场准入门槛，特别是对高新技术企业和创新型小微企业，

通过简化注册流程、减少行政审批等手段，为其快速成长扫清障碍。其次，简化行政审批流程，通过推行"一网通办""最多跑一次"等服务模式，大幅度提高行政效率，减轻企业负担。最后，还应加大对创新创业的政策支持，包括税收优惠、资金扶持、知识产权保护等，为新质生产力的发展营造一个良好的政策环境。

这些改革措施的实施，将有效解决新质生产力发展过程中遇到的瓶颈和障碍，释放市场活力，激发企业家精神，促进技术创新和产业升级。通过深化经济体制改革，可以为新质生产力的发展提供更加坚实的基础，推动经济实现高质量发展，最终实现社会全面进步和全体人民共同富裕的目标。这一系列改革不仅是对当前经济体制的优化，更是对未来发展模式的一次积极探索和勇敢革新，标志着中国经济在新时代背景下的自我革新和进步。

（二）创新科技体制

在当前全球科技创新大潮的背景下，创新科技体制成为推动国家经济和社会发展的重要驱动力。科技体制改革的必要性体现在多个方面，尤其是在促进科研成果转化和激发创新活力方面。传统的科技体制存在一定程度上的脱节现象，即科研成果往往难以快速有效地转化为实际生产力，同时，现有体制未能充分激发科研人员和企业的创新积极性。

举个例子，目前我国基础研究经费来源基本依靠政府，企业和社会的投入较低。放眼全球，一些国家的情况则有所不同。在美国的基础研究经费中，企业和非营利组织投入占40%左右。如何更好地调动企业和社会力量，支持基础研究、原始创新，并让科研人员更心无旁骛地进行探索，变得尤为重要。在中国科学技术协会的指导下，由科学家主导、腾讯出资并独立运营的"新基石研究员项目"，计划在10年内投入100亿元人民币，长期稳定地支持一批杰出科学家潜心基础研究。与任务驱动的项目制研究不同，该项目最鲜明的特色是"选人不选项目"，这意味着不对获资助的"新基石研究员"设置明确的研究任务，不考核论文数

第九章
范式重塑：形成适应新质生产力的新型生产关系

量，也不限定必须拿出成果的日期，而是创造良好的科研环境，帮助科研人员"十年磨一剑"，实现"从0到1"的原始创新。当前，在我国现有科技资助体系当中，以人为中心的资助相对欠缺。以"新基石研究员项目"为代表的实践，是企业作为社会力量支持基础研究，探索更加多元化的基础研究投入的重要尝试。因此，深化科技体制改革，构建一个更加开放、高效、协同的创新体系显得尤为迫切。

第一，改革应着力于提高企业在技术创新中的主体地位。企业作为技术创新的直接实践者，其在新产品开发、新技术应用和新模式探索中扮演着核心角色。通过改革，应进一步明确企业在科技创新体系中的主体地位，为其提供更大的自主权，包括自主决定研发方向、配置研发资源等。同时，通过财税政策支持、创新资金投入等方式，激发企业投身科技创新的动力。

第二，推动产学研用深度融合是创新科技体制改革的另一重要路径。产学研用融合不仅能够加速科研成果的转化，更能在这一过程中形成新的知识产出，实现知识的增值。为此，需要构建联系更加紧密的合作平台，鼓励高校、研究机构与企业之间的信息交流和资源共享。同时，通过政策引导和支持，促进各方在项目合作、成果共享、人才培养等方面的深入合作。

第三，科技体制改革还必须着力于促进知识产权保护和创新激励机制的建设。知识产权保护是创新活动的基础，只有确保创新成果能够获得有效保护，才能激励企业和科研人员进行更多的投入和尝试。因此，改革中应加强知识产权的法律制度建设，提高侵权成本，确保创新者的合法权益不受侵犯。同时，通过建立多元化的创新激励机制，如科技成果转化奖励、创新团队股权激励等，充分调动科研人员和企业的创新热情。

通过上述改革措施，可以构建一个更加开放、高效和协同的科技创新体系，不仅能够加速科研成果的转化，激发企业和科研机构的创新活力，还能为国家的科技进步和经济发展提供持续的动力。科技体制改革是一项深刻的系统工程，需要政府、企业、研究机构等各方面的共同努力和协作，以期在全社会形成更加浓厚的创新文化氛围，推动国家向创新型国家迈进。

（三）建立高标准市场体系

在新质生产力不断涌现的今天，建立高标准市场体系成为推动经济高质量发展的关键因素。一个高标准的市场体系能够为新兴产业提供良好的发展环境，促进科技创新和产业升级，是实现可持续发展的重要保障。

高标准市场体系的重要性在于，它能够为所有市场参与者提供一个公平、开放、有序的竞争环境。在这样的环境下，资源能够根据市场规律和经济效率自由流动，从而最大化地激发企业和个人的创新活力，推动新技术、新产品、新模式的快速发展。此外，高标准市场体系还能够吸引更多的国内外投资，为新质生产力的发展提供充足的资金支持。

为了构建和完善一个高标准的市场体系，首要措施是强化公平竞争的政策。这包括制定和执行反垄断法律法规，打破行政垄断，禁止不正当竞争，保护消费者权益，确保市场在各个领域和层面的公平竞争。完善金融市场体系也是构建高标准市场体系的重要措施之一。这意味着不仅要发展多层次的资本市场，提高直接融资比重，还要改革和完善银行体系，扩大金融服务的覆盖面、提高效率，为创新型企业和新兴产业提供更加多元化、定制化的金融产品和服务。

通过建立高标准市场体系，可以有效促进资源的高效配置。在一个功能完善、运行高效的市场体系中，资源能够自动流向最具创新潜力和生产效率最高的领域，促进经济结构的优化升级。同时，高标准市场体系通过提供一个公平竞争的环境，鼓励企业通过技术创新和管理创新提升自身竞争力，从而推动整个社会的创新能力和生产力水平的提升。

高标准市场体系还能够为新兴产业的发展提供坚实的基础。通过加强知识产权保护、优化创新环境、提供创新激励等措施，能够吸引更多的人才和资本投入到新技术和新产业的研发和应用中，加速新质生产力的形成和成长。同时，高标准市场体系还有利于提升国家产业的国际竞争力，促进经济的持续健康发展。

总之，建立高标准市场体系是推动新质生产力发展的重要基础。通过深化市场体制改革，优化公平竞争政策，完善金融市场体系，不仅能够促进资源的高效配置，支持新兴产业的发展，还能够激发市场主体的创新活力，推动经济实现高质量、可持续的发展。

（四）创新生产要素配置方式

在新质生产力快速发展的当下，传统的生产要素配置方式面临着诸多挑战，这些挑战在一定程度上制约了新质生产力的发展。当前的生产要素配置方式存在的问题主要包括资源配置效率不高、创新要素供给不足、生产要素流动性差等。这些问题不仅影响了新兴产业的成长速度，也限制了传统产业的升级转型，对整体经济发展的质量和效率形成了制约。

为了应对这些挑战，创新生产要素配置方式成为推动新质生产力发展的关键策略。

第一，优化土地资源配置是创新生产要素配置方式的重要内容。通过改革土地使用制度，提高土地使用效率，尤其是对高新技术企业和创新型产业园区，通过提供优惠政策和灵活的土地供应方式，支持其快速发展。

第二，资本是推动新质生产力发展的重要驱动力。创新资本配置方式，不仅需要完善金融市场体系，提高直接融资比重，还需要加强对创新型企业特别是初创企业的金融支持。这包括提供风险投资、政府引导基金、创新贷款等多元化融资渠道，降低创新活动的融资成本，提升资本对新兴产业的支持力度。

第三，数据已成为新时代的关键生产要素，其配置方式的创新对新质生产力的发展具有至关重要的意义。为了推动大数据、人工智能等新技术的应用和产业化进程，我们需要构建数据资源共享平台，在确保数据安全和个人隐私的同时，促进数据的开放和流动。这将有助于实现数据资源的有效配置，推动新质生产力的发展，为经济社会发展注入新的动力。

通过创新生产要素配置方式，可以促进先进优质生产要素向新质生产力领域的顺畅流动。这不仅需要政府在政策制定和资源配置上进行优化，还需要市场机制的有效运作，以及社会各界特别是企业界的积极参与和创新实践。例如，建立产业联盟、创新合作平台，促进产学研用深度融合，这些措施可以加速知识和技术的流动与转化，推动新兴产业的快速发展和传统产业的创新升级。

总之，创新生产要素配置方式是适应新时代经济发展需求、推动新质生产力快速成长的关键。通过优化土地、资本、数据等生产要素的配置，不仅可以提高资源配置的效率和效益，还可以激发市场主体的创新活力，为经济高质量发展提供有力支撑。

（五）扩大高水平对外开放

在全球化发展的今天，扩大高水平对外开放已成为推动新质生产力发展的重要战略。高水平对外开放不仅能够促进经济增长，更重要的是，它为新质生产力的发展提供了更加广阔的空间和更多的机遇，特别是在促进技术交流、提升产业链水平、加强国际合作等方面发挥着至关重要的作用。

高水平对外开放的重要性在于，它能够帮助国家接轨国际高标准经贸规则，通过参与全球经济治理和贸易体系，提升国家产业的国际竞争力。加入国际高标准经贸规则不仅促使国内企业提高自身的产品和服务质量，还促使企业不断创新，以适应国际市场的需求。此外，高水平对外开放还能够促进国际产能合作，通过引进外资和先进技术，加速国内产业结构的优化升级，推动经济高质量发展。

为了实现高水平对外开放，需要探索具体的开放路径。一方面，对接国际高标准经贸规则是扩大开放的重要一步。通过参与《区域全面经济伙伴关系协定》（RCEP）、《跨太平洋伙伴关系协定》（TPP）等多边贸易协定，可以有效地整合全球资源，提升国内产业的国际竞争力。另一方面，促进国际产能合作也是扩大对外开放的重要途径。通过建立产能合作机制，支持国内企业"走出去"，参与国际产业链的重构和优化，不仅可以帮助企业拓展国际市场，还能促进国内产业的技术升级和知识更新。

高水平对外开放可以为新质生产力发展营造良好的国际环境。首先，高水平对外开放有助于吸引外资，特别是直接投资，这些资金不仅可以为新质生产力的发展提供资金支持，还可以带来管理经验和先进技术。其次，高水平对外开放能够促进技术交流和人才引进，通过与国际先进企业和研究机构的合作，加速新技术、新产品的研发和应用。最后，高水平对外开放还能够推动国内产业升级和经济结构调整，通过参与国际竞争，促使国内产业向高端化、智能化、绿色化方向发展。

高水平对外开放是推动新质生产力发展的重要途径。通过对接国际高标准经贸规则、促进国际产能合作等措施，不仅可以为新质生产力的发展提供更加开放的环境和更多的机遇，还能促进国内产业的技术进步和结构优化，推动经济高质量发展和全面深化改革。

二、重要方向：适应新质生产力的生产资料的所有制形式

在当前中国的经济体系中，生产资料所有制形式的变革是适应和促进新质生产力发展的重要方面。生产资料所有制作为生产关系的核心组成部分，直接影响着生产力的发展水平和方向。

（一）生产资料所有制在促进新质生产力发展中的重要作用

中国的生产资料所有制形式多样，主要包括国家所有制、集体所有制、股份制所有制等，形成了以公有制为主体、多种所有制经济共同发展的基本经济制度。国有经济在关键领域和重要行业中占据主导地位，

集体经济在农村地区具有广泛基础，私有经济和股份制经济在市场经济中活跃，为经济发展提供了动力。

在探索经济发展的不同维度时，我们发现国有经济、集体经济以及私有和股份制经济既独具特色又相互补充。国有经济在保障公平分配和进行宏观经济调控方面展现出其不可替代的价值。然而，为了进一步提升其效率和创新力，引入更多的市场竞争和增强灵活性成为发展的关键。这种变革不仅能够促进科技创新，还能够加速产业的升级转型。

集体经济在农村地区具有深厚的传统基础，并在社会经济发展中起到了积极作用。随着经济和社会的进步，集体企业正面临着转型和升级的新挑战。如何有效地融合科技创新，同时保留其独有的经济特色，是当前需要解决的重要问题。

私有经济和股份制经济在激发市场活力和推动创新进程中发挥了极其重要的作用。尽管面临融资难、市场准入限制等挑战，但这些领域的企业仍然是促进新质生产力成长和发展的重要力量。消除这些制度性障碍，将促使它们释放更大的潜力，进而为经济社会的全面发展作出更大贡献。

而新质生产力对所有制形式提出了新的要求：

更高的灵活性和开放性。新质生产力的发展要求所有制形式具有更高的灵活性和开放性，能够迅速适应市场变化和技术革新，促进资源的有效配置和利用。

创新和竞争的激励机制。为了促进科技创新和产业升级，所有制形式需要建立有效的激励机制，鼓励企业和个人投入研发和创新，同时在市场中形成健康的竞争环境。

产权保护和法律支持。新质生产力的发展还需要坚实的产权保护和法律支持体系，确保创新成果得到认可和保护，激发创新主体的积极性。

总而言之，传统的生产资料所有制形式在新的经济发展阶段面临着诸多挑战。为了适应和促进新质生产力的发展，需要对现有的所有制形式进行深刻的变革和调整，构建更加灵活、开放、竞争、有序和创新的经济体系。这不仅是经济发展的需要，也是社会进步的必然要求。通过优化所有制结构，可以更好地释放生产力，促进经济社会的全面和谐发展。

（二）变革的实践和方向

在中国共产党的领导下，中国经济正在经历一场深刻的变革，特别是生产资料所有制形式的变革，旨在适应并促进新质生产力的发展。这一变革过程涉及私有经济向共享经济和合作经济的转型，以及国有经济的作用调整和优化，反映了中国共产党对于经济发展新形势的深刻理解和积极回应。

随着信息技术的快速发展和全球化经济的深入融合，新质生产力正在推动经济社会生活的各个方面发生变革。在这一背景下，传统的私有制经济模式逐渐向共享经济和合作经济模式转变。共享经济通过最大化利用闲置资源实现资源的有效配置，降低交易成本，提高经济效益。合作经济模式则强调利益共享、风险共担，促进了小微企业和个人参与到更广泛的经济活动中，有助于平衡不同经济主体之间的利益，推动社会经济的均衡发展。这些变革不仅体现了新经济形态对所有制形式的创新要求，也符合社会主义市场经济条件下实现更加公平、高效资源配置的目标。

目前，国有经济的调整也在积极推进，在关键领域和重要行业中，国有经济的战略功能更为凸显。通过国企改革，提高国有企业的市场竞争力和创新能力，实现国有资本做强做优做大。此外，探索建立国有资本投资、运营公司，以市场化、专业化方式优化国有资产管理，增强国有经济的活力和控制力，这是国有经济优化调整的重要方向。这些措施旨在使国有经济更好地服务于国家整体经济发展战略，同时促进经济高质量发展。

这场所有制形式的变革，是中国共产党基于对经济发展规律深刻认识的战略决策。通过适应新质生产力发展的要求，促进私有制经济和国有经济的深度融合、相互促进，不仅为中国经济的转型升级提供了动力，也为全球经济的发展贡献了中国智慧和中国方案。这体现了中国共产党在新时代背景下，推动社会主义经济建设的创新精神和实践勇气，为实现中华民族伟大复兴的中国梦提供了坚实的经济基础。

（三）变革生产关系对新质生产力发展的影响

在中国共产党的领导下，中国正处于生产关系变革的关键时期，旨在更好地适应和促进新质生产力的持续发展。这一变革过程正在以前所未有的力度和深度，推动经济结构和社会形态发生根本变化。变革生产关系对创新活动、生产效率以及社会财富再分配，产生了显著的影响。

当前的生产关系变革，特别是在产权保护、市场准入和资本流动等方面的积极调整，正在为创新活动创造更加有利的环境。产权制度的完善和市场准入政策的放宽，为企业和个人提供了强大的创新激励。这些措施保障了创新者的合法权益，降低了创新风险，激发了广泛的社会创造力和创新活力。资本市场的进一步开放和优化，为创新项目提供了丰富的资金支持，加速了科技成果的转化和应用。

生产关系的持续变革激发市场活力和优化资源配置，显著提升了生产效率。随着市场在资源配置中作用的增强，资源流向生产效率高的领域，推动了经济结构的优化升级。企业改革和技术进步的推进，减少了生产过程中的资源浪费，提高了整体的生产效率。劳动关系管理的创新，不仅提高了劳动者的参与度和满意度，也提升了劳动生产率，为新质生产力的发展奠定了坚实的基础。

生产关系的变革正在完善社会财富再分配机制，促进分配公平。通过税收、社会保障和公共服务的调整，加大了对低收入群体的支持，缩小了收入差距。在这一过程中，特别强调通过教育和职业培训提高劳动者的技能和竞争力，确保人人都能分享经济增长的成果。此外，政策也在不断优化，以确保新质生产力发展带来的财富增长能够惠及更广泛的社会群体，实现社会的整体和谐与稳定。

总之，生产关系的变革正在积极进行中，旨在构建一个更加开放、高效、公平的经济社会体系。这些变革不仅促进了创新活动，提高了生产效率，也推动了社会财富分配更加公平，共同推动新质生产力的发展和社会主义现代化建设的进程，体现了中国共产党对国家和社会发展全局的深刻洞察与坚强领导，展现了在新时代背景下，推动经济高质量发展的决心和智慧。

三、必然要求：生产过程中人的地位和相互关系的变革

在经济发展和社会进步的新时代背景下，生产过程中人的地位和相互关系正在经历深刻的变革。这一变革不仅是新质生产力发展的必然要求，也是实现人的全面发展和社会和谐的重要途径。

（一）生产过程中人的地位和相互关系概述

在旧的生产关系中，人的地位和相互关系主要体现为劳动与资本的对立，劳动者在生产过程中往往处于从属地位，其劳动和创造性被视为资本增值的工具。这种特点导致了劳动者与生产资料的分离，劳动者的个人发展和创造潜能受到限制，社会劳动分工固化，阻碍了社会生产力的全面发展。

1. 旧的生产关系中人的地位和相互关系的特点

在旧的生产关系中，人们在生产过程中的相互关系往往是固定和单一的，劳动者的角色被限定在特定的、重复的任务中，缺乏足够的参与感和创造空间。这种生产关系不利于激发个人的创新能力和主动性，也不利于形成积极向上的工作氛围。此外，由于劳动者在生产过程中的地位较低，其经济和社会地位也相对较低，这导致了社会财富分配的不公和社会矛盾的加剧。

2. 新质生产力对人的地位和相互关系的新要求

新质生产力的发展，特别是信息技术和智能化技术的应用，对人的地

位和相互关系提出了新的要求。新质生产力强调创新和灵活性，使生产过程中人的地位进一步提升，更加平等，更加注重协作。

人的地位提升。在新质生产力驱动下的生产过程中，劳动者不再仅仅是劳动力的提供者，还是创新和价值创造的主体。他们的知识、技能和创意被高度重视，个人发展与企业成长和社会进步紧密相连。这种变革要求企业和社会构建一个支持个人成长、鼓励创新和终身学习的环境，使每个人都有机会发挥其潜力，贡献于社会经济的发展。

团队协作。新质生产力强调团队协作、跨界合作和平等参与。在生产过程中，不同岗位、不同背景的人需要紧密合作，共同解决问题和创造价值。这种协作不是基于传统的上下级关系，而是基于对专业能力和创新贡献的互相尊重和认可。这要求在生产关系中建立更为灵活和开放的沟通机制，促进知识共享和信息流通，打破固有的等级制度，形成以合作为核心的新型组织文化。

重视创造性劳动。随着新质生产力的发展，越来越多的工作需要高水平的创造性思维和创新能力。这要求生产过程中人与人的相互关系不仅要支持执行任务，更要支持创造性思维和创新实践。企业和组织需要通过提供必要的资源、培训和激励机制，鼓励员工探索新思路、开发新产品和改进服务，从而提升整体的创新能力和竞争力。

通过这些变革，新质生产力不仅推动了技术和经济的发展，也促进了人的全面发展和社会关系的和谐。生产过程中人的地位的提升和相互关系的变革，反映了对人的尊重和对其价值的重视，是实现社会主义现代化和构建和谐社会的重要途径。在新时代背景下，通过深化生产关系的变革，提高人的地位和优化相互关系，不仅能够更好地适应和促进新质生产力的发展，也能够更好地实现人的全面发展和社会的全面进步。

（二）生产过程中人的地位和相互关系的变革的方向与实践探索

在新质生产力的推动下，生产过程中人的地位和相互关系的变革正朝着平等化的趋势发展，这一变革体现在去中心化与民主化管理的实践、劳动者自治与参与决策的积极性的提升等方面。这些变革不仅促进了企业和社会的创新与发展，也为营造更加公平、和谐的工作环境提供了新思路。

随着信息技术的发展和知识经济的兴起，去中心化与民主化管理成为生产过程中人与人的相互关系变革的重要方向。这种管理模式强调权力下放和决策分散，使得组织结构更为扁平，促进了信息的快速流通和创新想法的迅速实现。在这一模式下，员工被赋予更多的自主权，可以在工作中发挥个人的创造性和主动性，同时也参与到组织决策中，这种做法有效提升了其工作的效率和满意度，增强了组织的竞争力。

在这一变革趋势下，劳动者不再是被动执行命令的对象，而是组织决策的主体。通过建立员工代表大会、建立项目团队制度等形式，劳动者可以直接参与到企业管理、产品开发和市场战略等重要决策中，这种参与不仅提高了决策的质量和效率，也增强了员工的责任感和归属感。

在新质生产力的影响下，许多企业开始探索和实践未来企业文化与组织结构的创新。例如，一些高科技企业采用扁平化管理结构，减少管理层级，增强了组织的灵活性，提高了响应速度。同时，这些企业注重构建开放和包容的企业文化，鼓励员工提出创新想法，实行自我管理和团队协作，创造了一种激励创新和支持个人发展的工作环境。

另外，一些企业通过实施"全员股东制"等模式，让员工成为企业的股东，分享企业的成长成果，这种做法不仅激发了员工的积极性，也提升了员工对企业的忠诚度和责任感。这些企业的实践案例表明，通过变革生产过程中人的地位和相互关系，构建平等化的组织结构和文化，可以有效促进企业的创新发展和社会责任的实现。

新型劳动者包括远程工作者、自由职业者、平台经济参与者以及技术和创新领域的专家等，他们正在重新定义劳动关系和工作模式。随着他们在生产过程中扮演越来越重要的角色，对企业文化、劳动市场乃至整个社会经济结构的影响也日益显著。这些变化促使我们从多个维度重新审视和营造未来的工作环境。在企业文化方面，新型劳动者倾向于追求自由、灵活和自我实现，推动企业向更加扁平化、灵活化的管理模式转变。企业不仅需要重视工作成果，更要关注工作过程中的创意产生和知识交流，从而创造一个支持创新和个性化发展的环境。在劳动市场方面，新型劳动者的多样化需求和工作方式促使劳动市场结构和规则发生变化。这包括对工作性质、工作时间、报酬方式等的重新定义，以及对劳动关系法律框架的更新。为适应这些变化，政策制定者和社会各界需要共同努力，确保劳动市场的公平性和灵活性，并保护劳动者的权益。此外，新型劳动者的崛起也对社会保障体系提出了新的挑战。传统的社会保障体系往往以长期、稳定的雇佣关系为基础，但新型劳动形式的出现要求社会保障体系更加灵活和包容，能够覆盖更广泛的劳动者群体，包括自由职业者和短期合同工等。

总之，生产过程中人的地位和相互关系的变革正在向平等化的方向发展，如去中心化与民主化管理、劳动者自治与参与决策的积极性的提升等。另外，新型劳动者队伍的壮大也正在推动企业文化和组织结构的创新。这些变革不仅提升了企业的创新能力和竞争力，也为建立更加公平、和谐的社会关系提供了新的思路和实践经验。

（三）生产过程中人的地位和相互关系的变革对新质生产力发展的影响

在新质生产力的推动下，生产过程中人的地位和相互关系正在经历前所未有的变革，这些变革对新质生产力的发展产生了深远的影响。具体而言，劳动者的积极性与创造力得到了显著激发，团队协作与沟通效率显著提高，企业的适应性和竞争力也得到了增强。

劳动者积极性与创造力的激发。随着生产过程中人的地位提升和相互关系的民主化、平等化，劳动者在工作中享有更多的自主权和决策权，这种变革直接激发了劳动者的积极性和创造力。当劳动者能够参与到决策过程中，感受到自己对工作和组织发展有实际的贡献和影响时，他们的工作热情和创新动力会显著提升。这种激发不仅表现在劳动者对日常工作的积极性上，更重要的是在面对挑战和问题时，劳动者更愿意主动思考、提出解决方案，推动工作和项目的创新发展。

团队协作与沟通效率的提高。去中心化与民主化管理以及劳动者自治与参与决策，营造了生产过程中更加开放和平等的沟通氛围，极大地提升了团队协作与沟通的效率。在这种工作环境中，信息流通更加畅通，知识和经验的共享更加频繁，团队成员能够迅速响应变化，有效协同工作。这种高效的协作和沟通机制，使得组织能够更快地汇聚各方面的智慧和力量，共同解决问题，加速创新项目的推进和实施。

企业适应性与竞争力的增强。在新质生产力不断发展的背景下，企业面临的市场和技术环境变化日益加速。生产过程中人的地位和相互关系的变革，通过激发劳动者的积极性和创造力、提高团队协作与沟通效率，直接增强了企业的适应性和竞争力。企业能够更快地捕捉市场变化，响应客户需求。同时，创新能力的提升使企业能够持续推出新产品和服务，保持竞争优势。此外，这种变革还帮助企业打造了积极向上的组织文化和良好的企业形象，吸引和留住人才，进一步支撑了企业的长期发展。

生产过程中人的地位和相互关系的变革，对新质生产力的发展产生了积极而深远的影响。通过激发劳动者的积极性和创造力，提高协作与沟通效率，以及增强企业的适应性和竞争力，这些变革为实现经济高质量发展和构建和谐社会提供了强有力的支撑。未来，随着这种变革的不断深化和拓展，其对新质生产力发展的正面影响将更加显著。

四、关键举措：面向未来的新型生产关系

在全球经济新常态的背景下，中国正站在推进经济转型与升级的关键节点上。推进经济转型与升级的核心之一，在于如何通过深化改革、促进创新以及建立新型生产关系，来激发新质生产力的活力。这个转型过程不仅关系到如何突破现有经济体制和科技体制的局限，更关系到如何在全球化背景下构建一个更加开放、有效和公平的经济发展新模式。

改革的核心在于破除旧有体制中那些抑制创新与技术发展的障碍，包括通过简化行政流程、减轻企业负担、优化商业环境等措施，为企业创造出一个更为宽松和高效的成长空间。在此基础上，建立一个高标准市场体系变得至关重要。这需要进一步放宽市场准入，完善市场监管制度，确保市场在公平竞争的基础上运行，同时提高市场运作的透明度和公正性。

在资源配置方面，关键在于创新方式。这意味着必须重新考虑如何更有效地利用关键的生产要素，如资本、技术和人才。特别是在提升技术创新和人才培养的过程中，更需要强调这些资源的质量提升和流动性，确保它们能够自由流动到最需要的地方，从而推动经济的高效运转和结构的优化。

对外开放的深化也显得尤为重要。在当今经济全球化的大背景下，提升开放程度不仅可以吸引外部资本和先进技术，也为中国企业更深入地融入全球产业链、提升国际竞争力提供了条件。同时，加强国际合作和交流，可以为国内的创新环境和经济发展创造一个更加开放和利于发展的外部环境。

新型生产关系的建立是促进新质生产力发展的关键。这种生产关系的新型特征在于，能够更好地适应经济发展新阶段的要求，特别是在促进创新、提高效率和增强开放性方面。新型生产关系鼓励更加灵活的劳动和资本配置，促进技术和信息的自由流动，以及更加公平的市场准入机制。这不仅为新兴产业的成长提供了土壤，也为传统产业的升级转型开辟了路径。

第十章

重塑未来：
新质生产力引领的社会发展新范式

▶原文精读

　　必须牢记高质量发展是新时代的硬道理,全面贯彻新发展理念,把加快建设现代化经济体系、推进高水平科技自立自强、加快构建新发展格局、统筹推进深层次改革和高水平开放、统筹高质量发展和高水平安全等战略任务落实到位,完善推动高质量发展的考核评价体系,为推动高质量发展打牢基础。发展新质生产力是推动高质量发展的内在要求和重要着力点,必须继续做好创新这篇大文章,推动新质生产力加快发展。

　　——《习近平在中共中央政治局第十一次集体学习时强调 加快发展新质生产力 扎实推进高质量发展》,《人民日报》2024年2月2日。

中国经济经过三十余年的迅猛增长，现已步入转型的关键期，即换挡期。尽管增速有所调整，但经济规模依然展现出强大的扩张态势，且与美国的差距在不断缩小。而且与其他经济体相比，中国经济的领先性愈发显著。然而，正是这一关键时期，中国经济也面临着国内外各种复杂的挑战。

国际上，一些西方政客、媒体等正在全球范围内掀起一场"中国崛起顶峰论"，即认定中国崛起已到顶峰，唱衰中国发展前景，打压中国增长预期。其中叙事逻辑不乏认为中国经济数据反映了自身的深度结构与模式问题，认定中国的经济下行是中长期必然趋势，后续实行的经济政策及"稳信心"措施将持续摇摆无力，内在的意识形态将阻碍提振经济。

国内，中国经济目前尚未走出延续多年的经济增长的换挡期、经济结构调整的阵痛期和前期刺激政策的消化期等"三期叠加"困境。此外，面临世界百年未有之大变局，一方面中国所处的国际环境更为动荡、复杂和不确定，另一方面也面临着"需求收缩、供给冲击、预期转弱"的三重压力。

在这一过程中，面对国内外经济环境的复杂变化和中国经济转型的需求，如何以动能驱动实现改革、转型、创新，完成经济潜在的指数级增长以及内生质变的转化，成为当前中国全面深化改革的首要任务。

基于此，作为若干个乘数效应组合的新质生产力，不仅跃升成为指数效应的发展新动能，更在经济转型和发展中起到了至关重要的作用。这种组合效应在绿色经济、智能制造、数字经济和生物经济等战略性新兴产业中得到了充分体现，不仅巩固了中国经济的存量优势，而且有助于实现中国经济从高速增长向高质量发展的转变。中国经济的内生质变，即从量变到质变，是一个内生演化和长期积累的结果，要加速推动这一进程，就要充分发挥新质生产力的乘数效应，将新质生产力与创新驱动、数据要素、绿色发展和人工智能这四个方面相互关联，共同发挥乘数效应，推动经济的可持续发展，实现生产力的跨越式提升和持续增长。

一、中国坐标：作为关键变量的角色在理解新质生产力 X^n 中的体现

针对中国目前的经济发展现状，我们急需提升科技创新能力，并进一步开发尚未充分利用的数据要素。同时，我们还需进一步挖掘绿色生产力的乘数效应，并深化人工智能技术在各个领域的引领作用，在关键领域增强国际竞争力，强化产业链，补齐技术短板。利用作为关键变量的新质生产力 X^n，重新锚定中国在全球的坐标。

（一）"创新驱动 ×"：核心动能

新质生产力的发展有赖于创新的主导作用。加大对科技创新，特别是颠覆性技术和前沿技术的研发投入，这一变革性战略深深植根于对先前存在的增长模式所施加的局限性的认识，能够推动形成新质生产力，进一步放大各种要素生产力的乘数效应，加快高质量发展下产业结构转变、动力转换和结构优化。

中国向培育新质生产力的战略转变，体现了重新定义经济生产力本质的总体雄心。中国经济发展要突破瓶颈、解决深层次矛盾和问题，其根本出路在于创新，关键在于科技力量。在创新的掌舵下，创新驱动增长高于一切这一战略支点的乘数效应是多方面的，一方面，不仅直接作用于新产业模式，而且促使经济实现从传统生产模式向先进技术、效率和卓越品质的飞跃；另一方面，新质生产力不仅仅由旧有系统迭代更新而成，也由先进的技术突破和生产要素两者共塑。

由此观之，创新不仅可以直接转化为现实生产力，而且可以通过科技的渗透作用放大各生产要素的作用，进而促进社会生产力水平的整体提升。这种"乘数效应"能够在连锁反应中撬动发展，产生巨大的"综合

乘数效应",从而推动经济的快速增长。这一明确设计的模式,旨在摆脱传统经济引擎的约束,推动国家走向高质量发展的轨道。

第一,创新驱动发展强调提高全要素生产率,不断提升科技进步对经济增长的贡献率。通过创新,可以有效地提高资源配置效率,促进经济结构的优化升级,进而实现指数级增长。

第二,创新驱动能够推动新产业新动能的发展壮大,对经济增长的带动作用提升。随着创新驱动的深入推进,新产业和新动能将不断发展壮大,为经济增长提供持续动力。

第三,以创新型创业激发高质量发展新动能,其中机会型创业呈指数级增长。这表明,通过创新创业活动,可以有效激发经济增长的新动力,促进经济高质量发展。

综上所述,创新驱动在发挥乘数效应,带来指数级增长上发挥着至关重要的作用,它不仅能够直接转化为生产力,还能通过提升全要素生产率、发展新产业新动能、推动创新型创业等多种方式,共同推动经济的快速增长和高质量发展。

(二)"数据要素×":新型生产资料

在数字经济时代,数据的作用已不仅限于流通,数据要素已成为推动经济社会高质量发展的关键要素之一。作为数字经济时代快速发展的新型生产资料,数据要素为赋能产业技术、创新生产模式提供了新机遇。在数据要素的持续推动下,中国数字技术与传统产业逐渐实现深度融合,借助物联网、自动化等新技术打造智能制造,升级先进供应链。2022年,中国大数据产业规模达1.57万亿元。数据要素所催生出的新消费、新业态、新品牌,正为商业模式升级创新加速,其运用和复用将为不同行业创造新的价值增量,发挥自身的乘数效应。

数据要素在发挥乘数效应,带来指数级增长上的作用是多方面的。首先,数据作为新型生产要素,具有报酬递增、非竞争性和低成本复用等特征,在生产过程中能够发挥降低不确定性、提升交易匹配质量、促进知识积累和创新、提高生产要素协同性等作用。这些数据要素的创新应用，为创新驱动的指数级增长提供了重要的技术支撑和资源保障。并且能够快速融入生产、分配、流通、消费和社会服务管理的各个环节，成为推动经济社会高质量发展的关键动力。这表明数据要素不仅在数量上呈现出指数级增长，而且在价值上也展现出巨大的增长潜力。

数据要素的乘数效应表现为"协同""复用""融合"三种赋能机理。具体而言，数据要素通过与不同要素结合，提高资源配置效率，创造新产业、新模式，培育发展新动能。这种乘数效应不仅体现在经济增长上，还体现在提升产品和服务质量效益、形成相对完善的数据产业生态等方面。例如，通过加强数据安全保障、促进数据要素发挥作用的基础保障，从而更好地发挥数据要素的乘数效应。

此外，数据要素的乘数效应还体现在其对经济增长的引擎作用上。在数字经济时代，数据要素对经济增长的引擎作用日益凸显。这一点从数据要素对 GDP 增长的贡献率呈现持续上升状态中可以得到印证。同时，数据要素的非竞争性和低成本特性，使得其能够在多个领域发挥倍增效应。

为了充分发挥数据要素的乘数效应，我国实施了"数据要素 X"三年行动计划。该计划旨在通过推动数据在多场景应用，提高资源配置效率，创造新产业、新模式，培育发展新动能。到 2026 年底，数据要素的应用广度和深度将大幅拓展，在经济发展领域数据要素乘数效应得到显现，涌现出一批成效明显的数据要素应用示范地区。

综上所述，数据要素在发挥乘数效应，带来指数级增长上发挥着至关重要的作用。它不仅是经济增长的新动力，也是促进高质量发展的重要手段。通过深化数字化转型，推动数据要素的高水平应用，以及实施相关行动计划，可以有效激发数据要素的潜能，推动经济社会实现更高质量的发展。

在数据要素的作用下，中国市场的"数据"特征愈发明显，服务模式正迎来转型期，从金融科技服务方面的信贷评估、风险控制，到能源管理方面的智慧能源调度与优化，再到政企服务方面帮助政府、企业推动数字化转型等，数字要素在激活市场潜能的过程中带来更多力量。生产、商业、服务正在数据要素的乘数效应下加快升级，为产业数字化、创新性发展注入来自数据要素的驱动力。"数据要素 X"为中国产业的新发展开辟了广阔的市场前景，正迅速引领着产业数字化和创新性发展，数据要素潜力的充分释放，将推动更多产业"驶向"数字蓝海。

（三）"绿色发展 ×"：未来趋势

习近平总书记明确指出："绿色发展是高质量发展的底色，新质生产力本身就是绿色生产力。"[①] 绿色生产力作为高质量发展的基础，是新质生产力的核心组成部分，绿色发展作为新质生产力发挥乘数效应的未来趋势，在产业和新技术领域得到了广泛的应用和实践。

绿色生产力乘数效应是指通过绿色技术创新和产业协同发展，推动环保产业快速发展，从而带动整个经济系统的绿色转型和提升。作为绿色发展的重要组成部分，绿色生产力通过其乘数效应，为绿色低碳发展提供了强大动力。

这一效应主要体现在两个方面：一是直接乘数效应，即环保产业的发展带动了相关产业链的发展，包括绿色能源、清洁生产、环保设施等领域，形成了产业集聚效应；二是间接乘数效应，即环保产业的需求拉动了相关的衍生产业和服务业的发展，比如环保技术咨询、环境评估等。为了提升绿色生产力乘数效应，需要加大对绿色技术研发和创新的支持力度，完善政策环境，优化市场机制，同时还需要加强对企业绿色发展意识的培养，鼓励企业加大绿色技术投入，推动产业结构的转型升级。只有从多个层面协同努力，才能实现绿色生产力的倍增，推动绿色发展和可持续发展。

[①] 《习近平在中共中央政治局第十一次集体学习时强调 加快发展新质生产力 扎实推进高质量发展》，《人民日报》2024 年 2 月 2 日。

首先，数字技术和数据要素的市场化配置，尤其是人工智能等新型生产资料，不仅加速了绿色创新的步伐，也为加快发展方式的绿色转型提供了新机遇。这表明，通过利用数字化手段，可以有效地推动绿色发展，实现指数级增长。

其次，绿色发展政策的有效实施，能够激发企业和社会各界的积极性，形成示范效应。这种由政府主导的政策措施，不仅有助于推动全产业链的绿色低碳发展，也能在一定程度上提升企业的综合效益，从而促进经济增长。

最后，ESG（环境、社会和治理）乘数效应的释放，对于推动全产业链的绿色低碳发展具有重要意义。通过加强顶层设计和全方位完善外部环境，构建具有中国特色且与国际标准兼容的 ESG 评价指标体系，不仅能够保障 ESG 评价体系的规范性，还能突出多元性，强化外部合作与第三方合作，从而有效推动绿色低碳发展。绿色发展通过数字经济的放大效应、政策的激励作用、ESG 乘数效应的释放以及绿色投资的引导，可以有效促进经济增长，实现可持续发展目标。

（四）"人工智能×"：增长引擎

人工智能主要在促进经济高质量发展、改变劳动力市场、促进产业升级和创新以及发挥数据要素的乘数效应等方面发挥作用，这些作用共同推动了新质生产力的形成和发展，为实现经济高质量发展提供了强大动力。

第一，人工智能作为新一代信息技术革命的代表技术之一，促进了经济高质量发展，在智能制造、资源优化配置等方面发挥着重要作用，通过端到端的数据深度感知与决策优化，推动了高质量增长。

第二，人工智能的应用改变了劳动力市场，提高了生产力和经济效率，同时也带来了新的工作机会和挑战。不仅限于传统行业，人工智能还渗透到了研发设计、生产制造、客户服务等各个环节，成为推动新质生产力形成的核心驱动力。在推动新质生产力发展的过程中，数据要素的乘数效应得到了充分发挥，这意味着人工智能技术能够通过数据资源的协同优化、复用增效、融合创新，为高质量发展注入新动能。

第三，国家层面对人工智能技术的支持也为乘数效应的实现提供了政策保障。国家数据局提出支持开展通用人工智能大模型和垂直领域人工智能大模型训练，旨在发挥数据要素乘数效应，赋能经济社会发展。这种国家级的支持有助于推动人工智能技术的广泛应用，加速技术创新和产业升级。

有必要指出的是，"人工智能×"与2024年全国两会提出的"人工智能+"行动并不冲突。"人工智能×"指的是通过人工智能技术的发展和应用，在智能产业发展与智能赋能其他产业双重作用下，对经济发展产生巨大的乘数效应；"人工智能+"行动则是将人工智能技术应用于行动领域，通俗来说就是"人工智能+各个行业"。前者说的是结果，后者说的是过程。而两者之间除了存在区别，也存在着必然的联系，人工智能的乘数效应，很大一方面就是要通过"人工智能+"行动中一个个加法相互叠加，最终引发质变产生的。

人工智能在发挥乘数效应、带来指数级增长上发挥了"助燃剂"的作用。通过推动数字经济的发展、提升算力水平、发挥数据要素的价值，以及获得国家层面的政策支持，人工智能技术正在成为推动经济社会全面进步的重要力量。未来，随着人工智能技术的不断进步和应用的深入，其乘数效应将进一步放大，为全球经济发展注入更多活力。

综上，之所以新质生产力较之传统生产力具有更强的发展动能和更高的效率，究其原因在于传统供给侧结构性改革聚焦于"加减乘除"的综合运用，而新质生产力则更侧重于使用乘法，尤其值得注意的是内置于其中的关键增长变量的相互作用。具体而言，新质生产力以"创新驱动×绿色发展×人工智能×数实融合×数据要素×……"的累乘运算，形成气势如虹的综合乘数效应，以此驱动中国潜在的"幂运算"指数级增长。

从其具体要素层面看，新质生产力通过促进科技创新与产业创新的良性双向互动，形成现代化产业体系，并利用数据要素这一新型生产资料为创新驱动的指数级增长提供重要的技术支撑和资源保障，加速绿色创新的乘数效应，加之人工智能等数字化智能化技术作为数字经济的重要组成部分，由此立足产业新赛道以推动中国经济实现高质量发展，这种乘数效应将为中国经济的持续增长注入新的动力。

在当前的发展形势下，新质生产力已成为推动中国进入经济转型期实现高质量发展的重要引擎。充分认识新质生产力的重要性，充分发挥其在创新驱动、绿色发展、人工智能、数实融合等方面的综合效应，科学做好"乘法运算"，才能进一步引领中国经济的持续繁荣。

此外，中国的新质生产力战略以坚定不移地关注创新和质量为特征，通过积极主动和前瞻性的方法，为指数级增长做好了准备，而且在全球技术和工业进步的叙事中发挥了关键作用。而中国对新质生产力的关注表明，在经济实力博弈之外，中国正致力于推动战略性新兴产业和尖端技术，培育一种新的产业竞争范式，以挑战长期以来由发达国家主导的技术霸权，通过在科技、产业等多个领域的自立自强，迈向全面建成社会主义现代化强国的第二个百年奋斗目标。

二、整体跃迁：从制造强国到新质生产力系统结构的整合升级

习近平总书记强调，推进中国式现代化是一个系统工程，需要统筹兼顾、系统谋划、整体推进，正确处理好一系列重大关系。这意味着，实现四个现代化不仅是对经济、科技、文化等领域的提升，更是对政治体制、社会治理、生态环境、国际影响力等方面的全面提升。

（一）强国战略演变

从历史的角度来看，"四个现代化"的提出和演变，是中国现代化建

设的重要里程碑，也是中国走向强国的必由之路。1957年，毛泽东提出，要将我国建设成为一个具有现代工业、现代农业和现代科学文化的社会主义国家。这一目标的提出，标志着中国在追求现代化的道路上迈出了重要一步。

此后，"四个现代化"的提法进行了多次调整和深化。进入新时代以来，中国共产党对全面建成社会主义现代化强国的战略安排和目标任务进行了新的阐述。党的二十大报告提出了全面建成社会主义现代化强国的战略安排，即分两步走：从2020年到2035年基本实现社会主义现代化；从2035年到本世纪中叶把我国建成富强民主文明和谐美丽的社会主义现代化强国。这一战略安排不仅体现了党在社会主义现代化建设战略目标上的一贯性、整体性，又符合实践发展的连续性、阶段性和时代性。

而与之同步迭代的是核心战略"强国目标"，从提出"制造强国"到提出"推进新型工业化，加快建设制造强国、质量强国、航天强国、交通强国、网络强国、数字中国"和"加快建设农业强国"等战略任务，这一演变过程彰显了中国在新时代背景下对经济发展方式的深刻调整和对产业发展方向的明确选择，既体现出中国对于先进生产力战略认知的更新，也展示了在新时代背景下，中国如何通过科技创新、产业升级等手段，实现从量变到质变的飞跃，构建具有国际竞争力的现代化产业体系。

这一战略演变过程体现了通过创新驱动、提质增效，推动制造业向高附加值、高效益方向发展，这不仅是对传统制造业的升级，也是对现代化产业体系构建的重要支撑。随着时间的推移，这一战略逐渐深化，从2015年的国家政策升级为2024年党的长期理论，反映了中国对于新质生产力战略认知的调整与更新，以生产性的、现代化产业体系为根基，致力于从制造强国到新质生产力的转变。

为了实现这一转变，中国需要利用新质生产力构建一个以生产性和现代化产业体系为根基的现代化产业体系。这不仅包括工业、农业、服务业等传统产业的现代化，也涉及信息技术、生物技术、新能源等新兴产业的发展。现代化产业体系的建设，要求坚持科技是第一生产力、人才是第一资源、创新是第一动力的基本原则，着力构建一批新的增长引擎，不断塑造发展新动能新优势。

（二）三大关键挑战

在加速形成新质生产力的过程中，中国所面临的三大关键挑战涉及"破与立""量与质"以及"内与外"的平衡。这三组重要关系在中国的经济转型中扮演着至关重要的角色，需要进行统筹协调，以确保经济的稳健发展和高质量增长。

首先，就"破与立"而言，这涉及传统产业与新兴产业之间的转变。传统产业在中国经济中扮演着重要角色，但随着时代的变迁和科技的进步，许多传统产业面临着转型升级的压力。政府和市场需要在推动传统产业有序退出和新兴产业建立之间找到平衡点。这意味着必须在尊重市场规律的前提下，通过政策引导和产业升级，促进传统产业的优化升级，同时支持新兴产业的蓬勃发展。在这个过程中，要确保经济转型的平稳过渡，避免出现产业结构的剧烈动荡，保障社会稳定和就业。

其次，在"量与质"的挑战中，中国需要平衡产业规模扩张与产业转型升级之间的关系。过去几十年来，中国经济以惊人的速度实现了规模扩张，但这种扩张也伴随着资源浪费和环境污染等问题。因此，中国必须在追求规模增长的同时，注重提升产业的质量和效能。这意味着要加强技术创新，提高产品质量，降低生产成本，提升企业竞争力。同时，还需要加强对资源的有效利用和环境保护，实现经济增长与生态文明建设的良性互动。

最后，在"内与外"的挑战中，中国需要平衡自主技术创新与对外开放合作之间的关系。中国在科技创新方面取得了一定的成就，但与国际先进水平相比仍存在差距。因此，中国需要加强自主技术创新，提升科技水平和核心竞争力。同时，也需要积极参与全球技术交流与合作，吸收国际先进技术和管理经验，加速技术创新和应用。这需要政府加大对

第十章
重塑未来：新质生产力引领的社会发展新范式

科技研发的投入，完善科技创新体系，促进产学研用结合，培育创新人才，同时加强国际科技合作，建立开放型创新体系。

在这三组关系中，中国需要在政府引导和市场作用的共同推动下，寻找到平衡点，实现经济结构的升级和转型。这不仅是中国经济发展的内在要求，也是适应全球经济发展趋势的必然选择。通过统筹协调这三组关系，中国将能够有效地应对经济转型中的挑战，实现经济持续健康发展和高质量增长。

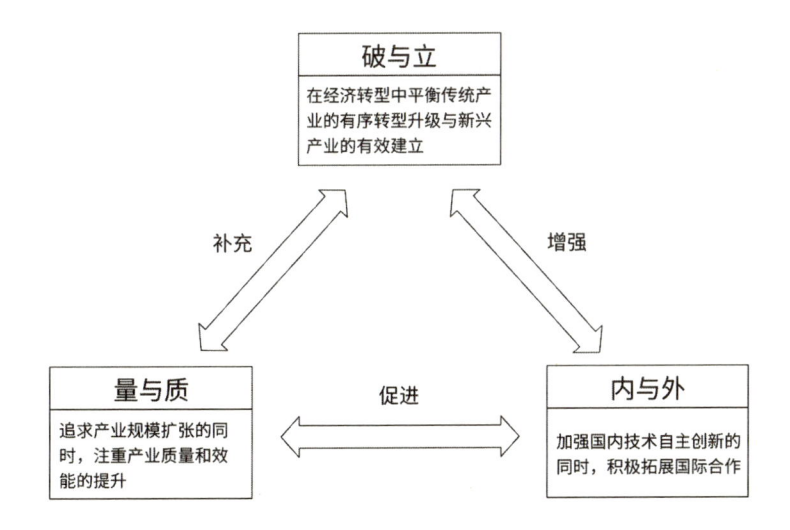

图 10-1 发展新质生产力的三组重要关系示意图

（三）如何统筹处理发展新质生产力的三组关系？

中国在面对产业结构转型升级的挑战时，需要坚持"稳中求进、以进促稳、先立后破"的原则。这一原则的核心在于对传统产业和新兴产业进行平衡发展，促进经济的稳定增长。对于传统产业，中国需要进行优化升级，以适应新的市场需求和发展标准。具体来说，通过信息化、绿色化、服务化等方面的改造，传统产业可以焕发新的活力，成为推动经济增长的重要力量。

在这一过程中，政府的引导和政策的支持至关重要。政府可以通过提供税收优惠、财政补贴、技术研发支持等手段，鼓励传统产业进行转型升级。同时，加大对员工再教育和转岗培训的投资，为传统产业员工提供更多的发展机会，减少转型期间可能出现的社会问题。

与此同时，中国还需要支持新兴产业的发展，以科技创新为核心，推动产业转型升级，培育新的经济增长动能。在新兴产业中，政府可以加强前沿技术研发，推动产业结构的转型升级，催生新业态、新模式，培育新动能。尤其是在新型举国体制下，国家能够通过集聚资源、整合创新链条来支持新兴产业成长与发展，为经济的可持续发展注入新的活力。

除了产业结构转型升级，中国还需要在产业规模扩张与产业转型升级之间实现平衡。在这方面，产业政策应支持高技术产业和战略性新兴产业的发展，同时注重提升产品质量和效益。通过技术改造和创新升级，推动产业绿色化和智能化升级，以适应市场需求的变化，提高产业的竞争力和盈利能力。

在"内与外"的方面，中国需要加强基础研究，鼓励原始创新，以实现技术突破和国际化。同时，积极利用外资与技术，推动国际科技合作，拓展企业的全球市场。通过内外结合的双轮驱动，为中国的产业结构转型提供更广阔的舞台，实现经济的高质量发展。

在新一轮科技产业革命的加持下，中国应贯彻自主科技创新和对外开放相结合的指导原则。这既包括自立自强，解放和激发科技作为第一生产力的潜能；也包括积极利用国际资源，拓展企业的全球市场。通过内外结合的双轮驱动，中国将为产业结构转型提供更广阔的舞台，实现经济的高质量发展。

三、无界探索：新质生产力引领的
人类发展新范式探索

在探讨新质生产力作为一种社会变革在探索人类发展范式中的角色

第十章
重塑未来：新质生产力引领的社会发展新范式

时，首先需要理解新质生产力的内涵和特点，新质生产力的提出，不仅丰富和发展了马克思主义生产力理论，而且深化了对生产力发展规律的认识，为中国在新发展阶段打造经济发展新引擎、增强发展新动能和构筑国家新优势提供了重要指引。这一概念的提出，标志着中国在生产力发展上进入了一个新的历史阶段，即探索工业和社会发展历史的新阶段。

（一）探索全新的发展范式

基于历史视角，社会进步主要取决于生产力的发展水平。新质生产力作为一种新型生产力，其发展不仅是对传统生产力的超越，更是对生产关系重新定义的重要推动，其核心特征在于技术创新、产业升级和模式创新，这些都要求生产关系的相应调整和变革。新质生产力的发展依赖于技术革命性突破和产业深度转型升级，要求生产关系必须适应生产力发展，并对生产关系的变革提出要求。只有这样，才能真正把握新质生产力的发展机遇，实现高质量发展。

随着中国推进生产率范式的转变，其他国家面临着重新调整其工业战略以保持竞争力的迫在眉睫的挑战。而在面对一些国家的技术封锁和投资限制的情况下，中国正在彻底重新定义其生产关系，并加快减少对外部技术的依赖。

正是在这种背景下，中国的社会主义框架与现代化建设的哲学逻辑相契合，社会主义的变革倾向包括使生产力不受限制地发展，从而使早期的生产关系形式过时，并促进新的、更进步的关系形成。这让人想起马克思在《〈政治经济学〉序言》中所说的："无论哪一个社会形态，在它所能容纳的全部生产力发挥出来之前，是决不会灭亡的。"

鉴于社会主义制度的特殊性，中国准备实现全面现代化，通过利用新质生产力重新定义生产关系，不仅是生产关系向全面现代化迈进，还是社会主义制度的基本逻辑——先进生产力的引入是历史的必然。这表明，社会发展是动态迭代的过程，先进的生产力逐渐取代了过时的生产力，这不是单一的技术或工业发展的问题，而且是中国进步的根本核心，是中国特色社会主义实践的发展。

（二）社会变革：新时代的格局

中国新兴的"新质生产力"框架代表了一场巨变，对全球竞争动态产生了重大影响。该战略旨在利用科技创新来彻底改变生产力，标志着从以工业为基础的传统经济发展模式向重视效率、技术实力和可持续性的结构的显著转变。

新质生产力的发展，不仅仅是技术层面的革新，更是生产关系、社会制度体系的深刻变革。它要求中国在经济增长的同时，更加注重效率与公平、人与自然和谐共生、物质文明和精神文明的协调发展。这意味着，新质生产力的发展是一个复杂的综合体，涉及创新、公平、秩序、文明与共生等多个方面的平衡与统一。

中国式现代化是人口规模巨大的现代化，是全体人民共同富裕的现代化，是物质文明和精神文明协调的现代化，是人与自然和谐共生的现代化，是走和平发展道路的现代化。新质生产力的发展，正是这一现代化进程中的具体实践。通过科技创新和产业升级，新质生产力能够有效地促进经济的高质量发展，同时也能够为社会带来更广泛的福祉，包括但不限于提高人民生活水平、促进社会公平正义、增强国家竞争力等。

社会变革是指人们改造社会的重大变革，其最深刻的根源是生产关系和生产力的矛盾。自第一次工业革命以来，技术推动的生产力的发展一直都早于生产关系的变革，而无论是中国还是世界其他地区，多数情况下主要矛盾都是生产关系制约生产力发展。打破桎梏的生产关系，解放生产力，是每个时代生产力与生产关系实现关键变革的解题思路。

以新质生产力理论为代表的新发展模式，最终目标一方面是解放和发展生产力，另一方面是塑造新型生产关系，这无疑是推动经济社会发展的巨大变革。加快发展新质生产力发展理论，在为中国探索一条全新的生产力发展路径的同时，也在探索人类社会生产力与生产关系变革发展的新范式。新质生产力的范式意义在于，它是"创新起主导作用，摆脱传统经济增长方式、生产力发展路径，具有高科技、高效能、高质量特征，符合新发展理念的先进生产力质态。它由技术革命性突破、生产要素创新性配置、产业深度转型升级而催生，以劳动者、劳动资料、劳动对象及其优化组合的跃升为基本内涵，以全要素生产率大幅提升为核心标志"，是一种更加具有普适性的人类未来社会发展模型。

综上所述，新质生产力作为推动经济社会发展的关键变量，不仅是对传统生产力发展的超越，也是对人类社会发展规律的深入探索。通过推动新质生产力的发展，能够更好地实现中国式现代化的目标，构建一个更加和谐、可持续的社会。

（三）实现中国式现代化

党的二十大报告指出，"中国式现代化是物质文明和精神文明相协调的现代化。物质富足、精神富有是社会主义现代化的根本要求"[1]。利用生产关系实现中国式现代化首先需要深刻理解中国式现代化的本质要求和特征。中国式现代化强调全体人民共同富裕的目标，这是社会主义的本质要求，是中国式现代化的重要特征。要达到这一目标，必须通过生产关系的改变，促进生产力的发展和分配关系的优化，以实现物质文明和精神文明的协调发展。

而新质生产力作为在信息化、智能化、绿色化社会中，随着科技创新的提质增速而呈现的高级形态，要求同中国式现代化全体人民共同富裕的目标指向、协调发展的根本要求、和平发展的实现路径具有高度适配性，由此才能作为可持续推进中国式现代化的新动能。

为使新质生产力真正增益于中国式现代化，需要从科技创新、产业升级、高质量发展、人才培养和开放合作等多个维度入手，形成全方位、

---

[1] 习近平：《高举中国特色社会主义伟大旗帜　为全面建设社会主义现代化国家而团结奋斗——在中国共产党第二十次全国代表大会上的报告》，人民出版社2022年版，第22页。

多维度的发展格局，为中国式现代化建设提供不竭的动力和支撑。此外，要以新质生产力服务高质量发展，为中国式现代化奠定坚实的物质基础。还要以科技创新涵养新质生产力，壮大战略性新兴产业、积极培育未来产业，推动新质生产力茁壮成长，确保新质生产力竞相迸发与充分涌流。

综上所述，通过改变生产关系，推动中国特色社会主义现代化建设，实现全体人民共同富裕、物质文明和精神文明的协调发展，需要坚持以人民为中心的发展思想，在高质量发展中促进共同富裕，同时深化改革开放，加强精神文明建设，促进社会全面进步。

结 语

展望新质生产力对全球生产力格局的深远影响

中国致力于通过新质生产力的发展实现国家的全面振兴，这一过程深植于实现中华民族伟大复兴的中国梦。这不仅体现了中国人民对美好未来的共同向往，也是基于对历史经验和未来发展的战略考量。在国家安全和发展战略中，中国追求的是和平发展、互利共赢的全球伙伴关系，旨在通过合作共建人类命运共同体，推动构建更加公正、合理的国际秩序。

中国的发展战略，旨在通过创新驱动、开放合作，推动全球治理体系向更加公正、合理的方向发展。这包括在国际经贸规则等领域发挥建设性作用，促进全球经济治理体系改革，使之更多反映广大发展中国家的利益和诉求。中国的快速发展，特别是在科技创新方面的成就，为世界提供了新的发展机遇。

随着国际力量对比的演变，中国积极参与全球治理，提出一系列具有全球影响的倡议，如"一带一路"倡议，通过共建共享的合作模式，加强地区和全球的经济联动，促进共同繁荣。中国在地区和国际事务中秉持和平发展的理念，通过对话和合作解决争议，维护地区稳定和世界和平。此外，中国提出构建人类命运共同体的理念，致力于促进国与国之间的相互尊重、公平正义、合作共赢，为解决全球性问题提供中国方案，力图为构建开放型世界经济注入新动力，推动构建一个更加包容、可持

| 新质生产力 | 中国经济发展新动能

续的全球发展模式。

中国发展新质生产力的旅程,是一次深刻的自我革新和为全球发展作出贡献的历程。在这一历程中,中国正以前所未有的速度和规模,推动技术和创新驱动的系统性改革,为全球经济发展注入新的活力,共同迎接人类社会的美好未来。

后　记

科技巨变时代的思想漂流

在成为智库工作者之前，我的学术旅程始于对博大精深的中国史的沉浸式研读。早在2014年前，我犹如一名潜水者，在历史的长河中探寻那些影响国家命运的深层规律。然而，在时代洪流的涤荡洗礼下，我深刻领悟到历史研究的价值并不局限于回溯过往，更应以其璀璨光芒照亮现实，积极服务于当今社会的进步与政策制定。于是，我毅然决然地完成了一次关键的职业转型，从专攻历史学转而投身于政策研究与智库工作的大潮。

这一转变不仅是我职业道路上的转变，更是个人认知境界的一次重要转变，从超脱现实步入积极参与社会治理的实践层面。作为智库研究人员，我的角色绝不仅仅是旁观者，我要勇于踏入纷繁复杂的现实，积极应对21世纪的社会变革。这场变革犹如一部横跨19世纪工业革命、20世纪信息技术革命以及21世纪初中国在全球化与技术革命背景下崛起与重塑的连续剧。在面对时代疾风骤雨般的冲击时，我无法轻视信息技术革命时代那无所不在且深刻的烙印。

基于此宏大背景，我把中国技术与社会关系的交织视为一个恢宏蓝图，这一蓝图正在彻底重塑人类社会生产力迭代与生产关系革新的底层逻辑。数字互联时代曙光初现，传统的认知界限正在被无形的力量悄然打破，形成一幅色彩斑斓、纹理丰富的经纬交织之作，互联网将科学技术与人文精神完美融合，谱成一首和谐统一的序曲。在这一进程中，各要素之间不再各自孤立，而是共生共融，相互砥砺、相互成就。

我深深地认识到，这场革命不仅革新了社会运作的法则，更触及了知识创新精神的内核。政策制定者与学者的观念框架正经历一场巨变。知识不再被困于象牙塔之内，也不再静止于泛黄的书页间。在数字技术的催化下，信息的普及与知识生产的普惠化正孕育出一种更为包容、更具参与性的知识追求形态。每一则推文、每一篇博客、每一个在线问答都成为集体智慧中不可或缺的部分。知识不再是单向传承，而是在每个人手中重生，每个人都在为人类共享的这部壮丽史诗增添独特的篇章。

人工智能早已超越了工业和技术领域孤立的尖端突破，转而化身为一股强大的生产力，深深触动着当代社会中人们的思维方式、生活方式。

在我眼中，这场变革的焦点并不在于技术表面，而在于它怎样重构知识的生产和流通之道。过去的知识生产，往往依附于严谨的学术体系和传统的教育模式。然而今天，随着人工智能的勃兴与普及，几乎每个人都有机会成为知识的创作者与接收者。在人工智能高速发展的背景下，知识生产的模式正经历一场变革。计算力与传统科研手段的交融正催生一种全新的态势，人工智能已不仅仅是辅助工具，它积极塑造着研究方法论。这种趋势昭示着一个全民皆可参与的开放式知识生产新时代的到来。

这场变迁，标志着知识生产领域正经历一次从工业革命到人工智能、数据驱动的火箭式跃迁。在人工智能时代，科学已不再局限于孤立研究的"手工作坊"模式，而是拥抱大规模"知识工厂"式的研究平台，直接对接行业需求，加速科研与产业的交融互动，大幅提升生产力效率。人工智能的介入推动了社会科学从侧重解释到注重解决方案的转型，打破了学科间的传统壁垒，并从根本上改变了人们对知识生产的基础认知。这种范式转移采用了一种可扩展、分布式的试验框架，将社会科学探索带入了一个崭新的纪元。

在这个过程中，我深刻意识到传统权威型知识体系正逐步向更为灵

后记
科技巨变时代的思想漂流

动、合作导向的知识生成模式过渡，高品质知识的获取与贡献不再仅仅依赖权威研究机构。作为一名身处智库前沿的实践者，参与到未来知识生产和社会建构的进程中，我坚信每个人在这场变革中都将扮演不可替代的角色。在这种生产关系的根本性重构中，唯有不断创新、适应，方能从容应对数字技术对劳动分工和社会格局的双重塑造。

因此，打造一个类似于百科词典的"政策知识库"计划应运而生。我和我的团队从 2023 年着手构建的这个"政策知识库"，在 2024 年初具雏形。为了使政策思想更加易于理解和接受，我们需要对其进行一种通俗化的"转译"，这种"转译"并不是简单的"翻译"，而是要成体系地介绍一系列政策的"前世今生"，通过图形和通俗易懂的方式处理，让大家能够更加直观地理解政策背后的知识，将高度压缩的信息解压出来。

我们系统地收集并整理了部分政策文件，深入挖掘每个政策的背景、目的、实施过程以及影响，还邀请了政策研究领域的专家进行解读和点评，确保解读准确、权威。同时，积极听取公众的意见和建议，不断调整和完善内容，确保知识库真正符合公众的需求。

《新质生产力：中国经济发展新动能》这本书的诞生，可以说是"政策知识库"下的新尝试。早在"新质生产力"刚提出之时，我们便注意到了这一全新概念的潜力和影响力。随着研究的深入，我们愈发感受到它对于中国经济社会发展的重要性。因此，我们决定将其作为一个独立的政策知识库项目进行深入研究，并在"新质生产力知识库"成型之后撰写了本书。书中详细阐述了新质生产力的内涵、发展历程、影响及前景，强调了科技创新、产业升级、金融科技创新、数字实体融合、绿色生产力等多元要素如何共同塑造了新质生产力的整体格局，同时也结合了大量实际案例，让读者能够更直观地感受到新质生产力所带来的变革和机遇。

在写作的过程中，通过调研，我们切身感受到科技创新正以前所未有的方式改变着人们的生产和生活方式。无论是智能制造车间里灵活高效的机器人手臂，还是农业领域精准滴灌和智能种植的广泛应用，无不利用新质生产力突破了传统瓶颈，实现了从跟随者到领跑者的华丽转身。这些鲜活的案例成为我记录历史、剖析现实的重要素材。

在撰写这部饱含心血之作的尾声之际，我借由这段文字，以一颗满载感激与感悟的心，向那些在我人生舞台背后默默奉献的重要人物致以崇高敬意。

首先要感谢的是我的爱人高嚞，一直以来用无声的支持和坚定的信任，铸就了我智库事业的坚实基石。每一个寂静的夜晚，书房内外的相守相望，营造出一方宁静的创作天地，让我能够全力以赴地投身于智慧的海洋，探寻未知的世界。

接下来，我要向赋予我生命、培育我成长的父母表示深深的感谢。你们的言传身教，不仅塑造了我不屈不挠的意志，更点燃了我对真理孜孜不倦追求的热情。你们的背影，成为我无论身处何方都能仰望的精神坐标，也让我在实践中领悟到家庭的责任与担当。家人的支持如同一条无形的纽带，紧密连接着我个人的智库事业与整个家庭。

与此同时，我还要向亲爱的岳母表达衷心的感激。您的包容与鼓励，为我构筑起温暖而坚实的后盾。您的悉心照料，让我们的小家充满温馨，您的悉心呵护和无私奉献，使我在繁重的工作中仍能感受到家的温暖与安宁，从而得以专注且坚定地在智库事业的道路上披荆斩棘。

我亲爱的儿子刘泽楷，爸爸想对你诉说一份歉疚，同时也希望你能从我的奋斗经历中汲取力量。你的童年时光里，也许我执着于事业而错过了一些共度的关键时光，但请你明白，每一次远离是为了更好的归来，每一次拼搏是对更高理想的追求。你的每一步成长、每一次欢笑，都成为我坚持不懈勇攀高峰的动力源泉。我希望你能从爸爸的努力中看到毅力与勇气的价值，明白人生就是一个不断挑战自我、超越自我的过程。

最后，我要感谢我所在的工作单位复旦大学中国研究院，正是研究院开放包容的学术氛围，为我从事研究提供了非常好的环境和平台，与研究院老师们的日常交流，总会碰撞出有价值的思想火花。

后记
科技巨变时代的思想漂流

在写作过程中，我研究团队中的王祚、薛晶晶、姜瑞、赵杨博、王昕晨等成员和知微数据的于永添、张欣宇、洪佩瑶、周欣宇、陈贝妮、朱英杰等伙伴做了大量工作，华景时代朱文平、刘雅文、李勇、陈娟以及中国财政经济出版社的编辑老师对本书出版、编校工作的大力支持，在此一并感谢！

我深知，一本书并不能完全涵盖新质生产力的所有方面。完成本书写作后，我会继续深入探索和研究，走到中国科技创新和产业发展的一线，将文章写在祖国大地上。同时，我也希望通过这本书，引发更多关于新质生产力的讨论和思考，为中国经济社会的发展贡献更多的智慧和力量。

刘 典

2024 年 3 月 13 日